合作能力
沟通能力
审辨思维与问题解决能力
创新能力

北京教育学院一级学科创新平台
“小学生学习评价与发展研究”成果

U0854326

小学生关键能力评价与培养

XIAOXUESHENG GUANJIAN NENGLI PINGJIA YU PEIYANG

主　编…………刘琳娜
副主编…………黄旭升
许崇麒
文　静
滕宝忠

北京师范大学出版集团
BEIJING NORMAL UNIVERSITY PUBLISHING GROUP
北京师范大学出版社

图书在版编目(CIP)数据

小学生关键能力评价与培养/刘琳娜主编. —北京：北京师范大学出版社，2024.5
ISBN 978-7-303-29318-6

Ⅰ.①小… Ⅱ.①刘… Ⅲ.①小学生－能力培养 Ⅳ.①G625.5

中国国家版本馆 CIP 数据核字(2023)第 133030 号

营销中心电话 010-58802135 010-58802786
北师大出版社教师教育分社微信公众号 京师教师教育

出版发行：北京师范大学出版社 www.bnup.com
北京市西城区新街口外大街 12-3 号
邮政编码：100088
印　　刷：北京虎彩文化传播有限公司
经　　销：全国新华书店
开　　本：710 mm×1000 mm 1/16
印　　张：16.75
字　　数：262 千字
版　　次：2024 年 5 月第 1 版
印　　次：2024 年 5 月第 1 次印刷
定　　价：69.00 元

策划编辑：冯谦益　　责任编辑：安　健
美术编辑：焦　丽　　装帧设计：焦　丽
责任校对：段立超　　责任印制：马　洁

前　言

习近平总书记在中国共产党第二十次全国代表大会报告中指出，教育、科技、人才是全面建设社会主义现代化国家的基础性、战略性支撑。近些年来，基础教育改革的关注点由单纯的学科能力逐渐向更为综合的学生核心素养或关键能力转变。2017 年 9 月，中共中央办公厅、国务院办公厅印发了《关于深化教育体制机制改革的意见》，明确提出要注重培养支撑终身发展、适应时代要求的关键能力。

评价一直是教育教学的难点问题，也是教育改革、课程改革一直在努力寻找的突破点。2020 年 10 月，中共中央、国务院印发的《深化新时代教育评价改革总体方案》指出，要“完善立德树人体制机制，扭转不科学的教育评价导向，坚决克服唯分数、唯升学、唯文凭、唯论文、唯帽子的顽瘴痼疾”。评价要“坚持科学有效，改进结果评价，强化过程评价，探索增值评价”。这些都要求我们进一步思考：核心素养与关键能力该如何评价？如何培养？怎样与学科课堂进行对接？选用何种评价方式更有利于破除“五唯”，更能够实现学生全面发展的“增值评价”？

在这样一些思考下，我们以习近平新时代中国特色社会主义思想为指导，全面贯彻党的教育方针，着手探索“小学生关键能力评价与培养”。通过表现性评价的方式对小学生关键能力进行评价，并根据构建的评价标准进行课堂教学实施，在“评—学—教”一体化中实现对学生关键能力的培养和提升。本书通过对“关键能力”内涵的梳理与界定，侧重小学生合作能力、沟通能力、审辨思维与问题解决能力以及创新能力的研究，尝试构建小学生四项关键能力的评价标准，依据标准设计开发了多个适用于不同年级的表现性评价工具，并进行了教学案例的设计与实施，以期探索小学生关键能力的培养路径。

本书为北京教育学院一级学科创新平台“小学生学习评价与发展研究”[①]子平台 3——“小学生 4C 能力评价与发展研究”的成果。全书共分为六章，第一章重点阐释了小学生关键能力的内涵，学生发展评价的现状、原则与实施路径，表现性评价在小学生关键能力评价中的应用；第二至第五章分别阐释了小学生合作能力、沟通能力、审辨思维与问题解决能力、创新能力的内涵与评价标准、评价任务设计，提供了教学案例；第六章呈现了教师们在运用表现性评价改进课堂教学过程中教学策略与经验的提炼，主要从“以评促教让学习目标更清晰”“评教结合让活动任务更明确”“小学生关键能力培养策略”几个方面以案例的方式进行了梳理和提炼。

对评价的研究确实非常困难，本研究从 2018 年 11 月启动，历时两年半，但很多研究并不成熟，尤其评价标准的制定、评价工具的设计还需要进一步的打磨、思考、完善以及在实践中的应用与检验。此外，由于团队成员学科背景、研究精力与能力及对评价理论整体把握不足等的限制，本书中的评价工具和案例大部分来自小学数学和综合实践活动两个学科领域，少部分涉及语文学科，并没有覆盖所有学科，这也是今后需要结合更多学科领域进一步探索的方向，但我们还是向评价改革勇敢地迈出了一步。其中的疏漏和不足之处也有待于基础教育界的同行们不吝赐教，批评指正。

刘琳娜

2024 年 1 月

① 项目负责人为北京教育学院刘加霞教授，子平台 3 负责人为北京教育学院刘琳娜副教授。

目　　录

第一章

概　述

第一节 小学生关键能力的内涵

一、 何谓关键能力

面向 21 世纪学生核心素养的研究与探讨，一直是国际社会和教育组织共同关注的焦点，联合国教科文组织确定了身体健康、社会情绪等七大学习领域，欧盟确定了母语交流、数学素养和科技素养、数字化素养等八大核心素养一级指标，美国提出了 21 世纪学生四大核心素养，即交流、合作、批判地思考、创造力。《中国学生发展核心素养》研究成果于 2016 年 9 月 13 日在北京发布。我国学生核心素养以培养“全面发展的人”为核心，分为文化基础、自主发展、社会参与三个方面，综合表现为人文底蕴、科学精神、学会学习、健康生活、责任担当、实践创新六大素养，具体细化为国家认同等 18 个基本要点。课题组将中国学生核心素养作为课程设计出发点，针对学生年龄特点，进一步明确各学段、各学科的育人目标和任务，建立基于核心素养发展情况的评价标准，把学习的内容要求和质量要求结合起来，以此推动中国学生核心素养的发展。

2017 年 9 月，中共中央办公厅、国务院办公厅印发了《关于深化教育体制机制改革的意见》，明确提出要注重培养支撑终身发展、适应时代要求的关键能力。在培养学生基础知识和基本技能的过程中，强化学生关键能力培养。进一步指出要培养四种关键能力，即认知能力、合作能力、创新能力、职业能力。“参与”是学生关键能力培养的重要前提，课程的参与性、操作性使其成为培养学生关键能力的重要载体和途径。

美国 21 世纪核心素养项目从一开始就建构了以核心素养为中轴的学习体系。2002 年，美国全国教育协会基于“21 世纪学习框架”列出了 18 种不同的能力作为人才培养目标。经过几年的努力，人们渐渐意识到，实现这个学习框架是一个长期的、繁重而复杂的过程。究竟应该以什么培养目标为出发点？人们陷入了思考。经过讨论和协商，全体成员达成新的共识——批判性思维和问题解决能力(critical thinking and problem skill)、沟通能力(communication skill)、合作能力(collaboration skill)、创造与革新能力(creativity and innovation skill)，即4C能力，是每一名21世纪学习者都需要掌握的核心能力。

美国21世纪学习联盟对4C能力的概念界定如下。

①批判性思维和问题解决能力。

有效地推理：根据实际情况选择和运用恰当的推理方法(如归纳、演绎等)。

系统地思考：分析系统的各个部分是如何相互作用并产生整体效果的。

判断与决策：有效地分析和评估证据、争论、观点和信念，辩证地分析和评估主要观点，综合或联系相关的信息和争论等，解释信息并深入分析以得出结论，批判性地反思自身的学习经验和过程。

解决问题：灵活地运用常规的、创新的方法解决不同类型的新问题，提出并界定有意义的问题，阐明不同的观点以提出更好的解决方案。

②沟通能力。

在不同的语境下，运用口头、书面或非言语交际等多种沟通形式，清楚地表达思想和观点。

有效地倾听和解读对方表达的意思，包括知识、价值观、情感态度和意图等。

在沟通过程中明确沟通目的，如告知、指导、鼓励、说服等。

运用多媒体技术和专业技术判断其有效沟通。

多语言环境下或多元文化情境下有效沟通。

③合作能力。

展示出与不同的团队进行有效协作和相互尊重的能力。

表现出主动性和灵活性，做出必要的妥协以完成共同目标。

为集体工作分担责任，重视团队成员的个人贡献。

④创造与革新能力。

创新思维：运用多种创新思维训练方法(如头脑风暴法)；创造新奇的、有价值的意见或方案(包括逐渐形成的和顿悟产生的)；详细地说明、提炼、分析和评估原有方案，以便推陈出新、不断深化。

吸收和接纳新观点，善于吸收团队的意见和反馈信息以完善工作；工作中展示出原创性和独特性，了解所采纳新观点或新方案的现实局限性；认识到失败乃成功之母，将创造与革新视为一项不断纠错与改进的长期任务。

实施创新：将创造性想法付诸行动中，在其可能发生的领域做出切实有效的贡献。

美国21世纪学习联盟提出的4C能力比较清晰，也较为具体。

我国提出的核心素养5C模型，是在4C能力的基础上增加了“文化理解与传承素养”，将“批判性思维”统一翻译为“审辩思维”。

综合上述文献，本书将“关键能力”界定为：适应时代要求、支撑学生终身发展的重要行为与思考能力，是撬动学生其他能力发展的核心要素。关键能力包括学科关键能力和超越学科、更为综合的非学科关键能力。本书侧重于非学科关键能力，聚焦合作能力、沟通能力、审辨思维与问题解决能力、创新能力四个方面。5C模型中的“文化理解与传承素养”是一个上位的素养，其内涵、结构等还需要进一步研究和界定，暂时不纳入本书研究的范围。根据小学生思维与学习特点，本书还将对这些关键能力进行评价维度的构建。

二、 为什么要发展关键能力

之所以称为“关键能力”，一定是对学生长远发展具有重要影响意义的能力要素。这些能力要素来源于并作用于学生发展的核心素养，对学生成长有重要价值。

（一）关键能力撬动学生整体发展

本书涉及的关键能力是多方面的，主要包括社会能力(合作、沟通)和思维能力(问题解决、批判性、创新)两个大的维度。本书的关键能力主要指非学科方面，学科关键能力暂不涉及，但在设计表现性任务时，不同学科任务也会涵盖相应的学科关键能力。可以说，关键能力几乎涵盖了学生整体发展的所有方面。

我国长期以来实行的是分科教学，课堂上教师多关注学科关键能力，相对地忽视了非学科关键能力。当然这也与各学科教学内容较多，课时相对不足有关，但对非学科关键能力的弱化的确是不争的事实。在深度理解的基础上，对关键能力进行评价和培养有助于实现“整体育人”理念。

（二）关键能力让育人目标更清晰

对关键能力的研究、思考与评价能够让教学目标更清晰，评价标准更明确。在教学过程中，教学目标模糊、没有相应的评价标准既是普遍现象，也是教师们头痛的现实问题。在一次听课活动中，一年级的一位教师设计了《认识钟表》一课。教学目标之一是“培养学生观察能力”，该教师设计的活动是上课伊始便让学生在没有参照物的情况下动手画出一个钟面。课后研讨时，我们指出，如果培养的是学生的观察能力，在设计活动时就需要将活动任务修改为“请同学们仔细观察自己桌上的钟表，并将观察到的钟面画出来”。在实际教学中，学科教师的“学科目标”相对较为清晰，但非学科关键能力目标往往模糊不清。在另外一次活动中，一位教师设计了学生独立完成的任务，但该任务两人合作会完成得更好。于是，两名学生主动寻求合作。活动后，教师着力表扬了这两名学生。其他学生由此觉得委屈：教师并没有要求小组合作。那么下次学生是应该按照教师的要求还是不按要求呢？这位教师设计的活动任务没有清晰、明确的目标，让学生不断“猜测”教师的心思，教师的评价随机且随意。在活动中，如果任务确实有合作需求，教师又将合作能力培养作为评价和发展目标之一，就应该将任务修改为“请需要合作的同学与同桌或前后桌同学合作解决问题”。

（三）关键能力促核心素养落课堂

将核心素养以关键能力的方式呈现，有助于核心素养在课堂教学实践中的有效落实。核心素养的六个方面都比较宏观，将核心素养落实于课堂教学之中，需要将其进行分解与细化。我们提取出关键能力，并将这些关键能力细化为可操作的评估指标。在前期查阅相关文献的基础上，我们将细化的指标在 70 位小学教师中进行了调研和访谈。综合文献、调研与实践经验，我们将合作能力分解为目标、参与、分工、协商四个指标，将沟通能力分解为倾听、表达、移情、反馈四个指标，将审辨思维与问题解决能力分解为理解、质疑、评价、反思四个指标，将创新能力分解为多样、行动、新颖、整合四个指标。可以看出，分解细化后的维度多是以“行为表现”的方式来呈现的。这样就使得核心素养、关键能力、行为表现层层分解后更具可操作性，尤其易于评估和培养。

三、 小学生关键能力是如何发展的

小学生关键能力的发展不是一蹴而就的，而是在具有一定层级性、阶段性的同时，还具有一定的独特性。

（一）层级性

小学生关键能力发展的层级性体现在：一方面，不同年级、不同年龄学生关键能力的发展具有不平衡性；另一方面，同一年级学生的发展也是有差异的。这就需要我们清晰地勾画出学生关键能力发展的路径。教师通过学生的行为表现就能够在头脑中为学生“画像”，知道学生处于什么水平，在这一水平上的学生该如何进一步发展。同时，教师更加明晰下一个甚至后续一系列的任务中该如何帮助学生向更高层次迈进。关键能力发展的层级性使得其培养成为一个连续体。

（二）阶段性

小学阶段共 6 年，其间学生身心发展迅速，并且具有较为明显的阶段性。一至二年级、三至四年级、五至六年级学生关键能力的发展既有连续性，又有一定的阶段性，在各个关键能力的表现上有一些质的飞跃。以合作能力为例：一至二年级的学生具有一定的自我中心倾向，在合作活动中，能够积极参与并有分工就达到低年级的学段目标了。三至四年级的学生则需要在参与、分工的基础上，长时间围绕问题解决的核心目标来开展活动。低年龄段的儿童很有可能在合作解决问题的过程中游离于目标之外，只“享受”参与的过程。五至六年级学生的思维有了进一步的发展，他们需要通过协商来更好地解决问题。因此，在教学中教师需要引导高年级学生学会“协商”甚至“妥协”。在本书的后续几章中，每一章侧重一种关键能力，其中会对每一种关键能力的层级水平与阶段目标进行进一步的阐述。

（三）独特性

在教学过程中，我们往往会发现有一些思维“独特”的学生。关键能力的发展不局限于学科知识内容，更多是思维方式的变化。这些具有独特性的学生有可能是在思维水平上没有达到或者是超越了大多数同龄人的水平，也有可能是具备独特的思维品质，从而更加有创新性和创造力。关键能力发展的独特性要求我们必须设计有价值的学习任务，给学生更大的空间充分展示自己，让思维外显化。

第二节　学生发展评价的现状、原则与实施路径

一、 学生发展评价的现状与问题

（一）评价内容不明，评价与目标不一致

在教学活动中，到底应该评价什么？关注什么？除了涉及学科知识与技能，这类课程还应该让学生获得什么？这些都是教师在实施课程评价时困惑的问题。评价内容不明反映的实际上是课程目标不明确、不具体，目标与评价“两张皮”，从而导致设计课程、设计活动时的随意性、不可持续性。

例如，在一个数学活动中，教师确定的目标如下：①引导学生从多角度认识圆柱、圆锥，探索、发现圆柱、圆锥的特征；在多次展开与折叠的过程中，体验圆柱、圆锥展开与折叠之间的关系，加深对圆柱、圆锥的认识。②引导学生通过立体图形的多次展开与折叠、多次反思与制作的过程，体会面与体的关系，体验二维与三维空间相互转换的关系，积累活动经验，发展空间观念。③在立体图形的制作、交流、评价中，培养学生的合作意识，提高学生的分析和表达能力，增强学生的创新意识和推理能力。为此，学生的任务是设计各种立体图形。活动评价内容为：制作完整、制作规范、制作美观、制作方法介绍。由此我们可以看

出，评价只是关注到了作品本身(如制作完整、制作规范、制作美观)以及学生的活动流程(制作方法介绍)。当然，在制作方法介绍时会有语言表达等方面的评价，但是与前面的活动目标相比，学生是否进一步认识了各种立体图形的特征？学生的空间观念是如何发展的？学生的创新意识和推理能力又如何评价？这些在评价的内容和维度中都没有体现。

非学科关键能力更是如此。以合作能力为例，很多教师并不清楚合作能力的真正内涵，甚至不能描述出合作能力强或者弱的学生的行为特征。目标不明导致关键能力的培养仅仅停留在口头上。例如以下案例。

课堂上，教师布置了一个同桌合作的小任务。各组分别完成之后进行汇报。其中一组的两名学生上前汇报，一名学生进行汇报，另外一名学生没有说话。这组汇报得不错。教师说："很好，给你们组加 2 分。"这时一名学生站起来反对说："老师，您让我们合作完成任务，但他俩汇报时只有一个人说话，另外一个同学什么都没说，他们合作得不好，不能加分。"教师回答："嗯，确实，你说得有道理，那给他们组再扣一分吧！"这时上前汇报但一言未发的学生说："合作必须是两个人都说话吗？刚才我们俩在下面分工的时候就商量好了，让他来汇报，任务是我俩一起完成的。"教师尴尬了，要再把这一分加回去吗？

到底什么是合作？学生合作行为的表现是什么？可能这位教师自己也不明了，从而导致课堂上并没有给学生提出明确的合作要求，出现如此尴尬的一幕。

（二）评价工具匮乏，多为凭经验进行

在课程评价中，教师往往缺少恰当的、有效的评价工具。依然以上述制作立体图形活动为例，教师设计的评价量表如图 1-1 所示。

前面已经指出，该活动评价的内容和维度与目标并不匹配。从评分角度来看，5 分～1 分的评分并没有给出明确的评分标准和具体的指标，评价者完全依靠自己的主观经验进行判断。没有统一评分标准的工具在使用过程中就会流于形式，造成学生自评、互评时盲目，教师评价时凭经验，而且学生无从知晓评价的各个等级代表的意义是什么。因此，从

根本上来说，这样的评价既不能够指导教师教学，又不能够对学生发展起到指导性作用。

内容	方式	5分	4分	3分	2分	1分	合计
制作完整	自评						
	互评						
	教师评						
制作规范	自评						
	互评						
	教师评						
制作美观	自评						
	互评						
	教师评						
制作方法介绍	自评						
	互评						
	教师评						

图 1-1　教师设计的活动评价量表示例

在学科教学中有课程标准为依据，教师可以通过细化课程标准来构建评价工具。但在非学科关键能力的培养与评价中，因为没有现成的课程标准可依，很难建立起统一的评价维度和评价标准，更难形成有效的评价工具。本书试图构建一个评价标准，并依据该标准形成系列评价工具。

（三）评价功能理解偏差，不能帮助改进教学

课程评价经常以“纸笔测验”的方式实施，评价在传统课堂中往往被认为是教学之后的一个环节，用以检测教学的效果。然而，在当前发生的评价范式转换中，教学—学习—评价逐渐被看成三位一体的关系，评价与教学、学习紧密交缠在一起，相互制约，相互影响。① 因此，在课程中实施表现性评价，一个重要的功能是实现“与教学统整的评价”。它既能够帮助教师评判自己教得如何、学生学得如何，又能够使教师“以终为始”，从“到底要让学生获得什么”出发来思考自己教什么。教师如果

① 周文叶：《中小学表现性评价的理论与技术》，137 页，上海，华东师范大学出版社，2014。

不能认识到评价为改进教学服务的功能，在很大程度上，评价就会失去意义。

来看这样一道题目：**公园的停车场共有50个停车位。经统计，周一至周四每天平均停车20辆，周五平均停车30辆，周六、周日每天平均停车50辆。如果爸爸妈妈开车带你去公园，哪天去最方便？**①

有学生回答，周六、周日去最方便，因为爸爸妈妈只有周六、周日休息时才能去公园玩。但这道题目设计的正确答案是“周一到周四中的任意一天”，因为停车位不紧张。题目中“方便”一词产生了歧义，怎样理解“方便”？如果目标是考查学生通过计算得到“空停车位多的那天方便”这一结论，就应该直接问“哪天去停车最方便？”。由于题目本身的歧义，评价结果出现了偏差，不能准确诊断学生的问题，这样的评价对教学改进没有实际意义。

二、 小学生关键能力评价的原则

（一）学生发展性原则

关键能力评价以“学生发展性”为第一要义。关键能力关注学生综合运用各类知识和技能解决实际问题的能力以及在问题解决过程中的合作、沟通、创新、审辨思维等非学科能力。其实质是关注学生能力和素养的提升，然而能力与素养的提升并非一朝一夕实现的。因此，对学生关键能力的评价不是终结性的，而是发展性的，需要有进阶性的评价标准，让教师的教学和学生的发展有方向。

（二）过程性原则

当前，绝大多数学生学业评价是结果性的。然而这种结果性的评价并不适用于关键能力，因为学生的关键能力是不断发展的。尽管在各个课程标准中也会提及非学科能力，但与学科关键能力有课程标准可依不同，非学科关键能力没有课程标准。非学科关键能力强调的是

① ［美］马克·威尔逊：《基于建构理论的量表设计》，黄晓婷编译，49页，长沙，湖南教育出版社，2020。

学生的经历、经验和过程，如果仅仅关注结果，则会流失很多有价值的信息。这种流失让评价者难以对被评价者形成全面的评价，也难以构成对被评价者的完整形象。因此，对学生关键能力的评价一定是关注过程的。

（三）服务性原则

教育评价具有筛选、诊断、反馈、总结等功能。在关键能力评价的功能中，最重要的是为教学服务，帮助教师改进教学，促进教学与评价的一体化。传统纸笔测验经常被人们批判是“为考试而教”；在关键能力培养与评价中，我们倡导“为学生发展而教”，评价是证明学生发展的重要途径。如果要评价的内容是我们希望学生所发展的重要能力和素养，“为评价而教”就是“为学生发展而教”。因此，发挥评价的服务功能，秉承评价为教学服务、为学生发展服务、用评价带动课堂教学的改进是非常重要且必要的。

三、“评—学—教”一体是破解“两张皮”现象的有效实施路径

“评”与“教”“两张皮”是教学实践中比较普遍的现象。“教”是教师们熟悉的，“评”则成为教师们的瓶颈，也容易在教学中被忽视，甚至有的教师不知道该如何“评”。“评教一体”的教学模式长期以来一直被探索，以往常常被阐述为“教—学—评”一体，但是笔者更愿意称其为“评—学—教”一体，或者直接称为“评教一体”。这是因为“教—学—评”的叫法依然让教师们产生一种错觉，即“评”是在“教”和“学”之后进行的，但实际上“教”的内容应该是基于“评”的目标来设计的。

（一）“评—学—教”一体让教学目标更加明晰

评价目标决定教学目标，在设计教学目标之初就思考如何评价使得教学目标更为明确，也更为具体和细化。例如，我们构建如图 1-2 所示的“评教一体”的教学模式，将教学目标转化为学生表现成果，在基于目标构建评价量规的基础上设计表现性任务(学习活动)，将教学活动与评价过程结合，实施指向学习目标的增值评价。

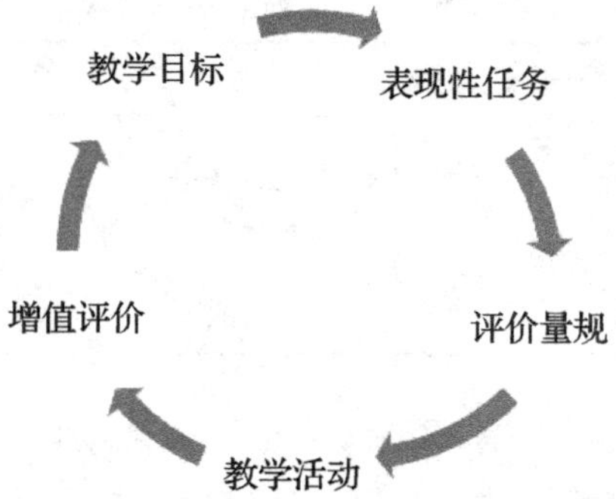

图 1-2 “评教一体”的教学模式

（二）“评—学—教”一体让活动设计呈现层次

评价中存在的最大问题是评价目标笼统宽泛。之所以笼统，是因为没有具体清晰的任务和学生表现水平。这样就使得课堂活动没有层次，在单元教学中体现得更为明显：同样是培养合作能力或问题解决能力，单元中不同课时的目标分别是什么？此外，同一课时不可能实现所有的培养目标。评价目标及其层次的构建有利于教师更加有梯度地按照学生关键能力发展的进阶水平设计不同课时的活动。以人教版《数学》二年级下册《图形的运动(一)》这一单元为例，该单元的总体目标是：问题解决能力中的问题提出能力、推理能力、合作能力、反思能力。其中第一、第二课时“对称图形”“平移、旋转”的评价目标侧重于问题提出能力、推理能力、合作能力，第三课时“应用(剪纸)”的评价目标则侧重于问题提出能力、合作能力、反思能力。不同课时在培养目标上有所侧重，在同一目标上则是有梯度地提升。

（三）“评—学—教”一体让教学效果便于检测

优先考虑评价使得教学目标变得容易检测，容易看出学生发展水平的变化。以人教版《数学》一年级上册《认识钟表》这一单元为例，在教学前，教师要完成的评价要素是“观察能力”。教师设置了“绘制钟表”任务，并给出了学生行为表现水平(表 1-1)。

表 1-1 “绘制钟表”观察能力学生行为表现水平

评价要素	水平一	水平二	水平三
观察能力	①表盘上只有数，没有表针。 ②有表针、有数，但数的数量不对。	能在表盘上正确画出表针和数，但数的摆放不均匀。	能在表盘上正确画出表针和数，并且数与数的间距比较均匀。

根据这一目标要点，教师设计了第一次活动任务：画出你印象中表盘的样子。让学生凭借已有的生活经验画出自己记忆中的表盘。

第二次任务：仔细观察你手中的小表盘，记住它的样子，然后不看小表盘把它画出来，看谁画得又准又好。

从任务一到任务二，对比两次任务中的学生作品，31 名学生中有 7 名的能力水平得到了提升(表 1-2)。

表 1-2 “绘制钟表”学生能力水平提升情况

水平变化	人数/人
水平一不变	1
水平一到水平二	0
水平一到水平三	1
水平二不变	14
水平二到水平三	6
水平三不变	9

仅仅是变化了一下学习任务，水平等级提升的就有 7 人，占到全班人数的 22.58%，尽管大部分(77.42%)学生的作品还维持原水平。如果我们把每名学生前后两次作品进行细致的对比，就会发现，维持在同一水平的学生在经过观察后，其作品也有一定的进步。比如：很多学生观察到了刻度线，第一次没有画，第二次就画上了一些刻度线；还有一部分学生第一次的作品写的数分布极其不均匀，经过观察以后，虽然因为没有工具再加上不够熟练，所以无法做到像水平三一样均匀，但是相对于第一次的作品均匀了很多。相对于自己的作品有所提升的共 15 人，占

全班人数的 48.39%。

这说明，学生的观察能力是可以培养的。尽管一次活动并不一定使全体学生都能够发生质的飞跃，但教师有针对性的指导影响着学生的学习能力。教师基于学生表现水平设计学习活动，有助于进一步明确教学目标，使活动设计更加有针对性。

第三节 表现性评价与小学生关键能力

一、 什么是表现性评价

（一）表现性评价的内涵与特征

表现性评价(performance assessment)，有人将其称为基于表现的评价，不仅是一种评价理念，也是一种评价方法。对于表现性评价的认识，具有代表性的是斯蒂金斯(R. J. Stiggins)和威金斯(G. Wiggins)的观点。前者认为，表现性评价为测量学生运用先前所获得的知识解决新异问题或完成具体任务能力的一系列尝试，其形式包括建构反应题、书面报告、作文、演说、操作、实验、资料收集、作品展示。后者则强调，表现性评价要求学生完成一个活动或制作一个作品，以证明其知识与技能等，即主张让学生在真实情境中表现其所知与所能。一般来说，表现性评价指的是要求学生在某种特定的真实或模拟情境中，运用先前所获得的知识完成某项任务或解决某个问题，以考查学生知识与技能的掌握程度，或者问题解决、交流合作和批判性思考等多种复杂能力的发展状况。① 相对于传统测验而言，这种评价方法具有如下一些特点。

①情境的真实性。表现性评价要求创设真实的情境任务，只有确保情境的真实性，评价者才有机会观察到学生在真实生活情境中应用知识和解决问题的能力。

---

① 赵德成：《促进教学的测验与评价》，101 页，上海，华东师范大学出版社，2016。

②内容的复杂性。传统的纸笔测验多考查记忆类的知识和技能，表现性评价多考查需要复杂认知技能和表现的能力，如学生的合作能力、创新能力、问题解决能力等。

③反应的开放性。从性质上看，表现性评价属于建构反应测验，并非客观选择题，学生不是从备选答案中选择正确答案，而是按照自己的方式自由发挥，尽可能展示自己的作品与行为。表现性评价具有开放性的特点，方便考查学生对知识的深度理解与问题解决能力。

④评分主观性。由于不是客观选择题，加之表现性评价具有开放性的点，因此答案通常不是唯一的，评分也具有一定的主观性。在进行表现性评价时，必须有明确的评分标准，评分者之间要有统一的要求，减少评分误差。

⑤评价与课程结合。表现性评价不是与课程和教学分离的，而是镶嵌在课程之中，促进教学和学生发展的评价。

⑥学习结果与过程评价兼顾。它不仅涉及对学习结果的评价，还涉及评价学习的过程。

还有许多学者从不同的角度对表现性评价进行界定，他们都肯定了表现性评价的“实作”与“表现”。表现性评价的两个关键因素是：真实的表现性任务和清晰明确的表现性准则。此外，表现性评价的目标不是进行终结性评价，而是一种“促进性评价”和“发展性评价”，实质是促进学生发展的一种评价方式。这种评价方式在国内外越来越受到重视。表现性评价根据评价的目的，可以对学生进行诊断，也可以对学生学习的过程进行评价，还可以作为对学生的终结性测评。但其主要目的不是给学生“贴标签”，而是发挥与教学密切联系的功能，运用评价结果促进教学和学生的发展。因此，表现性评价结果的应用就显得尤为重要。

（二）PISA2009 的表现量表

表现性评价该如何设计，尤其是量表如何开发，是好的表现性评价需要考虑的问题。国际学生评价项目(PISA)特别注重考查学生在情境中处理问题的能力，试题一般是先呈现一个生产或生活情境，然后提出具体问题。接近半数的问题是开放式的建构反应题，没有唯一答案，属于典型的表现性评价。

1. PISA2009 阅读表现量表[①]

PISA2009 阅读表现量表七个精熟度水平概述见表 1-3。

表 1-3　PISA2009 阅读表现量表七个精熟度水平概述

水平	达到该水平的学生能够做什么
6	6 级水平的学生有很高的阅读技能。他们能对文本进行细致的分析，这不仅要求详细了解明确的信息，深刻理解隐含的信息，还要能够在综合的水平上反思和评价所阅读的文本。达到这一水平的学生能够成功地完成阅读测评中几乎所有试题，表明他们能处理许多不同类型的阅读材料：他们的阅读面很广，既能够阅读在结构和文本特征上典型的、熟悉的内容，又能够从以非典型格式呈现的不熟悉的内容中吸收信息。PISA 所界定的最高水平读者的另一个特点在于，他们在面对新信息时能够克服先入为主的看法，即使这些新信息是与预期相反的。他们能够认识到文本提供了什么，包括明显的和较微妙的信息，同时能够利用超越文本的深刻理解，用批判性的观点来看问题。这种吸收新内容并且与评价相结合的能力，在依赖创新和利用所有可获得的证据进行细致入微决策的知识经济中非常有价值。因此，达到这一极高阅读水平的人的比例受到极大的关注。
5	5 级水平的学生能够处理在内容或形式上不熟悉的文本。他们能够在这类文本中找到信息，表现出对文本的深入理解，并推断出哪些信息是与任务相关的。他们还能够利用专业知识，并且对与预期相反的概念做出反应，来批判性地评价这类文本并建立假设。检查 5 级水平的学生能完成的试题后发现，这一水平的学生可以被看作未来潜在的世界级知识工人，一个国家达到这一水平的学生比例关系到这个国家未来的经济竞争力。
4	4 级水平的学生能够完成复杂的阅读任务，如查找隐含的信息，从有细微差别的语言中建构意义，以及对文本作批判性的评价。这一水平的“访问和检索”试题要求学生查找与组织若干条隐含的信息。“整合和解释”试题中，有些要求从文章整体来考虑，解释文本某个部分中有细微差别的语言的意思，有些要求在不熟悉的背景中理解及应用分类。“反思和评价”试题要求学生运用正式知识或公共知识(formal or public knowledge)对文本提出假设或作批判性评价。学生必须能够准确地理解内容或形式上不熟悉的长文本或复杂文本。
3	3 级水平的学生能够完成中等复杂程度的阅读任务，如查找多条信息，在文本不同部分之间建立联系，并将其与熟悉的日常知识相联系。这一水平

① 陆璟：《PISA 测评的理论和实践》，81～82 页，上海，华东师范大学出版社，2013。

续表

水平	达到该水平的学生能够做什么
3	的“访问和检索”试题要求学生查找满足多种条件的九条信息。“整合和解释”试题要求学生结合文本的几个部分来确定主要观点，理解关系，或诠释一个词或短语的含义。他们在比较、对比或分类时要考虑许多特点。通常所需要的信息并不突出，或者有许多干扰信息，或者有其他文本干扰，如与预期相反的观点或否定形式的表达。“反思和评价”试题要求联系、比较和解释，或者要求学生评价文本的一个特点。有些试题要求学生能较好地理解涉及熟悉的日常知识的文本，还有些题目不需要对文本的深入理解，但是要求学生利用不常见的知识。
2	2 级水平的学生能够完成查找满足多种条件的信息的任务，围绕一个单一的特征进行比较或对比，在信息不明显的情况下弄清楚文本中一个明确界定的概念的含义。“访问和检索”试题要求学生查找一条或多条信息，这些信息可能需要推断，并且可能需要满足多种条件。“整合和解释”试题要求学生确定文章的主要观点，理解关系，或者在信息不明显、必须做出低层次的推论的情况下，诠释文章某个限定部分的意义，有些试题可能涉及根据文本的某个单一特点进行比较或对比。这一水平典型的“反思和评价”试题是要求学生通过利用个人经验和态度，在文本或外部知识之间进行比较或联系。
1a	1a 级水平的学生能够查找在文章中相当明显且明确表示的几条信息，在熟悉主题的文章中，能够确定文章的主要观点，并且认识到这类文本中的信息与日常经验之间的联系。这一水平的“访问和检索”试题要求学生查找一条或多条明确表示的、独立的信息。“整合和解释”试题一般要求学生能够理解话题、熟悉的文章的中心思想和作者的写作目的。“反思和评价”试题要求学生能够在文本信息和常见的日常知识之间进行简单的联系。通常，需要的信息在文本中是明显的，并且几乎没有干扰信息，有的话也很少。学生被明确地导向试题中或文本中要考虑的相关因素。
1b	1b 级水平的学生能够在内容和风格都熟悉的简单短文中找到明确表示的信息。他们能够做出低水平的推论，如即使在没有说明的情况下，也能在两个句子之间确定因果联系。这一水平的“访问和检索”试题要求学生在背景和文风都熟悉的、句法简单的短文中查找一条简单的明确表示的信息，如一个故事或一个简单的列表。该文本通常给学生提供支持信息，如重复的信息、图片和熟悉的符号。干扰信息极少。“整合和解释”试题一般要求学生在相邻的几条信息之间进行简单的联系。

2. PISA2009 数学表现量表①

PISA2009 数学表现量表六个精熟度水平概述见表 1-4。

表 1-4　PISA2009 数学表现量表六个精熟度水平概述

水平	达到该水平的学生能够做什么
6	6 级水平的学生能够基于对复杂问题情境的研究和建模，对所获信息进行概念化、概括并加以运用；能够将不同的信息源和表示法联系起来，并在其问题情境中自由地转换；能够进行高水平的数学思考和推理；能够运用洞察力和理解力以及所掌握的符号和形式化的数学运算与关系提出新的方法和策略，以解决陌生情境中的问题；能够明确地表达并准确地交流自己的做法，而且对自己的发现、解释、观点及其对原有情境的适用性进行反思。
5	5 级水平的学生能够在复杂的情境下建立并使用模型，以识别限定条件并列出假设；能够选择、比较和评估适当的问题解决策略，来解决与这些模型相关的复杂问题；能够有策略地运用开阔而良好的思维和推理能力、合理联系起来的表示法、符号和形式化的特征描述，以及与这类情境有关的洞察力；能够反思自己的做法，明确地表达并交流自己的解释和推理。
4	4 级水平的学生能够在可能包含限定条件或要求提出假设的复杂的具体情境下有效运用明确的模型；能够选择和整合包括符号表示法在内的不同表示法，将它们直接与实际情况联系起来；在这些情境中，能够运用娴熟的技能，进行灵活的推理，并且具有一定的洞察力；基于自己的理解、论证和做法，能够形成并交流自己的解释和观点。
3	3 级水平的学生能够执行清晰描述的行动步骤，包括那些要求连续决策的步骤；能够选择和运用简单的问题解决策略；能够理解和使用基于不同信息来源的表示法，并能够对其进行直接推理；能够开展简短的交流来报告自己的解释、结果和推理。
2	2 级水平的学生在仅需要直接推断的情况下能够理解和识别条件情境；能够从单一来源中提取相关的信息并利用单一的表示模式；能够运用基本算法、公式、步骤或惯例；能够进行直接推理，并解释结果的字面意思。
1	1 级水平的学生能够回答熟悉情境中所有相关信息都给出且明确界定的问题；能够在明确的情境中，根据直接指示辨别信息并完成常规的步骤；能够执行那些显而易见并紧随引导内容之后的动作。

① 陆璟：《PISA 测评的理论和实践》，83～84 页，上海，华东师范大学出版社，2013。

二、 小学生关键能力表现性评价的步骤

有研究者指出，开发表现性评价任务有四个步骤：制定评价目标、明确评价内容、建立评价规则、考虑重要事项(如测试规则的确定和如何开展等)。①

黄新指出表现性评价的流程如图 1-3 所示。②

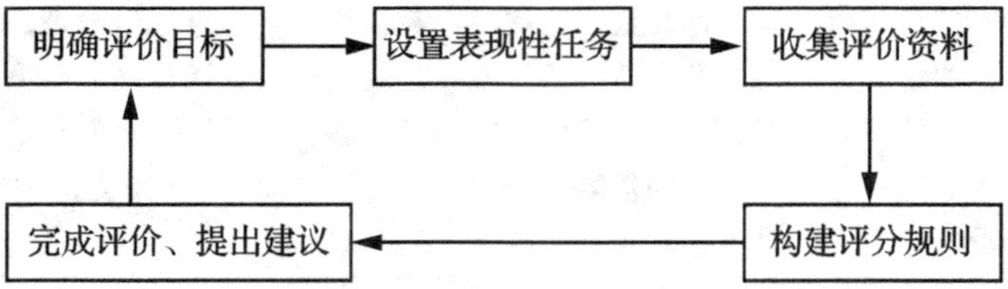

图 1-3　表现性评价的流程

日本学者松下佳代认为，表现性评价是“基于目标的评价”的一种，其步骤是设计表现性任务、设计评价准则、对学生的解法进行分类评分、分析学生得分。③

周文叶认为目标、表现性任务和评分规则构成了表现性评价的三个核心要素。④

澳大利亚吉姆(Jim)教授依据布鲁姆的教育目标分类来制定表现性评价的内容标准，依据内容标准来制定表现性评价标准，并把内容标准、表现性标准和课程目标相结合，据此来设计评价任务和评价量规。

因此，表现性评价的步骤主要有确定评价目标、制定评价内容和标准、设计表现性任务、构建评价量规，同时还要考虑表现性评价在课程

① 陈瑞生：《表现性评价的任务开发：特征、原则与步骤》，载《教育测量与评价(理论版)》，2010(4)。

② 黄新：《数学教学中表现性评价的设计及行动研究》，硕士学位论文，首都师范大学，2005。

③ [日]田中耕治、松下佳代、西冈加名惠等：《学习评价的挑战：表现性评价在学校中的应用》，郑谷心译，67～84 页，上海，华东师范大学出版社，2015。

④ 周文叶：《中小学表现性评价的理论与技术》，53 页，上海，华东师范大学出版社，2014。

和教学中的应用(图 1-4)。

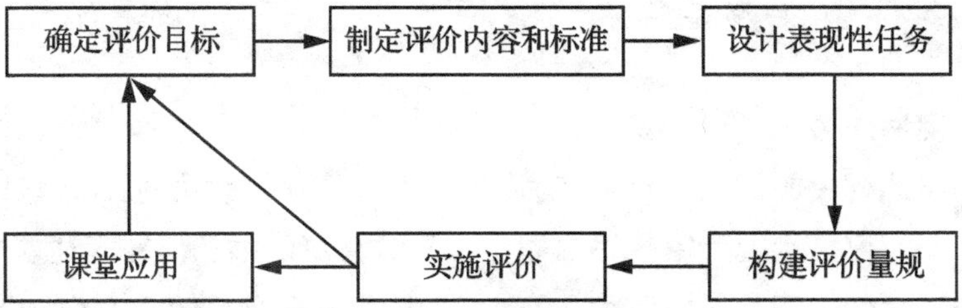

图 1-4　表现性评价的实施步骤

表现性评价要求情境的真实性，小学生关键能力的发展同样强调与生活的密切联系，强调在实际情境中的问题解决。从这个方面来看，表现性评价尤其是表现性任务的设计与小学生关键能力发展之间有着很强的适切性。

三、 以评促教是发展学生关键能力的有效方式

（一）设计目标明确的“好任务”是发展关键能力的前提

表现性任务是表现性评价的核心要素。为了检测学生学习目标完成情况，评价者通过任务引发学生的表现行为从而收集学生的表现对其进行评价。“好”的表现性任务具有如下特征。

1. 情境真实性

表现性任务的情境创设非常重要，一般来说，应该是真实的情境或模拟真实情境。表现性评价关注真实问题解决，关注与生活建立联系。生活中的很多实际场景能够转化为好的表现性任务，如下面一系列与博物馆主题相关的综合实践活动任务。

表现性任务一：请小组合作搜集世界各地博物馆的图片和资料，对博物馆进行分类并向全班进行介绍，需要说明分类的标准。这一任务的评价目标为合作能力、问题解决能力、审美能力，需要借助调查和口头表达的方式完成。

表现性任务二：选择一个你感兴趣的主题或专题，向同学们介绍几家与此相关的博物馆。假设你是博物馆管理员，你将如何向大家介绍这

几家博物馆中与这一主题或专题相关的展品？评价目标为合作能力、问题解决能力和语言表达能力，需要借助角色扮演和小课题研究的方式进行。

表现性任务三：计量单位经历了一个漫长的发展过程，请在科技馆中找到与此相关的展品并介绍其所属年代和国家，然后对比这些计量单位的异同。评价目标为审辨思维能力、问题解决能力和语言表达能力。

表现性任务四：科技馆里“公道杯”背后的原理是什么？你知道还有哪些器具利用了“公道杯”的原理吗？自然界中哪些动物的器官能印证这一原理？你能否利用这一原理进行一个小发明或小实验？评价目标为合作能力、问题解决能力和创新能力。

可以设计为表现性任务的情境还有很多，上述几个任务的完成程序并不复杂。我们可以进一步设计较为复杂、需要更长时间的单元学习活动，在本书后续的章节会呈现相关案例。

2. 指导语明确，任务能够引发学生的表现

表现性任务应该围绕评价目标尽可能引发学生的各种表现。如果任务的指向性不明确，会导致学生不知道该做什么，或者盲目猜测教师希望他们做什么进而迎合教师的口味，也使得教师在反馈过程中偏离目标，变得随意。例如，在有的活动中，解题方式不止一种，但教师布置任务时并没有要求学生用多种解法，因此有的学生用一种方法解出后便坐在那儿等着教师布置下一个任务。学生为了尽快完成任务，经常选择比较简单、便捷的方法，但教师在评价时往往把只使用一种方法，或者选择了最简单方法的学生划分为水平最低的层次。这就是因为指导语不明确，任务没有尽可能引发学生丰富表现的典型例子。如果围绕问题解决能力和创新能力的目标进行评价，且解题方法的多样性、解题方法的创新性都作为评价指标，教师就应该在布置任务时向学生交代清楚：用尽可能多的方法来解题。由此避免其他无关因素(学生误解导致的偏差)干扰评价目标的实现。

3. 任务完成的开放性和多样性

运用表现性评价，题目要开放并有多种解法。这就要求表现性任务的设计要有开放性和多样性，如果将客观纸笔测验与表现性评价的特点进行比较，表现性评价任务更加真实、更加复杂，完成任务的方式和方法更加多样，完成任务需要的时间更长。只有这样才能够让学生充分展示出自己的工作，让评价者有机会更多地收集学生行为证据来对学生做出相应的评价。

但同时这也给评价者带来了一个挑战，即相对于客观纸笔测验，表现性评价的评分具有较强的主观性。因此，我们需要依据任务设计出清晰、明确的评分标准，同时收集学生丰富的行为表现进一步修正评价量规，在评价者共同研讨达成共识的基础上进行评价。

（二）评价前置的逆向设计是以评促教的有效方式

威金斯在《追求理解的教学设计》一书中指出，在最好的设计中，形式服从于功能。换句话说，我们使用的所有方法和材料，都取决于对预期结果的清晰界定。由此，我们提出了包含“确定预期结果、确定合适的评估证据、设计学习体验和教学”这三个阶段的逆向教学设计。

基于逆向教学设计理论，我们在教学中尝试构建了评价前置的教学设计模式。以一节一年级《百以内数的认识》数学课①为例，教学目标设计见表 1-5。

①通过三次数数活动，借助数珠板②，初步认识 100 以内的数以及数的组成。初步理解位值制，认识计数单位并感悟“个”“十”“百”间的十进关系。

②借助数珠板、第纳斯木块模型等数学教具深入感悟百以内的数，经历从具体数量到数的抽象的过程，培养学生的数感，提升推理能力，发展数学学科素养。

③能够运用数进行表达和交流。激发学生的学习兴趣，体现数学学习的价值。

在教学中基于教学目标，将评价目标与表现性标准前置，为完成目标

---

① 本案例由邓晶老师提供，指导教师为刘琳娜。

② 数珠板是一种帮助学生数珠子的工具，板子上有小孔可以让珠子等滚入。本节课选用 10×10(100 个)的板子，便于学生快速数出 100 个珠子。

表 1-5 《百以内数的认识》逆向教学设计

评价目标	学生层次水平划分				活动设计（表现性任务）
	水平 0	水平 1	水平 2	水平 3	
借助实物模型，初步感知 100。	学生对 100 没有概念。抓珠子的数量过多或者过少。误差较大（100 个以上）。	能较正确地估计 100 个珠子的数量。误差较小（50 个以内）。	能正确估计 100 个珠子的数量。误差很小（10 个以内）。	能够有策略地正确估计 100 个珠子的数量。	①从数串珠子的小工艺品引入，估计一下数量。 ②100 有多少？抓珠子，产生数的需求。
借助实物模型，在数的过程中，感悟计数单位“十”，以及计数单位之间的十进关系。	没有按相同计数单位计数。	一个一个地数，总数正确。	按群计数，总数正确。	十个十个地数，总数正确。	数珠子，呈现不同的数（一个一个、两个两个、五个五个、十个十个）的方式。讨论各种方式背后有什么优点与不足。
借助数珠板，知道十个一是一个十，十个十是一百。构建 100 的模型，并且关连第纳斯木块模型。	没有建立 100 的表象，不知道整十数由几个十组成。	建立 100 的表象。说不清楚为什么同样是 100，量的大小不同。能清楚地表达整十数由几个十组成。	有结构地数数，能正确摆出来，说得不是很清楚。	有结构地数数，并知道数字是由几个十和几个一组成的，并能清楚地表达出来。	①借助神秘工具快速数出 100。 ②认识神秘工具，知道十个一是一个十，十个十是一百。 ③每人抓一把珠子，怎样能让大家看清楚这些珠子有多少个？

续表

评价目标	学生层次水平划分				活动设计（表现性任务）
	水平 0	水平 1	水平 2	水平 3	
					④找几名学生把这些数字贴到黑板上。（先估计位置，再贴。） 说一说数的组成（例如，53 里面有几个十，几个一）。 ⑤建立数珠板与第纳斯木块模型之间的关系。
发现身边是 100 的物体，形成关于不同物体的 100 的表象。	无结构地数数。	有结构地数数，数得不正确。	建立 100 的表象。知道不同的物体虽然都表示 100，但量是不同的。	建立 100 的表象。知道不同的物体虽然都表示 100，但量是不同的。能清楚地表达整十数由几个十组成。	①说一说身边为 100 的物品。 ②呈现几样物品，发现不同的物品 100 的量是不同的。

设计了学习活动(表现性任务)。在教学过程中，教师根据学生表现来对学生完成学习任务的情况进行评价。

评价前置的逆向设计能够帮助教师明晰教学目标，用评价引领教学活动，让教学活动围绕目标进行设计与实施，同时也能够在课程结束后有效评价学生的发展与提升水平。本书在后面的章节中也将遵循逆向教学设计的路径，介绍关键能力的培养。

（三）一个课堂改进案例——数学绘本教学[①]

1. 设计背景与课前思考

绘本课已经成为当今一种较为流行的课程，尤其在美国、英国、日本和韩国。我国一些学校也已经将绘本应用于数学课堂，并开展了相关研究。我国常将绘本运用于语言领域的早期阅读，数学领域的应用则相对较少。那么，绘本中有无可利用的数学概念与价值，数学能否与绘本共舞呢？答案是肯定的。应如何利用生动有趣的绘本故事启发和提升学生的数学思维呢？

古代学者提倡“学以思为贵”，“学而不思则罔，思而不学则殆”；如今学校倡导“思维是第一品质”。可见，思维能力尤为重要，在倡导素质教育的今天，教师不仅是知识的传播者，而且是学生能力和聪明才智的培育者。

思维起源于某种疑惑、迷乱或怀疑。[②] 在日常教学中，学生的思维不是自发的，也不是靠教师的言语就能激发的，而是依靠自己对问题的思考产生的。现在的课堂教学中往往缺少学生自发的问题，学生缺少思考的动力。基于这样的现状，教育者们开始思考如下问题：一切发现源于“问”，应该如何培养学生的问题意识呢？带着这样的思考，绘本教学走进了我们的视野。数学绘本是根据儿童的心理特点、个性特征和理解能力，结合丰富生动的故事情境，融入实用的数学知识和数学概念的作品。数学绘本为学生提供了贴近心理的趣味性生活场景，让学生体会到数学

---

① 本案例由文静、任阁老师撰写。

② [美]约翰·杜威：《我们怎样思维·经验与教育》，姜文闵译，21页，北京，人民教育出版社，2005。

的奇妙和价值。《义务教育数学课程标准(2022 年版)》明确指出：教学活动应激发学生学习兴趣，引发学生积极思考，鼓励学生质疑问难，引导学生在真实情境中发现问题和提出问题。那么如何在生动有趣的绘本阅读中引发学生思考，使其自发地去探究其中的数学知识，值得教师们研究。

2. 课程目标与评价标准构建

本课是小学一年级的课程内容。发现和提出问题是问题解决能力的重要维度指标。对于小学低年级学生来说，培养发现和提出问题的能力对问题解决能力的培养有重要意义，因此，本课教学目标侧重在发现和提出问题中发展和提升学生的问题解决能力。发现和提出问题的评价标准见表 1-6。

表 1-6　绘本教学中发现和提出问题的评价标准

评价要素	评价标准		
	水平 0	水平 1	水平 2
发现和提出问题的能力	不能从封面中获得关于绘本的信息。	能够通过图画、符号、文字等渠道获得信息，并提出简单的问题。	能根据信息间的联系，进行简单的信息加工，有自己的理解和思考，能提出有思考价值的相关问题。

3. 教学活动设计

第一次教学设计：学生提问无从下手。

在第一次教学时，一上课教师就给学生创设了提问的机会。

活动一：出示封面，激发阅读兴趣。

师："喜欢小故事吗？今天给大家带来了一个有趣的数学故事，快看！"

活动二：引导学生观察封面，提出问题。

师："同学们，仔细观察封面，你能提出什么问题吗？"

这样的设计，给学生提供了时间与机会去发现问题。但是举手的人寥寥无几，学生不知道怎么提问(图 1-5)。教师又给了很长时间，学生才开始有些想法(图 1-6 和图 1-7)。

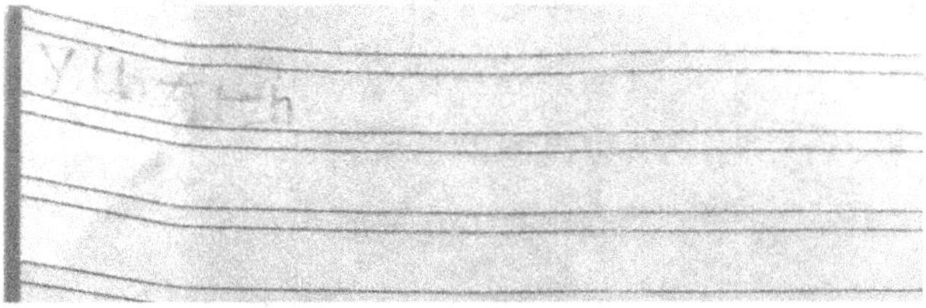

图 1-5　学生想写却不知道写什么，提不出问题

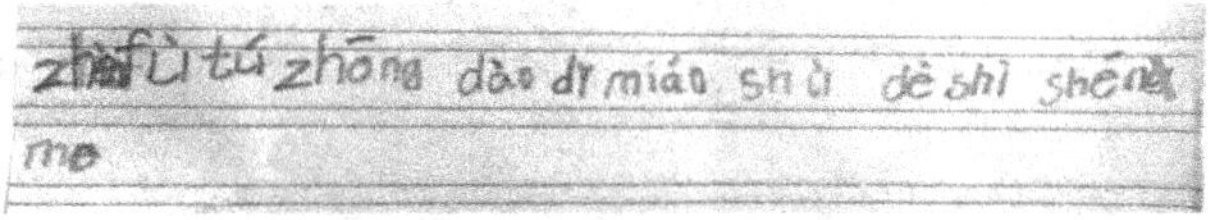

图 1-6　学生根据主题图，提出了简单的问题

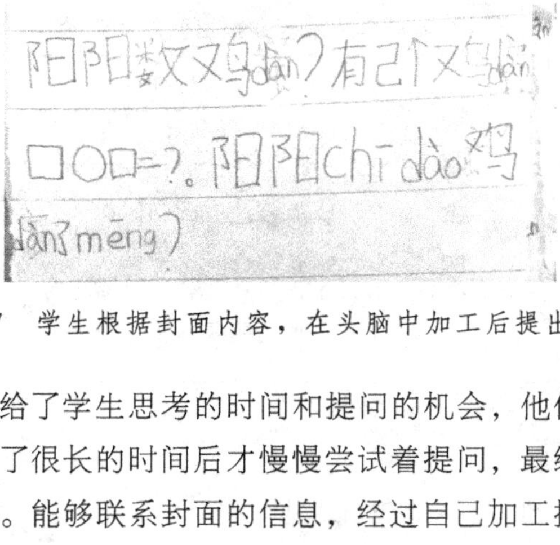

图 1-7　学生根据封面内容，在头脑中加工后提出问题

可见，即便给了学生思考的时间和提问的机会，他们还是有些无从下手，在教师给了很长的时间后才慢慢尝试着提问，最终还是有 5 人的问题卡是空白的。能够联系封面的信息，经过自己加工提出有价值问题的只有 29.7%(表 1-7)。

表 1-7　学生第一次提问情况统计表

提问水平	人数/人	比例/%
提不出问题	5	13.5
提出简单的问题	21	56.8
提出有价值的问题	11	29.7

第二次教学设计：引导学生有方法地提问。

面对这样的现状，我们思考：低年级学生不会提问，教师需要教学生如何提问、提问的角度有哪些。在读一本绘本时，我们首先看的就是封面，封面上有什么呢？学生会说封面上有主题图、书名、作者……教师要引导学生关注上面的图画与文字，并在头脑中进行简单的加工与联系，提出相关的问题。在教师指导后，学生第二次提问情况见表 1-8。

表 1-8　学生第二次提问情况统计表

提问水平	人数/人	比例/%
提不出问题	0	0
提出问题	12	32.4
提出有价值的数学问题	25	67.6

学生提出的问题有：

①为什么要数鸡蛋？

②阳阳拿鸡蛋干什么？

③数鸡蛋的结果是什么？

④阳阳数到了几个鸡蛋？

⑤一只鸡加两只鸡等于几只鸡？

⑥怎么数鸡蛋？

⑦一个人加一个人等于几个人？

⑧这个故事和凑十有什么关系？

⑨几个鸡蛋凑成十？

⑩请问，几加几等于 10？

⑪他们有几个鸡蛋？

⑫他们从哪里得到的鸡蛋？

⑬他们吃到鸡蛋了吗？

⑭阳阳数到鸡蛋了吗？

⑮阳阳是怎么数鸡蛋的？

……

有了观察的角度与提问的方向，学生的思路被打开了。每个人都可以提出问题，不再有空白问题卡出现，并且 67.6%的学生提出了有价值的数学问题，有的还提出了多个问题。

第三次教学设计：基于学生表现水平的课堂改进。

教学之后，我们发现，尽管大部分学生已经能够提出较高水平的问题，但是作为数学课堂，如何把学生的思维引向更为关注数学本质的角度呢？本课的核心内容是“凑十法”解决问题，学生在前期已经提出了许多问题。第三次教学设计中，教师借助学生提出的问题，引导学生进一步关注与“凑十法”相关的问题。

师：“上节课我们一起阅读了一本有趣的绘本，并且根据封面提出了自己的问题。‘这个故事和凑十有什么关系？’这个问题是谁提出的？你怎么想到要提这个问题呢？”

生 1：“我看到题目下的小字写着‘凑 10’，想知道这和故事有什么关系。”

师：“‘他们有几个鸡蛋？’这个问题呢？提这个问题的同学是怎么想的？”

生 2：“图中画着鸡蛋筐。我想知道他们有多少个鸡蛋。”

师：“看来关注文字和图画都可以帮助我们提出自己的问题。”

生 3：“数学课为什么研究这些内容呢？它们和数学有关系吗？”

师：“多好的问题啊！咱们来看看这些问题，有些和故事情境有关，其中像‘几个鸡蛋凑成十？’‘请问，几加几等于 10？’这样和数相关的问题，或者需要数学知识解决的问题，就称为数学问题。今天我们再来深入地读一读这本数学绘本，看看谁能把藏在绘本中的数学问题找出来。”

师：“每个同学都从第一页开始仔细阅读，一边读一边找数学问题，一边找一边记录下来，可以写出你的问题，不会的字写拼音，也可以简单地画一画你的问题。记得把页码标在旁边啊。”

通过平时对学生质疑的鼓励与肯定，他们已经敢于在课上质疑，勇于提问和交流了。这样的交流与互动把学生提问的角度引向了更加指向数学本质的方向，也教给了学生一些记录问题的小方法。学生第三次提问情况见表 1-9。

表 1-9　学生第三次提问情况统计表

提问水平	人数/人	比例/%
提不出问题	0	0
提出问题	8	21.6
提出有价值的数学问题	29	78.4

显然通过前期几次培养，已经有 78.4%的学生可以提出有价值的数学问题了。大部分学生可以通过观察提出多个问题，甚至可以用图示来表达和解决这些问题(图 1-8)。

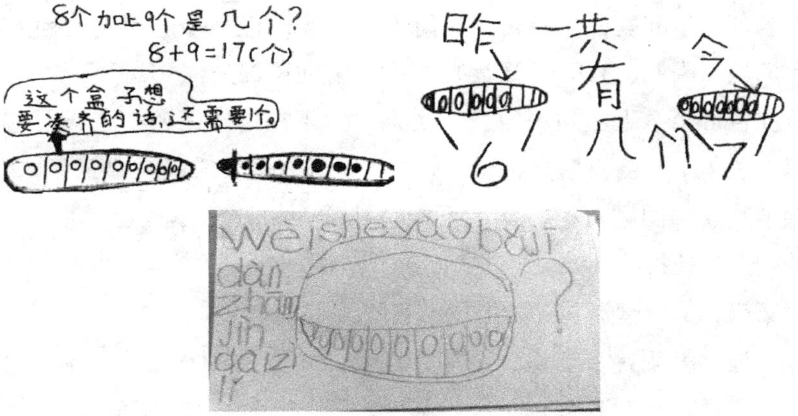

图 1-8　学生提出的问题

在交流的过程中，教师引导学生把问题梳理到任务单上。这样也就教会了学生阅读的方法，提升了阅读质量。授人以鱼，不如授人以渔。这样的方法也是培养学生系统性思维的好方法。系统性思维将人们对事物零散的认知联系为一个整体进行认知，使人们的认知更为完整、更具穿透力，极大地简化了人们对事物的认知过程，使人们的思维更具全局意识和整体性。它对学生以后的学习乃至生活都有很大的帮助。

4. 评价与反思

学生的好问题是“突如其来”还是“如约而至”呢？我们认为是课上这样的做法“预约”了学生的问题。

第一，精心设计提问环节。

《义务教育数学课程标准(2022 年版)》指出，要让学生在探索真实情境所蕴含的关系中发现问题和提出问题。学生的问题意识依赖于教师的教学设计。因此，教师要通过多种手段诱发学生的问题意识。所以，课上教师要给学生提问的机会。本节课设计教学环节时特意设计了三个提问的环节，“强制”学生提问，留出提问的通道，再通过评价激发学生提问的勇气。

第二，系统传授提问方法。

学生有了提问题的勇气，并不等于就能提出问题了。因为有些学生想向教师提出问题，但不知道如何提出问题，也不知道在什么地方容易产生问题。因此，教师还要教给学生提出问题的方法和途径。第一节课我们就告诉了学生提问的角度，如果学生还提不出问题，这很正常，教师可以做示范，给引领，让学生知道可以怎么问。或者像第三节课那样，带领学生一起回顾大家提出的问题，让学生讲述自己提出问题的方法，以此把方法传授给别人。

第三，努力营造平等氛围。

心理学表明，在自由、平等的环境中，人的潜能会得到最大发挥。能提出问题、有创造力的人，必须在心理上“自由”和“安全”。因此，我们要注意在师生间建立平等、民主、亲切、和谐的关系，为消除学生心理障碍营造良好氛围。平时课堂中，当学生有合理的建议时，教师要积极接受，与学生建立平等的关系；当学生提出的问题不符合要求或不是本课所要解决的时，教师要给予鼓励，给学生以勇气；当学生在提出问题的过程中，由于紧张或考虑不充分而词不达意、语无伦次时，教师要认真倾听，给学生以尊重。这样才能彻底消除学生的畏惧心理，他们才敢于提出问题。

教师营造自由、包容、平等的提问氛围，可以带领学生学好教材，超越教材；立足课堂，超越课堂；尊重教师，超越教师。

第四，注重长期积累方法。

问题意识的培养不是一蹴而就的，而是一个长期的培养过程，需要学生不断地积累。绘本系列课，其实就是积累的过程，学生由不会提问到敢于大量提问，由盲目提问到有认识、有思考地提问，由“强制”提问到在探究中自发提问。

学生在小学阶段不断地积累，相信在课堂上，我们必定会为“突如其来”的问题所震撼。

问是知之始。一个人若没有疑问，怎能有发明创造与成就呢？中国有个词语叫“学问”。在学中问，在问中学，才能获得真正的知识。

学生通过阅读绘本，从中体会语言之美，并丰富词汇。学生一旦享受到阅读绘本的乐趣，必会不断提出问题，不断表达自己心中的想法，无形中能促进表达能力和思维能力的发展。绘本教学的优势还有很多，需要教师慢慢挖掘，将绘本的价值最大化。我们会带着这些思考继续前行，用生动有趣的故事帮学生“预约”问题，用趣味横生的故事引领学生感受数学的魅力。

第二章

小学生合作能力评价与培养

合作，是我了解自己、了解他人、了解世界的最佳渠道。合作是世上最棒的教练，他手中有一面镜子，映照着“我”及“我们”身上千变万化的各种之美。合作为创新和勇气提供了足够的发展空间，从而在不断的交流、变革中，引领整个世界的前进。

——克里·伍德科克①

① [加拿大]大卫·萨维奇：《合作式思维》，信任译，19页，北京，中国友谊出版公司，2017。

第一节　小学生合作能力的内涵与评价标准

一、合作能力的内涵界定

学习方式在一定程度上决定着学习的质量，决定着一个人的思维方式，最终会成为一个人的生存和生活方式。“独学而无友，则孤陋而寡闻”，合作学习的开展具有重要意义。

所谓合作学习(cooperative learning)，是指以异质学习小组为基本形式，系统利用教学动态因素之间的互动促进学生的学习，以团体成绩为评价标准，共同完成教学目标的一种教学活动。它是20世纪70年代初兴起，并在70年代中期至80年代中期取得实质性进展的一种教学理论与策略体系。一些学者认为：合作学习着眼于同伴人际互动的变革，将合作性的小组结构纳入课堂教学当中，构建了师生、生生之间多边、立体的互动结构，从而实现了课堂教学体系的全面转变。合作学习已在全球几十个国家的中小学得到广泛运用，甚至被誉为“近十几年来最成功的最重要的教学改革”。

众多专家在其书籍和文章中就合作学习提出了自己的观点。能力是完成一项目标或者任务所体现出来的综合素质。能力总是和人完成一定的实践联系在一起的，离开了具体实践既不能体现人的能力，也不能发展人的能力。合作能力是指工作、事业中所需要的协调、协作能力。世界日新月异，社会的多样性和复杂性使得人们对于世界的认识已经不能仅仅依靠一些一般性的知识，而更多地需要依赖于人与人之间的合作与交流。良好的合作意识及能力已成为现代人的基本素质，并受到人们的重视。

开展合作学习的一个重要目标就是培养合作能力。毋庸置疑，培养合作能力、开展合作学习为多元化教育价值的实现提供了适当的方式和途径。在课堂中开展合作学习能突出学生的主体地位，培养学生主动参与的意识，激发学生的创造潜能，帮助培养学生的交际能力，有利于学生自我意识的形成和发展，为学生社会化程度的提高提供充分的条件，还能够让学生获得类似科学研究的体验和技能，进而培养其合作能力和团队精神。

综合各种观点，我们发现对合作的研究都围绕着以下一些关键词展开：目标一致、互动互助、协同进步、求新存异、集体奖励等。结合美国21世纪学习联盟提出的小学生4C能力中的合作能力的内涵，其具体表现为：①展示出与不同的团队进行有效协作和相互尊重的能力；②表现出主动性和灵动性，做出必要的妥协以完成共同目标；③为集体工作分担责任，重视团队成员的个人贡献。

本书将小学生合作能力界定为：团队成员能够围绕共同目标积极参与活动，有明确分工与职责并能够在协商中达成目标。

二、合作能力的评价维度构建

综合各类文献，我们梳理出了7个主要维度，对71位小学教师进行问卷调研与深度访谈，进而将小学生合作能力的评价指标确定为“目标、参与、分工、协商”。

（一）目标

目标指想要达到的境界或目的。在合作中，为同一目标进行合作，往往被认为是“进行合作的首要原因”，失去了共同目标，则失去了合作的意义和价值。如果没有真正的共同目标，合作必将失败。尤其在小学阶段，在合作完成任务的过程中，学生由于年纪小，往往时间一长就忘记了目标。时刻记住完成任务时的共同目标是培养合作能力的重要环节。

（二）参与

《现代汉语词典》(第七版)将“参与”解释为“参加(事务的计划、讨论、处理)”，即加入某种组织或某种活动。“参与”一词在英文当中是participate，指个人的思想和感情都投入一种鼓励个人为团队的目标做出贡献、分担责任的环境之中。参与是合作的前提和条件，没有参与便没有合作。

（三）分工

分工是为了提高管理的专业化程度和工作效率，把组织的任务、目标分成多个层次，明确各部门及各人的任务、目标、工作以及完成工作的手段、方式和方法。在小学阶段，学会分工，并能够积极努力地完成团队讨论后分配给自己的任务是合作能力的重要组成部分。

（四）协商

协商指的是共同商量以便取得一致意见，它是处理人与人之间关系的润滑剂。协商在合作中起到重要作用，但对于小学生而言，做到共同商量，甚至有让步、有妥协，进而合作完成任务并非一件容易的事情。它是培养小学生合作能力亟须关注的方面。

三、 合作能力的学段目标与评价标准制定

由于各个年龄阶段的小学生在认知水平、情感体验、语言交流、沟通交往等各方面的表现和能力都存在差异，其发展也是循序渐进的，因此，培养合作能力也不是一蹴而就的。教师需要明确各个学段的要求，从而更加有针对性、目标明确地进行培养与训练。在四个维度上，根据不同年级学生的年龄特点，小学生合作能力评价指标见表 2-1。

表 2-1　小学生合作能力评价指标

评价指标	一至二年级	三至四年级	五至六年级
目标	／	※	※
参与	※	※	※
分工	※	※	※
协商	／	／	※

根据表 2-1，在合作能力方面，一至二年级学生侧重于培养参与、分工两个技能，三至四年级学生增加目标技能，五至六年级学生则需要兼顾到目标、参与、分工、协商四个技能。由此，我们概括出小学生合作能力的评价标准(表 2-2)。

表 2-2　小学生合作能力评价标准

发展水平	评价标准
水平 1	能够参与到活动任务中。
水平 2	主动参与活动并有明确分工。
水平 3	围绕共同目标积极参与活动，有明确分工。
水平 4	围绕共同目标积极参与活动，有明确分工，有协商。
水平 5	围绕共同目标积极参与活动，有明确分工与职责并能够在协商中达成目标。

根据上述要求，不同年级学生在合作能力上要达到的表现性标准见表 2-3。

表 2-3　不同年级学生合作能力表现性标准

评价指标	一至二年级	三至四年级	五至六年级
目标		①在教师或成员的提醒下，能够保持较高的、目的一致的动机水平参与会话与讨论活动。 ②具有责任心，能够根据成员共同想法，在教师或成员帮助下，调整自己的目标。	①能够自觉地保持很高的、目的一致的、持久的动机水平参与会话与讨论活动。 ②具有较强的责任心，能够根据成员的共同想法，调整自己的目标。
参与	在教师的具体引导与组织下能够参与到活动中。	①在教师的引导与组织下能够积极参与到活动中。 ②在一定程度上能调节自身，适应团队并融入团队进行活动。	①主动积极地参与到活动中，能调节自身。 ②适应团队并融入团队进行活动。
分工	在教师的组织和指导下，明确自己所承担的角色或任务。	①在教师的指导和督促下，能够做好合作活动的准备工作，明确自己的角色或任务并拟订简单的行动计划。 ②在教师的提示下，根据成员情况比较合理地分配	①能够自觉做好合作活动的准备工作，明确自己的任务并制订合理的行动计划。 ②能够根据成员情况，合理分配任务并主动地互相交流。

续表

评价指标	一至二年级	三至四年级	五至六年级
		任务，并互相交流。 ③在一段时间内能遵守规则，尽职尽责。	③遵守规则，尽职尽责。
协商			①尊重他人，能设身处地为团队或成员考虑问题。 ②合理、清晰地表达个人的想法和诉求。 ③对出现的分歧与争议进行比较有效的协商。 ④以共同目标为重，做出必要的妥协与让步。 ⑤及时反思成员与团队的合作。

合作能力的发展既有连续性，又有阶段性，对不同学段学生的评价和培养根据学生年龄特点各有侧重，但并不代表低年级学生不能表现出高水平。例如，有的低年级学生也会不断地围绕目标进行研究与讨论，在活动中也有协商与让步。

第二节　小学生合作能力评价任务设计

本节设计了 6 个小学生合作能力评价任务，具体内容见表 2-4。

表 2-4　合作能力评价任务表

序号	评价任务	年级	任务设计者
1	纸飞机投准	一至二年级	白雪
2	制作直升机模型		陈曦
3	创意合影	三至四年级	白雪
4	“机场小达人”志愿服务		陈曦

续表

序号	评价任务	年级	任务设计者
5	绿化我们的新校园	五至六年级	董兆英
6	制作创意灯具		任莹

一、 纸飞机投准

（一）任务描述

学生组成四人小队，一同参加纸飞机投准团队间对抗赛。每队参赛选手需在 5 分钟内使用 1 张标准 A4 纸现场制作 1 架纸飞机，纸张只能折叠，不能撕、粘、剪、订、悬挂重物。竞赛场地如图 2-1 所示，共有 4 根投掷线，依据距离靶标由近及远分数依次为 2～5 分。

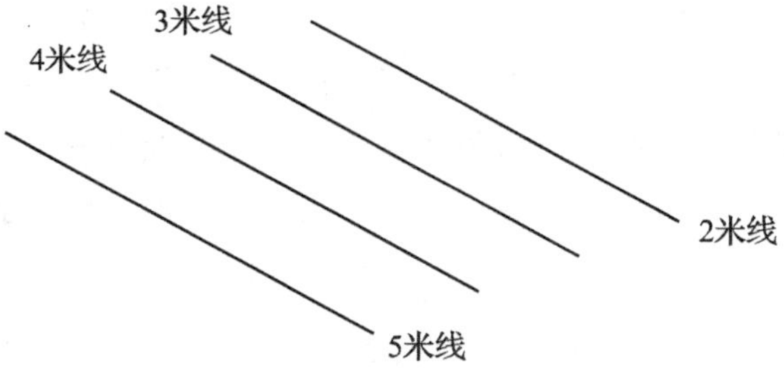

图 2-1　竞赛场地示意图

参赛队员可自选投掷线，从投掷线成功投到靶标内即计分，每名队员只可投掷 1 次。全队完成制作后即可按序进入场地比赛，个人成绩相加为团队成绩。教师需要引导学生合作研究适合投准的纸飞机机型和投掷动作，可提供表 2-5 辅助学生研究。

表 2-5 “纸飞机投准”的研究任务单

机翼	机头	尾翼	其他因素	投掷角度	手持位置	其他因素
宽	薄	有		平投	前	
窄	厚	无		向上	中	
					后	

（二）适用年级

一至二年级。

（三）评价目标

合作能力。

（四）评价量规

“纸飞机投准”活动合作能力评价量规见表 2-6。

表 2-6 “纸飞机投准”活动合作能力评价量规

评价目标	水平 1	水平 2	水平 3	水平 4	水平 5
合作能力	能够参与到任务中。	主动参与投准研究活动，并在教师帮助下产生分工研究意识。	①围绕纸飞机投准竞赛任务积极参与活动，在教师帮助下有分工，知道自己承担的任务，不争吵。例如，有人研究纸飞机机型，有人研究投掷角度，中途可能更改研究人员。②小组成员可能意见不统一，但可在教师帮助下完成合作研究。	①围绕纸飞机投准竞赛任务积极参与活动，在教师指导下有明确分工，明确自己承担的任务。例如，2 人研究纸飞机机型，2 人研究投掷角度，可在练习中主动达成共识。②能一直围绕共同目标进行合作。	①围绕纸飞机投准这一共同任务积极参与活动，能够主动进行分工，明确自己承担的任务。例如，2 人研究纸飞机机型，2 人研究投掷角度，并尽快达成共识。②遇到分歧能主动协商。

（五）使用建议

使用本量规在二年级进行评价，大部分学生处于水平 3，处于水平 4、水平 1、水平 2 的学生较少。本量规也可以用于一年级学生，应该会出现更多水平 1、水平 2 的学生。此外，该量规既可以帮助教师了解学生水平，也可以作为学生自评的工具。除教师依据该量规进行评价外，学生也可以在活动后进行自评，进一步理解评分标准，同时也能够自觉地调整行为，发展合作能力。

二、 制作直升机模型

（一）任务描述

学生搜集喜欢的直升机图片，和教师共同了解直升机的基本结构与类型。仿照组内选出的最喜欢的直升机图片，设计并绘制结构完整且有创意的直升机设计图(图 2-2 为设计图记录单)，选取适合的废旧材料和工具，小组共同制作一架结构完整的直升机模型。

设计图记录单

设计者：________________

我们组设计的直升机叫________________

用途：________________

特点：________________

设计图

预计使用的废旧材料：

机头：____________ 起落架：____________

机身：____________ 旋翼：____________

尾翼：____________

图 2-2 设计图记录单

小组任务：

①小组合作绘制一幅结构完整并且有创意的直升机设计图。

②根据设计图选取适合的废旧材料。

③小组分工，根据设计图利用工具和废旧材料共同制作一架直升机模型。

小组成员可以利用表 2-7 帮助完成任务。

表 2-7 “制作直升机模型”活动建议表

<table>
<tr><th>项目</th><th colspan="4">内容</th></tr>
<tr><td>直升机基本结构</td><td colspan="4">机身、尾翼、起落架、旋翼</td></tr>
<tr><td>模型的基本特点</td><td colspan="2">连接稳定</td><td colspan="2">可站立</td></tr>
<tr><td>直升机的创意</td><td>外观(颜色、图案、符号等)</td><td>结构(炮弹、洒水装置等)</td><td>类型(双旋翼直升机、单旋翼直升机等)</td><td>……</td></tr>
<tr><td>适合的材料</td><td>处理难度(材质、形状等)</td><td>粘贴难度</td><td colspan="2">……</td></tr>
</table>

（二）适用年级

一至二年级。

（三）评价目标

合作能力。

（四）评价量规

“制作直升机模型”活动合作能力评价量规见表 2-8。

表 2-8 “制作直升机模型”活动合作能力评价量规

评价目标	水平 1	水平 2	水平 3	水平 4	水平 5
合作能力	能够在教师和小组成员的帮助与提醒下参与直升机模型制作活动。	主动参与直升机模型制作，并在教师帮助下有分工研究意识，分	能够围绕制作直升机模型的目标积极参与活动，在教师的指导下，有分工，不争吵。例如，有的成	能够围绕制作直升机模型的目标积极参与活动，在教师的指导下，明确分工。例如，2 个人处理材	能够围绕共同目标积极参与活动，在教师的指导下，明确分工与职责。例如，2 个人处理材料，2 个人看图粘贴

续表

评价目标	水平 1	水平 2	水平 3	水平 4	水平 5
		工中可能有分歧，或出现问题。例如，有超过 2 个人想承担同一个任务，出现分配不均的情况。	员对分配的任务并不擅长，进展缓慢，有的成员早早做完了任务，出现无法同时制作模型的情况，能够在教师的协调下，基本完成直升机模型制作。	料，2 个人看图粘贴材料。面对任务分配不均的问题，尝试共同协商解决。例如，刚开始处理材料时，组装的学生利用空余时间，关注材料的处理是不是设计所需的。最终小组完成模型制作。	材料。互相关注对方行为，并在偏离目标时能够在协商中达成目标。例如，处理材料时，看图的学生关注材料的处理是不是设计所需的。若制作中发现材料不能达到效果或有剩余，尝试协商，用新创意补充或将多余的材料用作其他部分，最终合作完成有创意的直升机模型。

（五）使用建议

该量规既可以帮助教师了解学生水平，也可以作为学生自评的工具。除教师依据该量规进行评价外，学生也可以在活动后进行自评，进一步理解评价标准，同时自觉地调整行为，发展合作能力。

三、 创意合影

（一）任务描述

学生需要分成 6 人一组的合影小组，一同为班中即将转学的小金同学拍摄合影作品，作为同窗纪念。摄影作品需要在校园内拍摄，构图有创意，体现纪念意义。学生需要选择场地、设计动作和表情、合作拍摄，最后完成创意合影作品。教师可提供表 2-9 辅助学生拍摄。对于表格中给出选项的内容可直接打“√”，如“拍摄场地”，学生选择了操场，就可在操场前的方框里打“√”。

表 2-9 “创意合影”拍摄方案

组名		小组成员	
拍摄场地	□操场；□教室；□一层展示厅；□其他（　　　　　　）		
拍摄设计图（可画出动作、表情、道具等）			
拍摄时间	□午休；□放学后；□其他（　　　　　）		
需要帮助	□教师帮助协调场地；□教师帮助指导拍摄方法； □其他（　　　　　　　　　　）		
备注			

（二）适用年级

三至四年级。

（三）评价目标

合作能力。

（四）评价量规

“创意合影”活动合作能力评价量规见表 2-10。

表 2-10 “创意合影”活动合作能力评价量规

评价目标	水平 1	水平 2	水平 3	水平 4	水平 5
合作能力	在教师的督促下，能够参与到任务中。	①能够在教师的引导下主动参与合作拍摄，了解此次任务的目标。	①能够在教师的引导下围绕合作拍摄任务积极参与。②能够一同商议制作出设计图，在教师帮助下有分工，	①能够主动围绕合作拍摄任务积极参与。②能够一同商议制作出设计图，在教师指导下有明确的分工和职责，	①能够主动围绕合作拍摄这一共同任务积极参与。②能够一同商议制作出设计图，能够主动进行分工和职责分配，并能互相帮助。

续表

评价目标	水平 1	水平 2	水平 3	水平 4	水平 5
		②能够一同商议制作出设计图，并在教师帮助下产生分工研究意识。	不争吵。例如，有专人负责拍摄，其他成员配合设计动作、表情。	并听从安排。例如，拍摄者根据拍摄需要，要求被拍摄者调整动作、表情，并知道找角度等。	例如，拍摄者根据拍摄需要，要求被拍摄者调整动作、表情。 ③拍摄完成后，小组一同协商作品改进方法，选择最优方案，一同完成满意的作品。

（五）使用建议

1. 任务实施建议

建议教师提前对学生可选择的拍摄地点进行了解，如适合的拍摄时间、拍摄角度等。因为各小组要同时进行拍摄，教师可寻找合作教师帮助自己。最好每个小组配一位指导教师，这样既能保护学生安全，又能及时处理突发事件。对于拍摄的工具，教师可选择适合的工具，因此，提供的方案表格可根据实际教学进行改进。本任务从方案的设计到作品的完成都需要小组成员的积极合作，因此教师在指导过程中要引导学生关注目标，合作完成。每个人都有长处，教师要尽力引导学生化解矛盾，完成作品拍摄。

2. 评价量规使用建议

该量规的内容既体现了目标也展示了结果，建议教师在任务实施初期就与学生一同商议并制定出来，之后师生分阶段一同使用此量规。设计拍摄方案时，教师可利用该量规启发学生选择合适的场地，一同商议制作出一份拍摄设计图。可能有的小组不止设计一份，有的小组设计不出来。教师要根据评价目标进行指导。在拍摄前出示此量规，提示学生可关注每个人的角色是什么，出现问题后如何合作。在学生改进作品时出示，目的是指导学生互相帮助，提出有价值的建议，并配合完成。拍摄结束后出示，是为了引导学生反思自己的合作过程，进而启发他们思考如何进行下一次合作。

四、“机场小达人”志愿服务

（一）任务描述

为了给机场有需要的人提供志愿服务，学生分组搜集机场基础设施、服务状况等资料，了解机场志愿服务的特点与要求，明确指示牌、机场指南、小志愿者服务三个活动主题。在“‘机场小达人’志愿服务”活动前，学生交流、讨论，确定志愿服务需要考虑的事情，进而分工，各组制定具体志愿服务计划表(图 2-3)。

志愿服务计划表						
我们组的成员有				我们用什么方式开展志愿服务活动		
序号	做什么	怎么做	负责人	可能遇到的问题	预设的解决策略	预期成果
1						
2						
……						

图 2-3　志愿服务计划表示例

学生根据志愿服务计划表，设计并制作指示牌、机场指南、志愿者标志等服务工具，模拟机场志愿服务活动。

小组成员的任务：

①小组开展头脑风暴，思考志愿服务活动前所需的准备工作，绘制图示。

②补充、归纳志愿服务活动前的准备工作。

③小组交流、讨论，为所需的准备活动排序和分工。

（二）适用年级

三至四年级。

（三）评价目标

合作能力。

（四）评价量规

“‘机场小达人’志愿服务”活动合作能力评价量规见表 2-11。

表 2-11 “‘机场小达人’志愿服务”活动合作能力评价量规

评价目标	水平 1	水平 2	水平 3	水平 4	水平 5
合作能力	能够在教师和小组成员帮助下参与志愿服务活动规定的任务。	能够主动参与志愿服务活动任务的会话与讨论，在教师的引导与组织下，能在一段时间内遵守规则，融入集体。	能够围绕志愿服务活动积极参与会话与讨论，在教师的指导和督促下，能够主动做好合作活动的准备工作，明确自己的角色或任务，并拟定简单的行动计划。舍弃自己的一些不合理要求，做出让步，接受组内分工安排。	能够积极围绕志愿服务活动，主动保持较高的目的一致的动机水平参与会话与讨论。根据成员情况比较合理地分配任务，并互相交流，协商不同想法。例如，有学生想在网上定制志愿者服饰，却忽略了资金问题，成员共同交流，想用小黄帽代替醒目的志愿者标志，降低费用，提高服务质量。最终小组的规划内容合理、清晰，成员积极配合。	能够围绕共同目标积极参与志愿服务活动，能在一定程度上调节自身，适应并融入团队进行活动。具有责任心，能根据成员共同想法，在教师或成员帮助下，调整自己的目标。能够做好合作活动的准备工作，明确自己的角色或任务并拟订行动计划。遵守规则，尽职尽责，在不断协商中达成目标。例如，在教师的提示下，节省时间，提高活动效率。在做活动准备时，所有成员均负责机场情况的资料搜集，商量具体时间进行讨论，确定机场指南的内容及封面设计。然后多名成员同时抄录指南内容、绘制指南封面，随后组装成册，进行组间展示与评价。

（五）使用建议

1. 注重选择适合学生的评价维度

任务设计要从学生特点出发，中年级学生的合作能力培养以分工、参与、目标为核心，应以此设计表现性任务。

活动主题从学生生活和发展需要出发，激发学生浓厚的参与热情。设计学生自主开展合作的活动环节，引发学生对合作的需要，最大限度激发学生的合作行为与表现。

2. 根据主题特点，开展自主合作学习

组织教学活动时，教师需要在活动的各个阶段，渗透合作能力的关键要素。活动初期，教师引导学生分析开展本次活动的必要性和可行性。教师关注三、四年级学生与人交流、沟通的特点，引导学生树立自信心，激发参与热情。活动中，利用新的学习方法——图示，引导学生发散思维，开展头脑风暴。引导学生思考需要做的诸多事情，分析志愿服务活动的准备工作以及个人开展志愿服务活动的难度；鼓励学生自愿结组，合作开展志愿服务活动。根据成员情况和活动任务渗透规划的重要性，引导学生合理分工，制订计划，体验小组合作的乐趣。

教师不断明确小组的共同目标，引导学生倾听他人的想法与建议，发现他人的优点，根据建议反思自己的行为，适当调整，最终为他人的出行提供帮助。

五、 绿化我们的新校园

（一）任务描述

本任务是五年级大主题长周期活动“绿化我们的新校园”（由“发现新校园问题”“实地考察新校园”“设计绿化方案”三个阶段组成）中第二阶段的任务。

本次表现性任务要求学生根据前期制订的绿化校园的活动计划，明确活动任务。学生以组为单位，围绕“实地考察新校园哪些地方适宜绿化，并测量出适宜绿化的区域的面积”这两个任务，来到新校园，在充分讨论的基础上，分工合作，实地考察新校园。学生通过与相关教师交流，明确新校园里适宜绿化的区域，并测量出这些区域的面积。

1. 小组成员的任务

这是一项测量工作。需要以小组为单位，在实地考察新校园的基础上，明确哪些地方适宜绿化。在此基础上，继续分工合作，观察并测量适宜种植植物的区域的面积，记录下来。

2. 需要考虑的问题

校园里哪些地方需要绿化？哪些区域适合绿化？需要绿化的面积是多少？围绕以上问题，确定绿化区域时还需要注意哪些问题？比如：使用的工具和材料有哪些？采取哪些便捷又科学的记录方法？四名同学在实际操作时如何分工，才能又快又好地将任务完成？

（二）适用年级

五至六年级。

（三）评价目标

合作能力。

（四）评价量规

“绿化我们的新校园”活动合作能力评价量规见表 2-12。

表 2-12 “绿化我们的新校园”活动合作能力评价量规

评价目标	水平 1	水平 2	水平 3	水平 4	水平 5
合作能力	①能够参与活动任务，在教师和小组成员帮助下集中注意力。 ②知道自己所承担的任务。	①在教师或小组成员的提醒下，保持一段时间目的一致的动机水平参与会话与讨论。 ②在教师或小组成	①能够保持较高的目的一致的动机水平参与会话与讨论。 ②在教师或小组成员的提示下，做好活动的准备工作，知道自己的任务并制订行动计划。	①能够主动保持很高的目的一致的比较持久的动机水平参与会话与讨论。 ②能够主动做好活动的准备工作，知道自己的任务并制订合理的行动	①能够保持很高的目的一致的持久的动机水平参与会话与讨论。 ②能够自觉地做好活动的准备工作，知道自己的任务并制订合理的行动计划。 ③能够自觉地树立合作共赢的意

续表

评价目标	水平 1	水平 2	水平 3	水平 4	水平 5
合作能力		员的提示下，做好活动的准备工作，知道自己的任务并制订行动计划。例如：讨论分工时，最初注意力不集中，教师提醒后，能够进入状态。	③清楚自己的角色并能够说出小组内每个角色分工的任务、职责和作用。	计划。 ③能够树立合作共赢的意识，有一定的持久性。清楚自己的角色并能够说出小组内每个角色分工的任务、职责和作用。例如：在组长带领下，根据活动计划，明确任务和具体工作。对安排表示支持或同意。	识。自始至终地愉快合作。能够清晰地说出小组内每个角色分工的任务、职责和作用。 ④遇到意见不一致时能够做出让步并友好协商。例如：小组成员自觉地参照活动计划，主动承担任务。认真讨论，提出自己的意见，并耐心倾听别人的意见，明确自己和其他成员的任务。

（五）使用建议

1. 布置表现性任务时，加强对任务实施的具体指导

与传统纸笔测验不同，表现性评价需要学生完成表现性任务来展现其理解或技能水平。因此，在完成表现性任务前，教师要确定学生知道自己将要完成什么样的任务，有什么具体规定。

2. 实施表现性评价时，增加收集学习信息的主体

我们知道，表现性评价给予学生展示自己最佳表现的机会。为了展示自己的最佳表现水平，学生需要提供证明自己表现的证据。因此，在表现性评价实施的过程中，收集学习信息的不仅有教师，还应该包括学生自己。

3. 记录信息时，丰富收集学习信息的手段

平时课堂教学中，我们一般用肉眼去观察学生的活动表现，然后根据评分规则的要求，做好相应的记录。在测量校园适宜绿化的面积活动中，学生的表现是动态的、即时的。因此，在信息技术越来越发达的今天，我们应当用先进的信息技术来帮助我们收集和记录信息，如使用拍照、录音、录像或生成二维码等电子记录的方式。这样既帮助教师收集和记录学生的表现，也为活动结束后回顾学生的表现提供了依据，从而获取学生在此任务中丰富的表现，为后面的评价奠定基础。

六、 制作创意灯具

（一）任务描述

灯具在我们日常生活中无处不在，各式各样各种功能的灯具琳琅满目。本任务为学生 4 人一组合作完成。要求在 2 小时内，用提供的工具及材料制作一个具备基本照明功能的创意彩灯模型；制作彩灯前先完成设计图纸，制作中尽可能按设计图纸运用相关知识动手完成；作品美观、有艺术特色和创新性。彩灯模型尺寸及样式不限。

（二）适用年级

五至六年级。

（三）评价目标

合作能力。

（四）评价量规

“制作创意灯具”活动合作能力评价量规见表 2-13。

表 2-13 “制作创意灯具”活动合作能力评价量规

评价目标	水平 1	水平 2	水平 3	水平 4	水平 5
合作能力	能够在教师和小组成员的帮助下参与活动。	能够主动参与活动任务并有明确分工。小组成员有明确分工，并承	①能够围绕制作创意灯具这一目标积极参与活动并明确分工，承担相应的灯具制作任务。	①能够围绕制作创意灯具这一目标积极参与活动并明确分工，承担相应的灯具制作任务。	①能够围绕制作创意灯具这一目标积极参与活动并明确分工，承担相应的灯具制作任务。 ②现场制作遇到

续表

评价目标	水平 1	水平 2	水平 3	水平 4	水平 5
合作能力		担相应的灯具制作任务。	②遇到困难时能接受他人的帮助并完成任务。例如，独自制作灯框时连接处不牢固，能够在他人的指导下有所改进。	②愿意主动与他人合作，不怕困难，能坚持完成制作任务。 ③同伴遇到困难时不抱怨，在教师帮助下共同克服困难。	困难时，能在组内协商解决，积极与其他成员合作完成制作任务。 ③同伴遇到困难时不抱怨，能够主动帮助同伴。 ④遇到意见不一致时能够主动让步，协商解决问题。

（五）使用建议

教师的评价要关注到每一组的情况，做好观察记录，准确反映活动过程中学生的表现。

第三节　小学生合作能力培养教学案例

本节提供了小学生合作能力培养的 6 个教学案例(表 2-14)，分别涉及小学不同年级。这些都是在第二节表现性任务及其量规设计的基础上，基于表现性评价的教学案例。这 6 个案例均为综合实践活动领域的内容，已经拓展为整个单元的教学活动设计。

表 2-14　合作能力培养教学案例

序号	教学案例	年级	任务设计者
1	纸飞机投准	一至二年级	白雪
2	制作直升机模型		陈曦
3	创意合影	三至四年级	白雪
4	“机场小达人”志愿服务		陈曦
5	绿化我们的新校园	五至六年级	董兆英
6	制作创意灯具		任莹

一、 纸飞机投准

（一）主题与背景

结合低年级小学生的特点，基于合作游戏中的基本要素，开展了“纸飞机的研究”大主题长周期的实践活动。该活动主要由“纸飞机制作的研究”“纸飞机掷远的研究”“纸飞机投准的研究”“纸飞机滞空的研究”四部分组成。本活动以设计和制作纸飞机为载体，引导学生在综合运用所学知识和技能的基础上，提出适合各种纸飞机竞赛的飞机造型，分组活动，在解决实际问题的过程中，掌握探究类活动的一般学习方法。本活动中的纸飞机投准的研究属于合作游戏的项目式任务，目的是在合作游戏与问题解决的实践过程中激发学生的合作意识，培养学生的合作能力。

（二）适用年级

一至二年级。

（三）教学目标与评价量规

1. 教学目标

通过合作探究过程，制作出适合投准竞赛的纸飞机；在探究过程中，积极参与合作，愿与他人沟通合作，培养合作意识，体验合作探究的快乐。

2. 评价量规

“纸飞机投准”活动合作能力评价量规见表 2-6。

（四）教学过程

1. 活动任务

纸飞机投准的研究分为三个阶段。

第一阶段——初次竞赛，发现问题。

第二阶段——搭建支架，分析问题。

第三阶段——支持合作，实施策略，组织分享。

2. 活动过程

(1)第一阶段——初次竞赛，发现问题

①初次竞赛。

教师宣布本节课进行纸飞机投准竞赛，学生需组成四人小组，一同参加纸飞机投准团队对抗赛。教师帮助学生利用异质分组的方式形成四人小组，即全班 36 人，按座位顺序 1～4 报数后，报 1 的人分在一组，以此类推，形成 9 个小组。

师生一同了解竞赛规则。

参赛小组在 5 分钟内使用 1 张标准 A4 纸现场制作 1 架纸飞机。纸张只能折叠，不能撕、粘、剪、订、悬挂重物。参赛成员可自选投掷线，从投掷线投到靶标内即计分，每名成员只可投掷 1 次。全组完成制作后即可按序进入场地比赛，将全组个人成绩相加作为小组成绩。

各组自主探究，并在组内进行竞赛，看谁的成绩好。各组利用教师提供的纸飞机投准研究任务单(表 2-5)初步分析产生好成绩的原因。

在组内投准竞赛过程中，各小组成员互相勾画选项、记录成绩。方法是 1 号成员为 2 号成员记录成绩、勾画相关选项，以此类推。教师利用组内竞赛和互相记录的方式激发学生的活动兴趣。

②发现问题。

组内投准竞赛后，学生发现每人的成绩有高有低，自然萌生了让自己投准的成绩提高的想法。教师组织学生观察纸飞机投准研究任务单，启发学生思考自己的体验、小组成员勾画的选项和自己的成绩之间的关系。组内研讨，按照从 4 号到 1 号的顺序，依次陈述对自己成绩的分析和对记录方成绩的分析。

(2)第二阶段——搭建支架，分析问题

①搭建支架。

在组内竞赛后，教师组织学生讨论“什么因素影响了纸飞机投准?”，要求每组 1 号成员代表发言，其他成员补充发言。在学生充分陈述体验和经验之时，教师帮助学生从纸飞机机型和投掷方法两个方面梳理发现的优秀经验，整理成板书(图 2-4)。

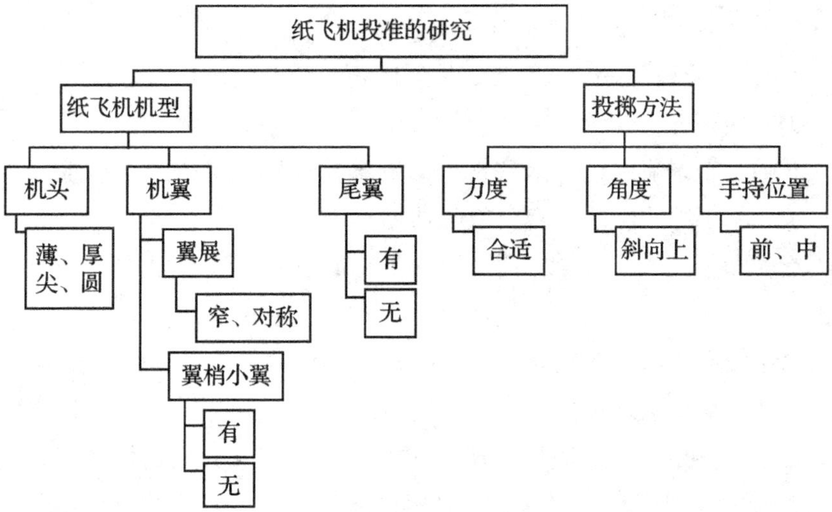

图 2-4　教师板书

在教师板书后，学生意识到可以从纸飞机机型和投掷方法两个方面进行调整，从而得到更好的成绩。比如，有学生提到自己在活动中制作过机翼窄、机头薄的飞机，投掷时使用体育课学过的投沙包的方法，向斜上方投掷。学生都跃跃欲试地调整自己的飞机，再投入竞赛。这为组间竞赛时激发学生的合作意识提供了技术支持。

②分析问题。

之后，教师组织学生研讨如果小组全员参赛需注意什么，怎样合作才能取得好成绩。教师组织学生按从 1 号到 4 号的发言顺序进行交流。通过组内分享，学生们发现每个参赛成员都应合理选择机型、投掷方法、投掷线。每个成员都选了最佳方案，小组成绩才会高。

(3)第三阶段——支持合作，实施策略，组织分享

①支持合作。

教师组织学生组内合作：调整纸飞机机型，练习投掷方法，设计出场顺序，选择适当的投掷线。建议学生作为参赛选手时应是“挑刺员”，利用纸飞机投准研究任务单分析自己投掷时的优劣。学生在作为观众时应承担“促进员”“点赞员”的角色，鼓励小组和谐合作。教师关注各个小组的练习动态，及时化解学生矛盾。

②实施策略。

教师组织全班的组间竞赛，建议所有观众承担“促进员”“点赞员”的角色，营造和谐的竞赛氛围。

③组织分享。

赛后教师组织学生分析自己在整个活动中的收获和不足，给出合作能力评价量规，引导学生围绕评价量规互相评价。评价时建议先说优点，再说改进的具体建议。

（五）评价与反思

1. 运用合作游戏，有利于激发学生合作意识

根据小学低年级学生年龄特点，将游戏(纸飞机投准竞赛)和学习通过一系列环节相互联系在一起，从而发展学生的主动性和控制力，激发他们的内部动机和参与性。在综合实践活动中倡导小组合作，一方面希望更好地发挥人际交往对于认知发展的促进作用，另一方面希望学生在合作中更好地实现个性化发展。

针对本次活动，为激发学生的合作意识，教师在每个阶段都设计了有梯度的合作任务。第一阶段，教师与学生分享了合作式的游戏任务，激发了学生内部动机。同时设置有趣的异质建组环节，让学生带着期待参与到小组合作中，帮助他们扩大人际交往面。之后用交替记录成绩和评价的方式，激发学生的参与性，促进他们之间的交往。第二阶段，学生以组为单位分享组内竞赛的结果。他们必须有自己的思考和见解，在合作中还要有个性化发展。第三阶段，学生的重头戏在合作研究上。大家为了共同的目标，要协商出场顺序，选择投掷线，对纸飞机的机型和投掷方法给出合理建议，因此，提高了人际交往能力，激发了主动合作意识。

2. 利用表现性评价，指导学生明确做什么、怎么做

课堂上教师要用学生容易理解的方式和语言呈现问题情境和任务指导语。对于不同年级、不同认知水平的学生，教师在选择问题情境和任务指导语的呈现方式上也应不同。

根据小学低年级学生年龄特点，教师选择在活动第一阶段就与学生分享此次活动任务，即“本节课进行纸飞机投准竞赛，学生需组成四人小组，一同参加纸飞机投准团队对抗赛”。之后逐层引导学生思考解决问题、完成任务的方法：纸飞机机型和投掷方法与成绩间的关系是什么？如何改进自己的飞机机型和投掷方法？如何安排小组成员出场顺序？如何合作一同取得高分？做观众时的角色是什么，应该怎么做？做选手时对自己的要求是什么？如何看待自己和小组成员在活动中的表现？……一系列问题，环环相扣。利用问题来启发学生，进行下一步的合作。此任务每个步骤的设计，都旨在提升学生的合作能力。因此，教师在实施任务时应密切关注学生的合作情况，让学生去发现小组成员身上的闪光点，引导学生接纳同伴，从而培养合作意识。在学生相互评价时，教师给出合作能力评价量规，引导他们围绕评价量规进行自评、互评并合作讨论改进建议。

二、 制作直升机模型

（一）主题与背景

《中小学综合实践活动课程指导纲要》明确提出，综合实践活动课程“强调学生综合运用各学科知识，认识、分析和解决现实问题，提升综合素质，着力发展核心素养，特别是社会责任感、创新精神和实践能力……本课程要求突出评价对学生的发展价值，充分肯定学生活动方式和问题解决策略的多样性，鼓励学生自我评价与同伴间的合作交流和经验分享”。本次活动引导学生从多角度分析问题、解决问题，从而达到共同成长的目的。本次活动由三个阶段组成。第一阶段，学生搜集直升机的相关资料，了解直升机的起源、历史知识，掌握直升机的基本组成部分和类型。第二阶段，小组成员共同完成结构完整、有创意的直升机设计图，并初步养成仔细观察、认真思考的好习惯。第三阶段，学生按照设计图，利用废旧材料制作模型，初步培养与人合作、动手实践的能力以及解决问题的能力。

（二）适用年级

一至二年级。

（三）教学目标与评价量规

1. 教学目标

学生在组内交流、讨论，各组绘制出一幅结构完整、有特点的直升机设计图；学生按照设计图，利用废旧材料制作出结构完整、有特点的直升机模型。初步培养学生与人合作、动手实践的能力以及解决问题的能力。

2. 评价量规

“制作直升机模型”活动合作能力评价量规见表 2-8。

（四）活动任务与教学过程

1. 活动任务

一、二年级学生对飞行器有着极强的好奇心与研究兴趣。教师根据教材内容，依据学生的知识和能力基础，从学生的兴趣出发，和学生共同确定了本次活动的研究方向：利用废旧材料制作结构完整、有特点的直升机模型。本活动分为三个阶段。

(1)第一阶段：考察探究(课前准备)

学生利用课余时间，通过翻阅书籍、上网查询、咨询教师和家长等途径，搜集直升机的相关资料。由于一、二年级学生年龄较小，动手能力较弱，还不能独立完成模型的制作，因此，在此次活动中，学生 4～5 人一组，开展小组合作学习。

通过组内的分享和交流，学生简单了解直升机的起源、类型及结构特点。

(2)第二阶段：计划制作(主体教学活动)

①直升机设计图的绘制。

为了帮助学生制作直升机模型，教师引导学生绘制出最想制作的直升机设计图。学生的想法千奇百怪，组内很难达成一致，共同绘制一幅设计图较为困难。因此，教师和学生共同交流想法，解决这个问题。教师组织学生在组内分享自己最想制作的直升机及其特征，了解直升机的用途与直升机各组成部分间的关系。然后选择一幅参考图片，共同绘制出结构完整、有特点的直升机设计图。

②制作材料的选取与处理。

教师引导学生通过对直升机图片的观察和分析，根据直升机的外形特点，选取和直升机外形相近的废旧材料。为激发学生的参与热情，使其积极参与到小组活动中，教师引导学生间分享小组设计图，并带领学生互相评价各组的选材，确定最合适的制作材料。

学生经过交流与讨论，利用合适的工具，将不能直接使用的材料进行处理，为后面直升机模型的制作做好准备。培养学生遇到问题及时分析原因、尝试解决问题的好习惯。

③直升机模型的制作。

教师带领学生按照组内设计的直升机设计图以及选取的材料进行直升机模型的制作。学生亲自动手，将废旧材料“变废为宝”。学生根据在制作过程中遇到的问题，开展中期交流活动。引导学生在活动过程中，学习别人身上的优点，并养成乐于助人的好品质。在活动中引导学生尝试用不同的方法解决遇到的困难，在操作体验中培养与人合作、动手实践的能力以及解决问题的能力。这是本次活动的主要内容。

(3)第三阶段：展示交流(课后展示)

教师组织各组学生将制作好的模型在班级当中进行成果展示，增强学生的自信心，初步培养学生的集体荣誉感。教师带领学生回顾活动中的收获、遇到的问题以及相应的解决方法，让学生真真切切地感受到共同创作、共同制作的快乐。

2. 教学过程

(1)绘制并展示设计图

①组内设计并绘制直升机设计图。

教师可使用如下引导语，组织学生设计并绘制直升机的设计图：“今天我们继续进行制作直升机模型活动。我们一起来回顾一下准备阶段，前一阶段大家利用课余时间通过翻阅书籍、上网查询、询问家长和教师等途径搜集了直升机的相关资料，还在小组内进行了分享，知道了直升机的起源、基本结构、类型等知识。各个小组还选出了一张直升机图片，作为本次组内绘制直升机设计图的参考对象。今天每个小组要设计并绘制出一幅直升机设计图。设计图绘制，有如下要求：先交流想法，再分工，最后绘制设计图；直升机的结构要完整；要有自己组的特色，并用文字标注出来；只画简图，不用涂色；注意安全。”

学生活动：设计与绘制直升机设计图。

②各小组展示、分享直升机设计图，并进行适当的调整。

教师可使用如下引导语，组织各小组展示、分享直升机设计图：“同学们通过小组合作，共同设计并绘制出了最想制作的直升机设计图，下面请各小组向全班展示和分享设计图。请其他同学认真思考，这些设计有什么部分是你们组可以学习的，哪些地方不便于操作、设计不合理。”

学生根据设计图选取合适的制作材料和工具。

小组交流、讨论，根据绘制的直升机设计图，选择合适的制作材料和工具。各组再次展示直升机设计图，介绍制作步骤、选用的材料和工具，通过倾听别人的评价，调整自己小组的设计。

(2)制作直升机模型

图 2-5 为学生完成的直升机模型。

图 2-5　学生的作品

(3)展示、交流作品

展示作品，分享收获，引导学生主要针对“制作过程中，自己遇到问题是如何解决的”开展交流。各小组介绍组内分工和制作步骤，以及在制作过程中的窍门。比如：胶带要多绕几圈，才能粘贴得更牢固；纸卷可以做浮筒式的起落架；瓶盖不需要处理就能制作机轮……

（五）评价与反思

1. 使用“协同—发现型”学习策略，培养合作意识

根据“协同—发现型”学习策略的特征，在原有合作学习方法的基础上，按照“提出课题—制订计划—开展探究—展示成果—进行评估”五个阶段，具体开展制作直升机模型主题综合实践活动。在开展探究后，各小组学生在每一个环节过后，都加入多种形式的交流与点评。各小组完成计划后，将成果面向全班进行了交流。在此次交流中，教师将合作学习范围扩大，以小组为单位，开展班级交流，引导学生代表小组做分享和交流，并及时认可学生，增强学生的自信心，激发其参与热情。教师帮助学生发现自己的不足，通过思考、分析，优化设计，解决遇到的问题，为下一步的活动奠定基础。比如：第一阶段，学生需要搜集直升机资料。大多数学生会使用网络，但搜集到的资料针对性较弱。为了帮助学生找到适合自己的方法搜集资料，又能帮助学生减轻负担，激发参与的热情，在搜集资料前，教师先带领学生在班级内针对“搜集资料的方法”进行讨论。教师引导学生了解多种搜集资料的方法，带领学生在小组内交流，细化每个人的任务，根据每个人的实际情况，合理分工。在小组内交流后，教师给学生展示小组内分工的机会，让各小组将自己的分工过程和结果与全班同学分享。在学生分享后，教师引导其他学生对展示内容进行点评，引导学生发现别人身上的优点，学习好的方法。同时，带领学生分析和思考，发现问题，尝试着解决问题，初步感知解决问题的一系列思维过程。

在学生制作过程中，教师给学生非常大的空间，引导学生先思考后行动。在学生遇到问题时，鼓励学生思考、分析，通过小组交流，合作攻克“难关”。本活动充分体现出低年级“玩中学”的课程理念，培养了学生在“玩”中学知识、学做人、学做事，引导学生多角度分析问题、解决问题。

2. 灵活取舍不同策略，有效促进学生合作能力的提高

合作学习策略本身并无优劣之分，它们只是根据实施合作学习的不同目标定位和主客观条件，在不同的时段选择不同的切入口而形成的不同策略。它们的划分只是相对而言的，不排除各策略之间有交叉重叠现象。“协同—发现型”学习策略是该体系中被认为较难掌控的策略。它属于课堂教学策略，但很多情况下其实施范围不局限于课堂，而是延伸到课堂之外，具有开放性。它适合学生运用所学知识进行发现探究、创造性地解决问题、培养创新精神和实践能力；但学习任务相对较难，合作的时间较长，学习结果的评价较综合。

学生就像花木，都有属于自己的特点。教师在实际的教学当中，应根据具体情况灵活取舍。在低年级开展制作直升机模型主题综合实践活动时，教师可以在合作学习的某一阶段，根据低年级学生特点进行多维度的整合创新，最大限度地满足不同课堂结构和不同学生的需求。教师在熟知“协同—发现型”学习策略的特点的情况下，按照学生的年龄特点和知识水平做出微调。

例如：在活动中，如何避免人员的无任务情况？如何进行合理分工？对于一、二年级学生，分工还是个难题。在介绍具体的子任务前，教师先帮助学生明确合作的规则，鼓励学生在小组内交流分工意愿，并邀请各小组分享分工情况，让学生在小组中充分交流。对于分享的学生，教师及时给予肯定，保证学生参与活动时思路的开放性。充分交流过后，教师根据各小组情况参与各小组分工，保障各小组分工的合理与全面。经过一次大胆的分工尝试，学生对子任务有了较为清晰的认知，知道自己应该在小组中努力完成承担的任务，尊重他人，理解他人，通过大家的努力，共同完成模型的制作。此次活动中，经过多次小组交流，学生能够倾听他人的想法，大胆进行点评。虽然仍有部分学生不能有理有据地评价作品，但在活动中，学生都在认真制作。遇到问题时，学生都在主动解决，为完成共同的作品而不断努力。可见，低年级学生虽然刚刚接触合作学习，但也在活动中，对合作有了初步的意识。

三、 创意合影

（一）主题与背景

根据本课程的总目标，结合中年级小学生的特点，基于“学习共同体”中的基本要素，我们开展了“照片里的故事”大主题长周期的实践活动。该活动主要由“个人写真”“创意合影”两部分组成。以拍摄照片为活动载体，学生在真实生活情境中，综合运用所学知识和技能提出拍摄方案，进行实地拍摄。学生在分组活动解决实际问题的过程中，掌握设计制作类活动的一般学习方法。本活动“创意合影”属于合作学习的项目式任务，目的是在问题解决的实践过程中激发学生的合作意识，提升学生的合作技能。

（二）适用年级

三至四年级。

（三）教学目标与评价量规

1. 教学目标

学生通过合作学习和探究的过程，拍摄出有创意的合影；学生在活动中体验合作拍照的快乐，激发对摄影活动的兴趣；在合作完成拍摄的过程中理解合作的方法和意义，在互评作品的过程中学会取长补短，提升合作技能。

2. 评价量规

“创意合影”活动合作能力评价量规见表 2-10。

（四）活动任务与设计意图

1. 第一阶段——温情导入，讨论构思

(1)温情导入

以四年级教学为例，教师创设情境，用教学课件带领学生翻看从一年级到四年级的合影，让学生表达看完照片的感受。学生们纷纷感怀自己的成长，也回忆起与同学在一起的快乐时光。教师趁机引导学生思考，面对即将转学的小金，如何拍摄合影作品记录这 4 年的相处时光。接下来组织学生初步探讨拍摄什么样的照片有纪念意义。大家一致认为要利用学校的场景，拍摄有新意的照片，让小金能记住在学校的这 4 年生活。

师生一同明确此次活动任务：学生分成 6 人一组的合影小组，一同为小金同学拍摄合影作品，作为同窗 4 年的纪念。摄影作品需要在校园内拍摄，构图有创意，体现纪念意义。学生需要选择场地、设计动作和表情、合作拍摄，共同完成创意合影作品。

为帮助学生培养和发展与人交往、协同努力的技能，教师帮助学生利用异质分组的方式先形成 6 人小组，即全班 30 人，按座位顺序 1～5 报数后，报 1 的学生分在一组，以此类推形成 5 个小组。

(2)讨论构思

教师组织学生围绕“拍摄前要做什么准备?”进行交流。学生畅所欲言：要想好几个人合影？什么姿势？什么背景？什么拍摄工具？什么拍摄时间？……教师引导学生可先设计拍摄方案(表 2-9)；也可先去计划拍摄的场地看看，再进行设计。拍摄方案包括寻找拍摄场地、设计拍摄动作和表情等一系列问题。

评价方法：观察法和谈话法。

年龄特点决定了学生更易寻找熟悉的小伙伴合作，教师可引导学生学会欣赏和接受不同的人，学会欣赏他人，欣赏多样性带来的好处。教师一方面提醒学生要聚焦共同的合作目标——为小金拍摄纪念性的合影作品；另一方面引领学生运用“创意合影”拍摄方案合理分工，画出拍摄草图，为下一步活动做好准备。

教师积极参与小组活动，用观察法记录学生在合作研讨中的各种表现，适时运用谈话法加以引导和协调，对学生的合作能力做出比较准确的评价。

2. 第二阶段——探究实践，方法指导

(1)探究实践

在完成拍摄方案后，教师组织学生进行初步的拍摄活动。明确活动任务要求后，教师随学生去实地拍摄并适时指导。教师主要引导学生聚焦拍摄目标，不断协商，完成拍摄。教师对照各小组学生的设计图，根据构图中的拍摄角度、人物姿势、背景选择、光线选择等要点记录各组拍摄情况，为下一步的方法指导做准备。

(2)方法指导

教师组织全班分享各小组拍摄的照片，引导学生围绕话题“你们认为本组的照片好不好？为什么?”展开交流。学生普遍认为初次拍摄的作品不理想。教师趁机追问：“将照片与设计图进行对比，你们认为哪里需要改进?”学生们畅所欲言，教师利用板书帮助学生总结、归纳拍摄的要点(图 2-6)。

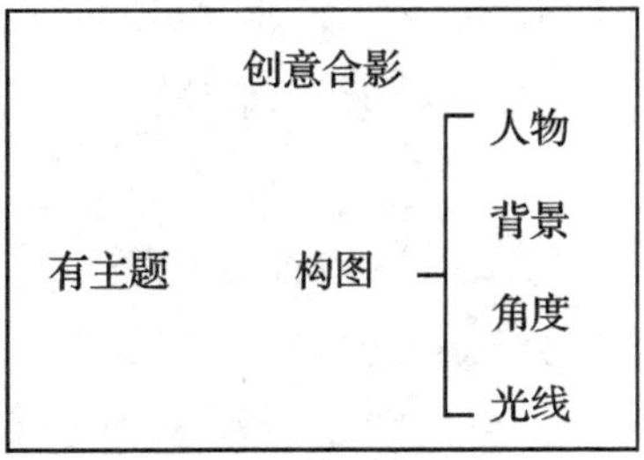

图 2-6　教师板书总结、归纳拍摄要点

教师引导学生总结：好照片离不开好主题和明确的构图。教师建议学生根据以上分析调整本组的拍摄方法。之后，教师引导学生关注照片中的人物表情和动作，回忆拍摄过程，思考如何拍摄能让人物表情和动作自然。学生们陆续意识到，拍摄不是拍摄者一个人的事，而是小组所有成员合作的结果。师生根据小组合作拍摄中出现的问题，“如何倾听?”“如何委婉地表达观点?”“如何聚焦活动任务不跑题?”等，进行了深入的研讨。

在本阶段，教师从拍摄方法和合作方法两个角度进行深入指导，为下一阶段的活动做准备。

评价方法：观察法和谈话法。

教师积极参与小组活动，用观察法记录学生在合作拍摄中的各种表现，适时运用谈话法引导学生关注活动目标，调解学生出现的矛盾，力求让每一名学生都能积极参与到活动中来。在全班发言时关注各组学生对合作方法的认识，引导学生发现合作方法对拍摄效果的影响，同时鼓励各小组成员对同伴的发言适时补充。从小组拍摄和班内总结发言两个角度，对学生的合作能力做出比较全面的评价。

3. 第三阶段——组织交流，评价改进

(1)组织交流

由于学生普遍对初次拍摄的作品不满意，在分析如何拍摄有创意的合影作品的方法后，各小组自主对设计进行了调整，想再次拍摄，改进作品。教师引导学生认识到只有综合运用拍摄技术和合作方法，才能一同完成本组成员都满意的创意合影。之后教师继续陪学生拍摄，指导学生合作，及时鼓励那些运用合作方法完成作品的小组。

(2)评价改进

之后全班再次进行作品分享，教师组织学生分析自己在活动中的收获和不足。学生普遍对此次拍摄的照片表达了满意之情。一是小组成员能够互相理解，拍摄氛围非常融洽自然；二是有问题就一起商量，最终目的是拍出好照片。

教师请各组互评作品，在评价时引导学生发现他人的优点，并提出合理的建议。互评环节在轻松愉悦的氛围中进行，学生们有赞扬、有提问、有回答、有建议、有解释。教师请各小组自选一个小组，送上本小组设计的评价证书。

教师组织学生在交流后修改和完善本小组作品，并与班主任老师合作，利用主题班会时机，组织学生将拍摄的合影作品赠予小金。

评价方法：观察法和谈话法。

因为异质分组，有部分学生较难转变对同学的旧有观念。所以，教师在引导时就要关注这部分学生，并不断让他们关注同组同学身上的优点和闪光点，让他们欣赏他人、悦纳他人。在互评环节，引导各小组关注其他小组的优点和闪光点，让学生用欣赏的眼光看待他人，从而为之后更多的异质分组活动做准备。

教师积极参与小组活动，利用积极互信原则，引导学生主动参与活动，并悦纳同伴。用观察法记录学生在合作中的各种表现，适时运用谈话法加以引导和协调，对学生的合作能力做出比较准确的评价。

（五）评价与反思

1. 创建学习共同体，设计适宜的合作学习活动

综合实践活动课程立足于每一个学生个性发展的整体性，强调教师、学生、活动内容等诸多因素彼此互动、相互联结，形成一个教育有机体。“生活即教育”的实现，需要教育工作者对教育原理的理解，进而能在生活中发现教育契机。本活动就是设计者和班主任老师在日常观察学生自发组成团体时萌生的想法。教师们发现，只要是自愿组成小组完成活动任务，就会形成几个固定的小团体。这导致的问题是学生间的表达能力差距越来越大，学生间因表达不到位形成的成见越来越深。据此教师们认为应该为学生创设一种自然的生活情境，让他们增进了解、欣赏他人、悦纳他人。因此，本活动应运而生。

本活动在设计和实施时都有班主任、美术老师和信息技术老师一同参与协商“如何运用异质分组激发学生欣赏同伴的意识?”“如何让学生利用美术技能进行设计图绘制?”“如何利用数码相机、手机等设备，完成拍摄和交流分享?”等一系列的具体操作问题。教师“学习共同体”经过精心策划，设计出适于学生合作学习的活动。

2. 运用表现性评价，有效指导合作活动，提升学生合作技能

我们没有通过直接教给学生合作原则让学生掌握合作技能的方法，而是让学生在实际的合作活动中掌握。

怎么判断学生的合作情况？如何进行指导？表现性评价给教师很大的帮助，让学生在完成合作式任务时展示自己对合作技能的理解或掌握状况。教师在活动前和学生初次拍摄时了解了学生合作技能的起点，从而在学生交流如何改进的问题时，适时引入合作方法的研讨，“如何倾听?”“如何委婉地表达观点?”“如何聚焦活动任务不跑题?”等。在再次拍摄时，教师引导学生尝试运用探讨出的合作方法，并在再次拍摄后让学生分析合作方法对此次拍摄效果的积极影响，从而切实提升学生的合作技能。

四、“机场小达人”志愿服务

（一）主题与背景

根据本课程的总目标，结合小学中年级学生特点，依据学校校本课程“飞天学堂”特点，根据学生知识与能力基础，从学生兴趣出发开展“机场小达人”这个长周期大主题的实践活动。该活动主要由“机场趣事多”和“‘机场小达人’志愿服务”两个活动组成。延续机场单元主题的学习，进一步了解生活中我们经常接触的机场部分，学习并掌握机场运行规则与旅客应遵守的基本行为规范，改进和完善机场中现有的指示牌、机场指南、小志愿者服务，凸显学生年龄特点，开展合作学习，将学到的知识分享给他人，帮助他人。

（二）适用年级

三至四年级。

（三）教学目标与评价量规

1. 教学目标

“‘机场小达人’志愿服务”的具体教学目标：通过开展改进和完善机场指示牌、机场指南、小志愿者服务等活动，初步培养学生运用所学知识解决生活中的实际问题的能力，增强其合作和服务意识。

2. 评价量规

“‘机场小达人’志愿服务”活动合作能力评价量规见表 2-11。

（四）活动任务与设计意图

1. 活动准备阶段

(1)确定研究方向：如何利用自己的知识进行社会服务

小组交流：你能想到哪些服务方式？便于你开展志愿服务活动的是哪些方式？

筛选：把相似的服务方式归纳到一起，把不便于操作的服务方式舍弃。

(2)制订活动计划

在"'机场小达人'志愿服务"活动中，学生在准备阶段查阅了资料，并确定了研究方向，制订了简单的活动计划。之后，学生按照计划，进行了深入研究。他们认为了解了这么多知识，不仅对自己有用，还可以服务他人。于是学生选择从指示牌、机场指南、小志愿者服务三个方向进行社会服务。

教师进一步引导学生思考："为了做好这件事，我们要做哪些准备工作呢？下面我们用图示的方式进行头脑风暴，将你想到的内容写到纸上。"

各组根据要求思考、讨论并绘制图示，教师巡视指导。

各小组逐一进行分享，其他小组给出"赞同""质疑""建议"等评价和建议。

各小组根据其他小组的评价和建议进行适当的修改和完善。

2. 活动实施阶段

(1)设计服务内容，制作服务工具

小组讨论，确定机场服务范围。小组根据选择的服务方式、设计的服务内容，制作适宜的服务工具。

(2)模拟志愿服务活动

各小组利用情景模拟的方式，熟悉服务过程；通过情景模拟、评价等方式发现活动中可能出现的困难；讨论交流并调整各组的计划。

(3)社会服务活动

学生根据小组计划走进机场，进行一次真实的志愿服务；运用拍照、文字记录、录音等方式记录实践中遇到的困难；调整、完善计划；小结，交流服务过程、收获。

3. 活动总结阶段

①各小组用照片、视频等方式，回顾活动全程。

②跟同学交流活动中的困难与解决办法。

（五）评价与反思

1. 运用小组探究法，初步培养学生合作能力

综合实践活动鼓励学生从自身成长需要出发，选择活动主题，主动参与并亲身经历实践过程，体验并践行价值信念。在本次活动中，教师结合学校“飞天学堂”课程背景，开展“‘机场小达人’志愿服务”活动；根据学生知识与能力基础，设计相关活动内容，鼓励学生交流想法，参与活动小主题的确定；秉承综合实践活动的开放性原则，引导学生自愿结组，开展合作学习；激发学生的参与热情，引导各小组确立活动目标，培养学生的集体意识。

随着活动的进行，学生结组后，面临任务分工的问题。结合中年级学生的特点，教师鼓励学生大胆试错，思考志愿服务活动所需要的所有准备工作。教师与学生共同梳理志愿服务主题下各小组的子任务，为开展小组合作学习做好充分的准备。教师引导学生确定每个人在子任务中应承担什么样的责任，强调任务专门化。按照小组探究法的特征，教师引导学生一起收集、分析、评价信息并得出结论，学会共同学习和生活；小组成员在组内分享知识，认真斟酌展示的场景，帮助小组做好展示准备，听取各小组计划，并听取意见和建议，学会尊重他人和理解他人；展示时严格按照任务要求、规则等进行，强调各成员承担的角色，协调组内安排，完成任务。教师引导学生营造民主生活、合作学习的课堂氛围。

2. 科学合理的教学目标，促进教学活动有效开展，培养学生合作能力

教育学中所说的目标通常指在具体的教育情境中学生行为变化的结果，是教学活动中师生预期达到的学习结果和标准，是可观察、测量和评价的，是对目的的具体化。

开展教学活动时，确立符合学生年龄特点、紧扣主题的具体化教学目标尤为重要。本次活动在三年级学生间开展，面对学生搜集、整理资料不熟练的情况，以小组的形式开展合作学习是个不错的选择；在“‘机场小达人’志愿服务”主题下，小组搜集资料，开展志愿服务活动，不仅

能高效搜集资料、获取信息，培养搜集资料的能力，还能激发兴趣，深入开展志愿模拟活动，培养与人沟通、交流的能力以及服务意识等。面对“机场小达人”这个大主题，什么样的教学目标才算科学合理？学生对主题有着浓厚的兴趣并愿意开展动手操作类的活动，但在自主开展长周期大主题实践活动过程中，会频频出现束手无策的情况，这是学生对活动过程不熟悉以及对活动形式认识不够具体的表现。因此，设计教学目标时，教师根据学生的年龄特点平衡活动难度，组织开展合作学习，培养学生合作能力。教师帮助学生梳理活动前的准备事宜，引导其尝试进行分工，养成做事前先规划的习惯。教师让学生通过小组探究法这一合作学习方法，强调每个人完成具体的子任务，加深其对责任的理解。

五、 绿化我们的新校园

（一）主题与背景

“绿化我们的新校园”大主题长周期的实践活动主要由“发现新校园问题”“实地考察新校园”“设计绿化方案”三个阶段组成。以绿化学校低年级部的校园为活动载体，学生在综合运用所学知识和技能的基础上，提出绿化低年级部校园的设计方案，分组活动，在解决实际问题的过程中，掌握考察探究类活动的一般学习方法。其中“实地考察新校园”活动借助共同学习法的学习步骤开展，目的是在分组活动与问题解决的实践过程中提高和发展合作学习能力。

（二）适用年级

五至六年级。

（三）教学目标与评价量规

1. 教学目标

学生按计划分组到新校园进行考察，获取绿化校园的相关信息，提高分析问题、解决问题的能力；通过动手测量校园、采访教师等活动，记录并整理活动资料；考察的过程中能积极参与，与他人沟通协作，提高合作学习能力。

2. 评价量规

根据“小学生合作能力学段要求”中对五至六年级的具体要求，该活动评价主要围绕目标、参与、分工、协商四个方面来进行(表 2-12)。

（四）活动任务与设计意图

1. 第一阶段——发现问题

(1)结合校园情况，发现问题

上课伊始，教师出示学生所在校区和新校区的照片，引导学生对比照片，产生思考：新校园的环境与现在的校园有哪些不同，发现了哪些问题?

学生畅所欲言，有的学生谈到自己所在的校园种植的绿色植物很多，而新校园很少，需要大面积的绿化。有的学生提到了自己生活的校园里有很多雕塑，新校园里也应该增加一些符合低年级学生兴趣的雕塑。还有的学生发现新校园的操场还没有建设好……随着学生头脑风暴的推进，教师利用思维导图的方式在黑板上以“绿化校园”几个字为核心，一一记下学生发现的问题。边讨论、边记录的过程，不但易于学生之间互相启发，发散思维，激发参与实践活动的热情，而且利于教师发现学生存在的问题，观察生活中还有哪些是学生忽略的部分，为后续活动有的放矢地实施提供了教育素材。

接着，教师引导学生将问题聚焦到新校园的绿化上。“进一步思考绿化新校园之前，需要考虑哪些问题?”在上一次头脑风暴的基础上，学生思维活跃，积极参与到讨论活动中。很多学生提出了“新校园里哪些地方适合进行绿化?”的问题，有的学生想到了“校园里能种植哪些植物?”，还有的学生提出“学校准备投资多少钱来进行新校园的绿化?”……问题的呈现为下面确定研究主题奠定了基础。

(2)确定研究问题，制订研究计划

学生对前面提出的具体问题进行提炼，筛选出适合进一步开展研究的问题。各小组学生确定研究主题，制订研究计划：①新校园哪些地方适合进行绿化？②学校投资多少钱来进行绿化？③哪些植物适宜种植在校园里？④绿化校园的植物在搭配方面有哪些要求？……

2. 第二阶段——交流计划，考察新校园

(1)组织学生分组自选研究主题

认真商讨后学生制订了研究计划，重点围绕解决问题的渠道、具体分工以及有可能遇到的困难和解决办法进行交流。教师采取共同学习法中的合作交谈七原则，将合作能力评价量规转化为学生的具体行为表现：①我只是对小组成员的观点质疑，而不是抨击小组成员；②我始终记得我们4个人是一个整体；③我鼓励大家都参与讨论；④我倾听别人的观点，即使我不同意别人的说法；⑤别人说我讲得不清楚时，我会重复；⑥我力图理解一个问题的不同方面；⑦我首先摆出各种观点，再加以综合。教师引导各小组按照以上原则开展交流，各小组不但完善了研究计划，为分组开展实践活动做好了准备，而且合作默契，合作学习能力得到了一定提高。

比如：负责实地考察新校园的小组针对什么时间前往新校园考察产生了分歧，有的学生提议利用放学后的时间，有的学生建议午休的时候去考察……教师适时引导各小组按照合作交谈七原则来自我暗示和互相提示，最终组内达成共识——由新校园负责教师进行讲解，了解得会更全面，根据负责教师在校的午休时间，负责实地考察新校园的小组前去考察，测量适宜绿化的校园面积。

评价方法：教师积极参与小组活动，用观察法记录学生在合作中的各种表现，适时加以引导和协调，对学生的合作能力做出比较准确的评价，也为后续走出教室的实践活动组织做到心中有数。

(2)学生根据研究计划，分头行动

有的小组实地考察新校园，整体了解新校园的分布情况；有的小组开展调查、咨询等实践活动；有的小组通过网络查询校园绿化植物的种类和特点等；有的小组提出采访校长或学校相关领导，了解新校址的规划、经费投入等。教师一方面提醒学生要按照研究计划有序进行，另一方面叮嘱学生将调查的结果、获取的各种信息及时进行记录。

与此同时，教师关注各小组合作的情况，以保证实践活动顺利进行，力求每一名学生都能积极参与到活动中来。为了让学生的实践活动能开展，在必要时，教师寻求学校相关领导、有关部门及班主任的支持和配合，为学生实践活动的开展创设条件。

评价方法：观察法和谈话法。

3. 第三阶段——提炼要求，设计方案

(1)回顾考察过程

通过播放视频的方式，让学生回顾前期实地考察、分组调查的实践过程，为接下来的研究、汇总信息奠定基础。

(2)研究、汇总信息

学生将实地考察、采访的过程和结果进行汇报，做好设计前的准备。同时，明确设计方案要因地制宜。

①学生利用自制的幻灯片进行介绍：学校教学楼前的一大片空地、一楼窗户下面的空地、操场南侧和围墙上等适宜绿化。

②有的小组采访了校长，将采访内容进行了转述：校长希望校园里“四季常青，三季有花”，绿化适宜低年级学生的特点……

③查询植物的小组与大家分享了适宜种植在校园里的植物，如大叶黄杨、丹麦草和麦冬草等。

教师根据各小组汇报情况进行小结：“同学们通过实地考察、采访等实践活动了解了与绿化校园有关的信息，为我们后面设计方案奠定了基础。”然后，教师启发学生思考：“设计方案前我们应该注意哪些问题?”学生围绕获得的信息，经过综合分析总结出：绿化设计要根据具体的地方来确定，要适合低年级学生，要考虑经济投入；栽种的植物不要遮挡光线，如高大的国槐会遮挡光线，影响教室里的采光；根据不同环境来选择植物，如大叶黄杨耐阴性较好，生命力强，种植在阳光较少的地方比较合适。

评价方法：观察法和记录法。

(3)设计方案

组织学生根据以上讨论，结合分析出的设计要求，尝试着进行“绿化我们的新校园”的方案设计。

①设计平面图：图上的1厘米相当于实际的400厘米，400厘米是4米。图上一个边长为1厘米的正方形的面积相当于16平方米。

②根据图例所代表的不同植物，进行设计。完成设计后，各组出示画好网格，标有花、草、树木图例的校园平面图。

学生了解校园平面图的比例尺和图例等信息，进行设计绿化方案的实践活动。教师此时巡视各组设计情况，收集并记录学生实践活动的相关信息，为后面的分享交流环节做好准备。

(4)分享交流

①各组选派代表展示设计方案，阐述这样设计的理由或优势。

②教师组织学生互相评价，要求学生注意倾听，并提出自己的想法或修改建议。学生在交流的过程中，提高全面思考问题、分析问题的能力。

有的小组在设计绿化方案时，借鉴了现在校园里的植物种类、绿化方法等；有的小组在操场周围进行了绿化设计；有的小组特别强调由于锅炉房周围地下有各种管道，所以不适宜种植植物；有的小组提出，根据学校的预算，设计绿化方案时还需要考虑植物的价格。

（五）评价与反思

1. 运用共同学习法，有利于提高合作学习能力

综合实践活动的开展离不开合作。学生在开展多种形式的综合实践活动的过程中，与小组成员合作集思广益、协同努力、取长补短、共同进步。综合实践活动的自主性、开放性和整合性的特点决定了活动基于学生已有经验和兴趣专长，打破学科界限，选择综合性活动内容。在“绿化我们的新校园”实践活动的开展过程中，角色任务分工、资源互利共享、学习过程评议、成果整合展示以及基于群体的评价等都需要学生在合作基础上完成。在完成绿化校园方案设计任务的过程中，学生不断学习，不断地同客体(资料)对话，同他人(伙伴或教师)对话，同自己对话。在这个对话的过程中，学生产生了交往与合作，产生了不同思维碰撞的火花。不断遇到问题、解决问题的过程，是学生基于自身经验与能力又超越自身经验与能力形成新的经验与能力的挑战过程。实践证明，教师

灵活运用共同学习法，有利于学生建立学习共同体的意识，构建“学习共同体、荣辱与共”的合作局面，引导学生从情感上相互依赖。与此同时，指导学生合作学习，鼓励学生跨领域、跨学科学习，激励学生与他人通力合作，并加以方法的引导，能够有效提高学生的合作学习能力。每个人的才干、智慧和个性都有其独特性，一个合作团体如果能够包容不同的特点，就会起到大于单一要素的整合作用，从而能够充分保证学生在综合性、项目性、主体性、跨学科和创造性的学习任务中学到更多本领，培养和发展合作学习能力。

2.“好”的任务设计与选择，有利于提高合作学习能力

“单丝不成线，独木难成林。”学习任务是学生或小组学习的“核心部分”，它的设计直接影响到学习成果的质量。作为综合实践活动的教师，开发课程资源，设计主题活动是首要任务。有时教师会遇到这样的情况：学生积极性不高，而且常常宁可独自一人处理小组学习任务。对教师而言，设计出能够迫使团队合作的学习任务是一项巨大的挑战。小组学习任务的表达必须能促使学生主动合作，从一开始就排除个人行动。本活动目标明确，充分调动了学生的积极性。学生需要运用已有知识和能力解决问题，测量、记录一个人难以操作，必须多人合作来完成。对学生而言它具有一定的挑战性，以往没有经历过。在活动中，小组呈现出合作的真实表现，利于教师引导，更利于学生合作学习能力的提高。由此可见，一项“好”的任务应符合以下标准：①能调动积极性；②考虑到学生已有知识和能力；③鼓励实践；④具有目的性而且目标明确；⑤具有一定挑战性，能激发学生的创造力；⑥激发学生多种解决问题的方法或思路。

六、 制作创意灯具

（一）主题与背景

“制作创意灯具”活动来源于校外机构组织的一场科技嘉年华活动。教师将“制作创意灯具”活动引入综合实践活动的课堂，对活动目标与内容重新设计，过程与步骤也随之进行调整。教师结合学生的实际需求，将校外资源成功转化成了学校综合实践活动课程的系列主题活动——“制作创意灯具”。

（二）适用年级

五至六年级。

（三）教学目标与评价量规

1. 教学目标

小组成员围绕一个共同目标积极参与，合理分配任务，制定创意灯具设计方案，自主选择制作灯具的材料。通过切割、焊接、绘制等多种方法，学生学习、掌握不同的制作技巧，培养动手操作的能力和合作设计的能力；小组内对出现的分歧与争议能有效协商解决，成员以共同目标为重，做出必要的妥协与让步；促进学生手脑结合，增强问题意识，培养大胆实践、勇于解决问题的能力，树立完成任务的勇气和信心。

2. 评价量规

“制作创意灯具”活动合作能力评价量规见表 2-13。

（四）活动任务与设计意图

1. 第一阶段：发现问题，确定主题(选定项目——确定制作创意夜灯)

课前教师出示前期关于创意灯具活动的 PPT，引导学生回顾“制作创意灯具”的活动内容，启发学生思考生活中的灯具有哪些，可以设计什么样的灯具解决生活中遇到的问题。学生各抒己见，提出了有针对性的设计，为了给人们夜晚在屋中行走提供便利，确定了制作创意灯具——夜灯的主题活动。

2. 第二阶段：分析问题，合作设计(制订计划——研究设计创意夜灯)

学起于思，思源于疑。思维是由问题开始的，有了需要解决的问题才能调动思维的积极性，从而进行自主的探究活动。教师引导学生利用思维导图，把制作创意夜灯所涉及的内容(夜灯的亮度、摆放地点、样式、功能等)进行分解，多角度提出问题。例如：什么样的亮度适合夜晚使用？夜灯的功能仅仅是夜晚照明吗？夜灯是否需要开关？教师引导学生利用思维导图的形式使制作创意夜灯的内容具体化，需要考虑的因素更加明确具体。思维导图的运用有助于培养学生发散思维的能力及全面思考问题的能力，有利于小组合作中明确制作的目标。

(1)创意设想，组建团队

教师引导学生通过搜集生活中的创意作品，了解创意角度和体现的创作元素，从中获取创作灵感，发展创造性和想象力，获得实现物化的创意来源。本次活动的小组组建采用了招聘会的形式：有初步设想的学生在课上采取不同的形式讲述自己的创意设计，其他学生根据自己的兴趣、爱好和特长选择心仪的创意，积极参与活动，4 人小组很快形成。

(2)创意设计，合理分工

组建后的小组要进行人员分工。在组长的带领下，成员明确职责，合理分工，承担具体的工作。小组成员共同设计制作方案，方案的内容包括：创意来源(再次完善)、设计图、制作方法、制作材料、制作过程、人员分工及会遇到的问题等。此环节重点培养学生合作中的参与和组内分工能力，小组内每个人发挥特长和优势，承担不同的任务，做好制作前的准备工作，共同完成小组内的创意设计。

3. 第三阶段：解决问题，共同制作(作品制作——动手制作创意夜灯)

这一阶段需要两课时。学生根据设计方案开展实践活动，在小组内进行创意夜灯的制作。这个阶段，教师不要过多干预学生的思路，应尽量发挥他们的自主性和创造性，要提醒学生注意操作安全，遇到困难时要积极应对，想办法解决，当小组内出现分歧与争议时要积极面对，合理解决，体现合作中协商的重要性。教师要鼓励学生在动手实践中，实现创意，感受制作的乐趣。

(1)共同寻找制作材料

制作创意夜灯在材料上打破了创客活动中为学生提供制作套材的方式，只为学生提供基本的电子类光源材料，学生要自己准备其他材料。在选择材料上学生要考虑的问题就多了，除了生活中可以利用的，还要考虑方便可取的。节能环保的问题也列入了学生的考虑范围。各小组根据设计的方案，充分发挥想象，课下在家庭中寻找制作灯具的材料。学生在生活中找到的材料能否被利用，还需要小组内讨论和协商。从主体材料的选择上看，有的用的是塑料米桶，有的用的是彩纸，有的用的是彩珠，还有的用的是有机玻璃。这些材料来源于学生的实际生活，从材质的选择上充分体现了学生的创新之处。

(2)共同研究制作方法

创意灯具突出体现了 STEM[科学(Science)、技术(Technology)、工程(Engineering)、数学(Mathematics)四门学科英文首字母的缩写]教育的课程元素，强调跨学科知识的融合。学生会把校内学到的知识进行有效迁移，组内的创意夜灯设计突出了多学科知识的融合。科学学科中学到的电路知识、美术课上学到的绘画装饰技巧、数学课上学到的测量等知识和技能尽显其中。劳动课的内容也学以致用：丝网花制作、串珠编制、折纸工艺。这些知识和技能的呈现正是小组中不同成员合作设计能力的最好体现，也是大家在不断修改和完善方案的过程中达成的共识。制作过程中难免遇到问题，组内成员需要积极寻找解决问题的办法，协商达成一致。这是本次活动的重难点，也是合作学习考查的重点。

4. 第四阶段：合作交流，改进设计(展示交流——评选、改进创意夜灯)

(1)活动准备阶段

出示前期有关“制作创意灯具”活动的 PPT，帮助学生回顾活动中经历的过程，使活动过程有连续性。

(2)活动实施阶段

学生在展示作品之前，在小组内先进行以下三个内容：第一，电源组装调试。第二，完善研究报告。在调试的同时，各组围绕作品简介(创意来源)、设计方案(制作过程)、收获体会(遇到的困难及解决办法)来完善各自的研究报告。第三，各组根据实际情况完成一份自评表(表 2-15)。

表 2-15　学生自评表

内容	分值/分	自评分/分
能夜间照明	1	
使用方便	1	
使用安全	1	

续表

内容	分值/分	自评分/分
制作工艺美观	1	
制作选用环保材料	1	
作品有创新，具有新功能	1	

展示前的小组内合作使学生迅速进入主题，投入活动。通过完成自评环节，各小组再一次对自己的灯具进行定位，也使后续评价他人作品有据可依。

各小组选出宣传员 1 人、记录员 1 人、外出观察员 1～2 人。宣传员负责向其他小组介绍本小组夜灯的制作和特色；记录员负责记录大家的意见和建议；外出观察员负责听取其他组的介绍，汲取经验，提出建议。

活动前的分工，能够让全员参与主题活动，发挥每个学生的特长。分工明确、任务具体，使后续的组间活动有序开展。

学生进行全班的组间交流，大家各就各位各负其责，进行跨组观察与评价。

(3)总结交流阶段

学生重点汇报本小组特色所在，记录员记录他人提出的意见和建议。每个小组的制作过程各不相同，创意来源不同，材料选择不同，制作方法不同，汇报形式不同，遇到的困难不同，达到的效果也不同。因此，让每个小组都能大胆地表达自己的观点是重要目的。

（五）评价与反思

当一个个创意作品展示在大家面前、学生们欢呼雀跃时，作为组织者、参与者、促进者的教师更多的是感叹，感叹于学生的团结合作，感叹于学生的精美创意，更感叹于学生的大胆实践。

1. 优化设计方案，小组内成员目标一致

共同目标为团队的活动提供了方向，也是其凝心聚力的重要基础。个体只有实现了对共同目标的认同，并使之内化为自己的目标，才能进一步激发出积极性和创造力，从而为目标的实现奠定基础。在本次活动中，学生确定制作创意夜灯主题后，各小组的设计方案不仅基于学生的实际学习、生活需要，而且小组的目标、核心价值取向被成员认可，形成了小组的共同目标。

例如："一枝独秀"这个小组的一名学生在方案交流中说，她的爸爸很爱养花，卧室里也经常摆花。她了解到室内养花有可能对人体产生危害，就想到如果夜灯的造型能设计成花朵的形式会一举两得，于是就选择用丝网花的技术制作夜灯。

"多功能夜灯"这个小组的创意解决了生活中的不便利。这个小组利用课外学习的电路知识设计了三种电路相结合的多功能小夜灯。这个小夜灯实现了声光电的有机结合，不仅解决了照明的问题，而且在功能性上解决了生活中的实际问题。

2. 转化学科知识，小组内成员取长补短

擅长科技制作的学生设计的创意夜灯，能将课外学到的知识很好地运用到课堂中来，把三种电路的内容融合在夜灯中。这样的做法让很多学生非常感兴趣。在他的启发和帮助下，班里的几名学生在课下学习了电器元件焊接技术，并且对焊接产生了浓厚的兴趣，最终完成了自己小组的优秀作品。还有的小组在制作过程中遇到了技术上的困难，他们咨询了学校的工人叔叔，最终难题得以解决。学生们在教师的引导下和同伴的帮助下将学到的知识运用到了灯具的制作过程中，思路开阔，作品各具特色，别具匠心。在教师的指导下，很多学生经历了人生中的第一次，如第一次焊接、第一次切割等。还有的学生在语文课的作文中谈到了自己的收获和感受。

3. 强化沟通技能，小组内成员协商共赢

在开展小组活动时，学生之间因家庭背景、教育背景、性格差异、学业成绩等因素的影响，不可避免地会在解决问题的路径或方法等方面出现分歧、争议、退缩或放弃等现象。本活动的主题来源于生活，每组学生都确定了明确的活动目标。在这种具体的贴近生活的主题下，学生能够运用沟通技能，本着互尊互助、平等协商、共同进步的原则，与其他成员展开对话和协商，或有效说服其他成员接受自己的观点和做法，或灵活地做出必要的妥协和让步，有效推进任务进程。在沟通的过程中，既要尊重小组成员或其他同学的观点、提议、做法，又要合理表达个人诉求或建议，在适时做出必要妥协的基础上，寻求可以达到共同进步的结果。

4. 变化汇报形式，小组内成员各司其职

课堂环节中进行了跨小组观察与评价，教师为学生创设了灯具展览会的环节，打破了以往的课堂教学模式，让全班学生走动起来。小组中，学生根据要求和自身的特点承担相应的任务：宣传员具有良好的口头表达能力，乐于介绍本小组灯具的创意、功能、制作过程；记录员具有总结归纳的能力，善于提炼和记录他人的评价；外出观察员具有敏锐的洞察力，敢于提出自己的意见和建议。在活动开展中，宣传员不遗余力地介绍着本小组的灯具作品，突出了创意和独到之处；记录员倾听他人的意见和建议，在沟通交流中达成一致；外出观察员从实际出发认真地对每个作品给出评价与建议。大家互相学习，形成了良好的课堂氛围。一方面，小组内成员为自己制作的创意夜灯自豪，充分发挥合作学习的优势，培养了自主参与意识与合作沟通能力；另一方面，达到了应有的教学目标，学生能虚心听取他人的意见和建议。很多组在班级汇报环节不仅能简练地表述出他人的意见和建议，还很快地想到了改进的方法。学生将作品进行改进和调试后，通过投票的形式选出优秀作品。这样的创意展示形式充分体现了学生主体的教学思想，此时的教师只是组织者和倾听者，偶尔还可以是一个参与其中的评价者。

第三章

小学生沟通能力评价与培养

研究证实无论在哪一个领域，沟通技巧对于找工作和事业取得成功来说都是至关重要的，而经验丰富的工作者早就已经知道了这点。沟通技巧常常决定了一个人是被聘用还是被拒绝。在一个持续多年的大规模调查中，雇主们列出了他们心中理想的应聘者所需具备的技巧和能力。其中沟通能力一直排在这个列表的顶端……

——National Association of Colleges and Employers（美国大学与雇主协会），2012①

① ［美］阿德勒、普罗科特：《沟通的艺术：看入人里，看出人外》插图修订第14版，黄素菲、李恩译，9页，北京，世界图书出版公司，2015。

第一节　小学生沟通能力的内涵与评价标准

一、 沟通能力内涵界定

沟通是人类组织的基本特征和活动之一。由于沟通本身的复杂性，很难对沟通下一个精确的定义。中文的“沟通”一词最早出现在《左传》中，意指开沟使两水相通，也指使彼此通连、相通。英文的“communication”由拉丁文“commums”演变而来，具有分享或建立共同想法之意。

美国21世纪学习联盟对沟通能力进行了概念界定，包括：①在不同的语境中，运用口头、书面或非语言交际等多种沟通形式，清楚地表达思想和观点；②有效地倾听和解读对方表达的意思，包括知识、价值观、情感态度和意图等；③在沟通过程中明确沟通的目的，如告知、指导、鼓励、说服等；④运用多媒体技术和专业技术判断其有效性并评估其影响；⑤多语言环境下或多元情境下有效地沟通。

我国《义务教育课程方案(2022年版)》指出，必须进一步明确“培养什么人、怎样培养人、为谁培养人”，认真学习领会习近平总书记关于教育的重要论述，全面落实有理想、有本领、有担当的时代新人培养要求。其中，有本领要求学生学会交往，善于沟通，具有基本的合作能力、团队精神，沟通能力已经成为青少年应对未来挑战必不可少的关键能力，也是义务教育阶段时代新人培养的具体要求之一。

欧阳艳桂认为，学生沟通能力的要素包括积极的沟通意愿、充足的沟通机会和娴熟的沟通技巧。[①] 唐翠萍等人指出，沟通素养对学生的学业成就、未来职业发展乃至幸福生活都具有重要意义。沟通素养的框架包括同理心、深度理解和有效表达。[②]

---

① 欧阳艳桂：《培养学生沟通能力的研究：基于教师课堂语言的视角》，硕士学位论文，湖南师范大学，2013。

② 唐翠萍、徐冠兴、魏锐等：《沟通素养：21世纪核心素养5C模型之四》，载《华东师范大学学报(教育科学版)》，2020(2)。

本书将小学生沟通能力界定为：能够清晰表达自己的沟通意图，认真倾听别人发言，给予反馈并恰当追问，遇到冲突时能够站在他人的角度考虑问题。

二、 沟通能力评价维度构建

综合各类文献，并结合实际教学经验及对一线教师的访谈，本书将小学生沟通能力的评价指标归纳概括为倾听、表达、移情、反馈四个。

倾听：沟通的本质是发送与接收信息的过程。有效的沟通就是发送信息者清楚地表达他们想要表达的内容，同时接收者必须准确解读这些信息。所以，倾听是沟通的第一要素。信息发送与接收者任何一方出现问题，沟通都不会顺利进行。无论哪种教学方式，倾听都是重要的。在实际教学中，经常出现倾听者这样的反应："你这里说得不对""你没有说清楚""我们的办法比你的好"等等。总之，挑剔多，欣赏少，最后导致分享的学生成了被批判的对象。之所以出现这样的情况：一是倾听者急于表达自己，缺乏了解别人想法的意识；二是由于倾听者没有倾听能力，常常出现"假装听""边听边走神""只听声音没听内容"等现象。

表达：表达是将思维所得的成果用语言(包括语音和语调)、表情、动作等方式反映出来的一种行为。表达以交际、传播为目的，以物、事、情、理为内容，以语言为工具，以听者、读者为接收对象。有效表达是指在不同的情境下，运用语言或非语言等多种形式，清楚地传达信息、表达思想和观点，以达到沟通的目的。"有效"是强调表达的有效性和适当性，指向沟通预期的目标。表达能力包括语言表达能力和非语言表达能力。其中非语言表达是指通过与语言无关的途径表达信息，包括身体语言、手势、面部表情、眼神交流以及副语言(语速、音量、语音、语调等)；语言表达包括书面表达和口语表达。

移情：就是同理心。同理心是指能体会他人的情绪和想法、理解他人的立场和感受，并站在他人的角度思考和处理问题的一种能力，是一种了解他人感受、预测他人行为的社会洞察能力。同理心是人与人交往沟通的基础，也是人际沟通的基本技能，更是促成有效沟通的基石。在沟通中具备同理心，就容易获得他人的信任，有利于改善和增进双方的关系，进而达成沟通目标。当今世界，人类生活的关联前所未有，多元文化并存，不同国家和民族都拥有各自独特的价值体系，隶属于不同社会群体的个人所做的价值判断可能具有相当大的差异，人与人之间的互相理解也因而变得更加困难。在这样的情况下，同理心对于不同国家、不同民族和不同文化背景的人之间进行相互理解和沟通就变得尤为重要。

反馈：倾听以后的回应就是对倾听效果的检测，也是促使学生认真倾听的重要策略。有些学生听完他人的发言后能给予他人评价、建议；有些学生听完后会有所思、所想；有些学生能进行恰当追问，遇到冲突时能够站在他人的角度考虑问题。

三、 沟通能力的学段目标与评价标准制定

一至二年级学生的特点是年龄较小，心理尚不成熟。这时候的学生对小学生活感到既新鲜，又不习惯，好奇、好动、喜欢模仿，而且很难做到上课专心听讲，但特别信任教师，并且有直观、具体、形象等思维特点。他们在日常生活和学习中交流有时候急于表达自己的想法，但是语言储备不足，有可能表达不全自己的想法。因此，对于一至二年级学生，在沟通能力方面，侧重培养和评价倾听和表达能力。

三至四年级学生的特点是，处于情感变化的转折时期，从情感外露、浅显、不自觉向内控、深刻、自觉发展，但在学习和人际交往中，情绪控制能力有限。成人需要悉心陪伴和耐心引导，及时帮助他们解决问题。在这一过程中，除了倾听、表达以外，学生在沟通的过程中需要学会转化自己的角色，及时给予别人积极的反馈。

五至六年级学生的特点是竞争意识增强，不甘落后。他们关注学习成绩，对于学习成绩优秀的同学开始产生敬佩之情。其独立能力增强，喜欢自发组成小团体。不轻信吹捧，自控能力逐步增强。他们开始进入青春早期，青春期是少年向成年过渡的阶段，相当于小学后期和整个中学阶段。学生的自主意识逐渐强烈，喜欢用批判的眼光看待事物，有时还对师长的正当干涉反抗和抵制。这时的学生在沟通过程中需要抛开自

我中心，站在别人的角度和立场来思考问题。因此，在五至六年级培养和评价沟通能力可以增加“移情”这一技能，引导学生换位思考以使沟通能够继续下去。根据不同年级学生的特点与发展情况，不同年级学生沟通能力评价指标见表 3-1。

表 3-1　不同年级学生沟通能力评价指标

评价指标	一至二年级	三至四年级	五至六年级
倾听	※	※	※
表达	※	※	※
移情	/	/	※
反馈	/	※	※

小学生沟通能力评价标准见表 3-2。

表 3-2　小学生沟通能力评价标准

评价目标	水平 1	水平 2	水平 3	水平 4	水平 5
沟通能力	能够表达自己的沟通意图。	能够清晰地表达自己的沟通意图并认真倾听别人发言。	能够清晰地表达自己的沟通意图，认真倾听别人发言并给予反馈。	能够清晰地表达自己的沟通意图，认真倾听别人发言，给予反馈并恰当追问。	能够清晰地表达自己的沟通意图，认真倾听别人发言，给予反馈并恰当追问，遇到冲突时能够站在他人的角度考虑问题。

根据上述评价标准，不同年级学生在沟通能力各指标上的表现标准见表 3-3。

表 3-3　不同年级学生沟通能力各指标表现标准

评价指标	一至二年级	三至四年级	五至六年级
倾听	能够认真听取别人发言。	能够认真听取别人发言，有眼神交流。	能够认真听取别人发言，有眼神交流，能捕捉到关键问题和词句。

续表

评价指标	一至二年级	三至四年级	五至六年级
表达	有参与表达的意愿，能够用多种方式表述自己的观点。	有参与表达的意愿，能够用多种方式清晰地表述自己的观点。	有参与表达的意愿，能够用多种方式清晰地表述自己的观点，并进行适当的解释与补充。
移情			能够站在他人的角度考虑问题，表达时关注到别人的感受。
反馈		能够对他人的观点做出反应。	能够对他人的观点做出恰当的反应，抓住关键问题进行追问和确认。

沟通能力是人们在社会生活中与生俱来的能力，它是有差别的。首先，倾听是沟通能力的一个指标。高水平的学生特别善于倾听，而且倾听时能有重点地去听，能把握说话人的关键词，能从说话人的语言中找到对自己有利的观点。低水平的学生有两种状态：一种是什么都听，但什么都没有听进去；另一种是确实在听，但对说话人的语言只能提取片面信息，不能从全局的角度去把握说话人的意图。

其次，高水平的学生不仅能把问题解释清楚，而且会用手势、表情、动作等肢体语言配合进行表达，其语言丰富、多样化、引人入胜。低水平的学生不善于表达，甚至羞于表达。这不仅和性格相关，还和平时的训练不够有关。有些学生不愿意表达是因为抛出的问题可能不是自己喜欢的，也可能是自己不擅长的，在头脑中没有储备的，因此，他说不出什么来。当然，这和学生是否善于思考和总结相关。

再次，反馈是检验是否听懂、是否领会的试金石。如果一个学生能对对方说的话进行反馈，给予评价和建议，说明他听懂了对方的语言，并且进行了思考、归纳和总结。这是高水平学生的表现。当然，还有一部分学生虽然也进行反馈，但是反馈的内容并不是对方所要求的，这是无效反馈。有些学生在听完后，不了了之，不进行思考，其思想没有产生一点点涟漪。这就是低水平的表现。

最后是移情。移情是站在对方的角度想问题。能达到这样水平的学生不仅具有良好的倾听、反馈能力，而且具有善良的本质，能从对方的角度思考问题，并从对方的立场考虑其感受。

第二节　小学生沟通能力评价任务设计

本节设计了 5 个小学生沟通能力评价任务，具体内容见表 3-4。

表 3-4　小学生沟通能力评价任务

序号	评价任务	适用年级	任务设计者
1	劝说保护眼睛	一至二年级	闻竹
2	交通状况调查	三至四年级	胡蕾
3	策划新年联欢会	三至四年级	闻竹
4	桥梁设计	五至六年级	闻竹
5	智慧路灯设计		

一、劝说保护眼睛

（一）任务描述

司机开车、科学家做实验、侦察兵侦察敌情都离不开眼睛。眼睛是我们重要的器官，我们用眼睛看世界，用眼睛汲取知识，用眼睛学习经验，用眼睛与人沟通，用眼睛表达情感，眼睛是心灵的窗户。小明同学却不注意用眼卫生，写作业总是趴着、离书本很近，长时间玩手机，还不认真做眼保健操。教师请一名学生扮演小明，然后请其他学生劝说小明。①请你跟小明聊一聊，劝说他保护眼睛。②如果你是小明，你该怎样做？

（二）适用年级

一至二年级。

（三）评价目标

沟通能力。

（四）评价量规

“劝说保护眼睛”活动沟通能力评价量规见表 3-5。

表 3-5 “劝说保护眼睛”活动沟通能力评价量规

评价目标	水平 1	水平 2	水平 3	水平 4	水平 5
沟通能力	能说出一两个相对完整的语句，直接指出小明的缺点，告诉他眼睛很重要。	能说出两三个完整的语句，能说清保护眼睛的重要性，比较有条理。能安静地听小明辩解。	能说出四个完整的语句，能说清保护眼睛的重要性，比较有条理。能安静地听小明辩解，并进行一些反馈。	能说出四个以上完整的语句，能安静地听小明辩解，以商量的语气得体地表达，进行恰当的反馈。	能说出四个以上完整的语句，能安静地听小明辩解，以商量的语气得体地表达，进行恰当的反馈并针对小明的实际情况进行劝说。

（五）使用建议

沟通是一门艺术。对于低年级学生来说，在沟通中他们更倾向于“独白式”，即只顾表达自己的意思而不会倾听，不会反馈，更不会站在别人的角度思考问题。评价时要注意到学生在表达、倾听、反馈与移情这几个方面的表现，尤其关注他们的表达与倾听能力。

二、 交通状况调查

（一）任务描述

在上下学时间，校园门口及周边交通秩序较为混乱，出现拥堵现象。尽管学校门口安装了红绿灯，交通状况得到了一定改善，但拥堵现象仍然存在。请对学校校长、家长或同学进行访谈，了解学校门口拥堵的原因及其解决建议。

（二）适用年级

三至四年级。

（三）评价目标

沟通能力。

（四）评价量规

“交通状况调查”活动沟通能力评价量规见表 3-6。

表 3-6 “交通状况调查”活动沟通能力评价量规

评价目标	水平 1	水平 2	水平 3	水平 4	水平 5
沟通能力	能够表达自己的访谈意图。	能够清晰地表达自己的访谈意图并认真倾听对方说话。	能够清晰地表达自己的访谈意图、认真倾听对方说话并给予反馈。	能够清晰地表达自己的访谈意图、认真倾听对方说话，给予反馈并恰当追问。	能够认真倾听对方说话，清晰地表达自己的意图，并根据对方表述进行反馈与适时追问，遇到观点不一致时能够站在对方角度考虑问题。

（五）使用建议

通过对四年级学生分析发现，大部分学生处于水平 2～4，只有少部分学生处于水平 1 和水平 5。处于水平 1 的学生只是能够简单地表达自己的意图，但是具体问什么问题，如何回应对方的言语，都没有做出很好的反应。处于水平 5 的学生不仅能够认真倾听对方说话，清晰地表达自己的意图，而且能够根据对方表述进行反馈与适时追问，遇到观点不一致时能够站在对方角度考虑问题。在使用本量规时，可以让学生与访谈对象进行现场访谈，教师进行观察评价，也可以让学生录下访谈的过程，教师通过听录音或看录像进行评价。

三、 策划新年联欢会

（一）任务描述

还有一个月就要过元旦了，班内要举办新年联欢会。班中学生各有特长，有的能歌善舞，有的会弹奏乐器，有的会变魔术、讲笑话。联欢活动既要有丰富的内容，又要保障活动秩序，顺利开展。因此，班里决定成立联欢活动导演组。

4～6 名学生自愿组合，成立一个导演组，策划新年联欢会。组内有效沟通，进行分工并明确职责，初步设计新年联欢会活动过程。各小组向全班同学进行汇报，最终评选出最佳活动方案。

（二）适用年级

三至四年级。

（三）评价目标

沟通能力。

（四）评价量规

“策划新年联欢会”活动沟通能力评价量规见表 3-7。

表 3-7 “策划新年联欢会”活动沟通能力评价量规

评价目标	水平 1	水平 2	水平 3	水平 4	水平 5
沟通能力	能够清晰地表达自己想承担的任务。	能够清晰地表达自己想承担的任务并说明理由。	能够清晰地表达自己想承担的任务并说明理由，还能够认真听取他人的想法。	能够清晰地表达自己想承担的任务并说明理由，而且能够认真听取他人的想法，并与他人进行协商。	能够清晰地表达自己想承担的任务并说明理由，而且能够认真听取他人的想法，与他人进行协商，并考虑到自己和他人的特点来确定分工方案。

（五）使用建议

为避免讨论的盲目性，在学生讨论的过程中，教师提供有关讨论内容的支架(表 3-8)，让学生明确讨论的内容。教师利用温馨提示，对讨论沟通的过程给予引导，使沟通更加有效、氛围更加融洽。

表 3-8 新年联欢会活动方案

________年级　________班

分工	姓名	职责
总导演		
歌曲组		

续表

分工	姓名	职责
舞蹈组		
乐器组		
……		
……		

温馨提示：

①和谐的讨论氛围可以达到事半功倍的效果，在讨论中请注意礼貌。

②请认真倾听他人的建议，不打断、不插话，相互尊重。

③展示方案时注意表情，适当应用肢体语言。

四、 桥梁设计

（一）任务描述

从对天然桥的利用到人工造桥，这是一个历史的飞跃过程。从简单的独木桥到今天的钢铁大桥，建桥的材料从以木料和石料为主，到以钢铁和钢筋混凝土为主，这是一个非常漫长的发展过程。中国桥梁建设已经取得了惊人的成就。

当代中国所建造的大桥受到世人称赞。我国在发展桥梁方面在 14 世纪以前便处于领先地位，今天依然是世界上举足轻重的桥梁大国。学生的任务如下。

①与小组成员进行沟通，每组经过研究和讨论，设计一座桥梁。

②每组派代表对设计的桥梁方案进行说明。

任务指导语如下。

①在设计之前了解桥梁的种类、不种类型桥梁的特点，并与小组成员分享。

②选择适当的桥梁类型并阐述理由。

③表达想法时，思路清楚，准确描述自己的想法。

④耐心倾听同伴的想法，不打断同伴，尽可能理解同伴表达的意图。

⑤保持友好、理性的沟通，避免出现不良情绪，不能恶语伤人。

⑥汇报时要体现出全组的智慧，适当使用肢体语言。

（二）适用年级

五至六年级。

（三）评价目标

沟通能力。

（四）评价量规

“桥梁设计”活动沟通能力评价量规见表 3-9。

表 3-9 “桥梁设计”活动沟通能力评价量规

评价目标	水平 1	水平 2	水平 3	水平 4	水平 5
沟通能力	在同伴发表意见的时候安静、耐心地倾听。	在同伴发表意见的时候安静、耐心地倾听，与同伴有眼神、动作的交流与互动；能够围绕桥梁设计主题表达自己的观点和意图。	在同伴发表意见的时候安静、耐心地倾听，与同伴有眼神、动作的交流与互动；能够围绕桥梁设计主题用多种方式清晰地表达自己的观点和意图。	在同伴发表意见的时候安静、耐心地倾听，与同伴有眼神、动作的交流与互动；能够围绕桥梁设计主题用多种方式清晰地表达自己的观点和意图；对别人的观点给予一定的反馈和回应。	在同伴发表意见的时候安静、耐心地倾听，与同伴有眼神、动作的交流与互动；能够围绕桥梁设计主题用多种方式清晰地表达自己的观点和意图；对他人的观点，给予一定的反馈和回应；能够考虑到他人的立场和感受。

（五）使用建议

沟通能力不好观察，尤其是在团队活动中。因此，进行评价时，评价者需要辅助者，或者借助录像等手段对观察结果进行补充。如果在课堂教学中进行，可先带领学生讨论和理解在本任务中沟通能力的评价标准，活动中、活动后请学生相互评价。

五、智慧路灯设计

（一）任务描述

路灯是城市之中数量最多、最密集的基础设施。你有没有遇到过，在阴云密布暴风雨即将来临的傍晚，路灯尚未亮起，不能为着急回家的人们照亮道路的情况呢？在科技飞速发展的今天，我们如何将互联网、传感器等先进的技术应用到路灯的设计中，使路灯不但可以更好地实现现有功能，还可以拥有更多的功能，且更加智慧和环保呢？

学生的任务如下。

①与小组成员进行沟通，每组经过研究和讨论，完成一个智慧路灯的设计稿。

②组内同伴沟通、协商，根据教师提供的材料，按照设计稿制作路灯模型。

③每组派代表展示并说明作品。

④对其他小组的作品提出合理建议。

任务指导语如下。

①小组内分工时，考虑同伴的优势，相互包容。

②在沟通过程中坦诚地说出自己的想法。

③表达想法时，思路清楚，准确描述自己的想法。

④耐心倾听同伴的想法，不打断同伴，尽可能理解同伴表达的意图。

⑤保持友好、理性的沟通，避免出现不良情绪，不能恶语伤人。

⑥汇报时要体现出全组的智慧，适当使用肢体语言。

（二）适用年级

五至六年级。

（三）评价目标

沟通能力。

（四）评价量规

“智慧路灯设计”活动沟通能力评价量规见表 3-10。

表 3-10 “智慧路灯设计”活动沟通能力评价量规

评价目标	水平 1	水平 2	水平 3	水平 4	水平 5
沟通能力	在同伴发表意见的时候安静、耐心地倾听。	在同伴发表意见的时候安静、耐心地倾听，与同伴有眼神、动作的交流与互动；能够围绕主题表达自己的观点和意图。	在同伴发表意见的时候安静、耐心地倾听，与同伴有眼神、动作的交流与互动；能够围绕主题用多种方式清晰地表达自己的观点和意图。	在同伴发表意见的时候安静、耐心地倾听，与同伴有眼神、动作的交流与互动；能够围绕主题用多种方式清晰地表达自己的观点和意图；对别人的观点，给予一定的反馈和回应。	在同伴发表意见的时候安静、耐心地倾听，与同伴有眼神、动作的交流与互动；能够围绕主题用多种方式清晰地表达自己的观点和意图；对他人的观点，给予一定的反馈和回应；能够考虑到他人的立场和感受。

（五）使用建议

经过对五年级一个班的测试发现，学生沟通能力发展水平如图 3-1 所示，处于水平 3 的学生人数最多。建议教师们在使用本量规时，提前跟学生一起讨论要完成的任务和评价标准。清楚要考查和评价的内容后，学生会针对沟通能力有更为丰富的表现。

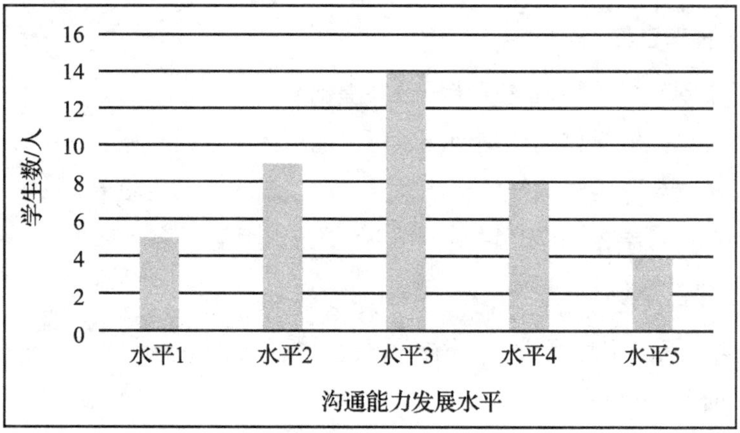

图 3-1 某班学生沟通能力发展水平

第三节　小学生沟通能力培养教学案例

本节提供了 4 个小学生沟通能力培养的教学案例(表 3-11)。

表 3-11　沟通能力培养教学案例

序号	教学案例	适用年级	任务设计者
1	交通状况调查	三至四年级	胡蕾
2	一次性物品的利与弊		胡蕾
3	学做小小营养师	四年级	邓晶
4	智慧路灯设计	五至六年级	闻竹

一、交通状况调查

（一）主题与背景

见本章第二节“交通状况调查”的任务描述。

（二）适用年级

三至四年级。

（三）教学目标与评价量规

1. 教学目标

①会观察学校门口交通状况，并提出问题。

②尝试探究学校门口交通现象背后的原因，并进行研究。

③学会与人沟通的技能，能够通过访谈获得需要的信息。

④能够就学校门口交通问题提出合理的对策。

2. 评价量规

“交通状况调查”活动沟通能力评价量规见表 3-6。

（四）教学过程

本节课为“关于校园门口交通状况的调查研究”大主题长周期综合实

践活动的选题阶段。选题是综合实践活动的起步阶段，课题的选择、确定，直接影响着整个课题的成败。选择一个有价值的研究课题意味着点燃了学生创新思维的火花，此时，更需要教师指导的艺术。综合实践活动以主题活动为主要开展形式，主题的产生，基于学生的问题。问题从何而来，教师需要细心地观察、发现、引导。

1. 揭题导入，发现问题

师："同学们，最近老师喜欢上了摄像。我用录像机拍下了一段视频，你们想不想看看？老师希望大家观看这段视频时思考这样两个问题：

①这是什么地方？

②你有什么感受？"

教师播放学生早晨入学及下午放学时间段校园门口交通拥堵的视频。

师："同学们，你们对这个场景熟悉吗？这是哪儿？你们有什么感受？同学们，这就是我们每天经过的地方。就像同学们说的一样，在上下学时间，交通拥堵，存在安全隐患。对于这种现象，你们想不想改变它？想不想探究一下校园门口交通拥堵的原因？想不想让我们校园门口的交通变得井然有序？今天我们就一起来研究一下校园门口的交通拥堵状况。本节课我们要围绕着交通拥堵提出有研究价值且具体的问题。"

2. 提出问题，沟通交流

师："同学们，对于交通拥堵现象，你们想研究什么问题呢？请大家把想研究的问题写在学习任务单第一题的位置上。看样子大家想研究的问题太多了，你们能不能先组内讨论一下，把想研究的问题整理一下呢？具体要求如下。

①组长组织大家有序讨论，做好沟通，小组达成共识。

②记录员做好记录，把组号及整理出的问题写在彩色纸条上。

③准备汇报。"

各小组对组内整理出的问题进行汇报，讨论后修改问题。

3. 进行访谈

在本环节中，先让学生讨论并理解沟通能力评价标准，明白与人沟通时要注意哪些问题，达到什么标准。这是本主题的主体活动，围绕要解决的问题，学生自行设计访谈内容、访谈提纲和访谈形式，确定访谈对象，汇总并整理访谈结果，准备汇报。访谈对象是多方面的，包括校长、教师、同学、家长、周边居民等。如何沟通才能让对方接受访谈、说出自己的真实感受？会倾听、表达、适时反馈、站在他人角度思考问题都是让访谈能够有效开展和进行的重要策略。下面是教师记录的一个小组采访校长的过程。

当这个小组确定用访谈调查法后，我问他们："你们准备采访谁？"他们表示还没想好。后来在我的启发下，他们列出了要采访的对象：学校的陈校长、德育主任、后勤主任等行政人员。后来他们确定要采访陈校长。我提醒他们："校长很忙的，你们打算怎么做呢？"他们有点儿打退堂鼓，想换人，但组长很坚决："老师，我们就采访陈校长。"我问："为什么呀？""因为陈校长是一校之长，而且陈校长在开学典礼上说过这件事情，她肯定知道得更多、更详细。"

为了访谈能够顺利进行，不耽误校长的时间，访谈前，他们写好了访谈提纲，准备了器材，进行了访谈分工，有采访小记者，有摄影师，有摄像师，还有记录员。他们还提前进行了模拟，并在课下反复练习提问技巧、拍摄技巧以及访谈记录等有关工作。当他们怀着激动又忐忑的心情敲开校长办公室门的时候，陈校长热情地接待了他们，并把他们带到了一个安静、整洁且书香味十足的教师阅览室。陈校长一边鼓励他们，一边向他们讲述了红绿灯背后的故事。

在这一过程中，学生学会了沟通的多种技巧，包括与人沟通前如何做好准备工作。

4. 汇报展示

本环节要求学生以小组为单位，以丰富、恰当的方式进行展示和交流。各组合理分工，合作进行汇报。

本主题活动可以分为多个课时进行，也可以课上课下结合，让学生利用课余时间进行访谈和整理访谈资料。

（五）教学反思

访谈前，学生进行了多次彩排。但是访谈时还是出了一点小意外：小记者提问时，仍然出现了语言不流畅的状况。究其原因，书面语言和口语毕竟是有差别的，访谈时，学生需要将访谈提纲上的书面语言转化为口语。这个问题学生在彩排时没有注意到。如果在写访谈提纲时将书面语改成口语，这样就可以避免访谈时语言干瘪、不流畅和感情不足的情况。当然，还出现了一个非常重要的问题，就是学生只顾把自己想问的问题问完，没有追问访谈者。这样就使访谈的深度不够，停留在表面上。意识到这样的问题后，教师引导学生进行了改进："想象一下，如果你是访谈对象，面对这样一个采访，你会怎么做？"学生说："首先会考虑这几个问题：①访谈目的是什么？②访谈的深度如何？③访谈的受众是谁？"学生们七嘴八舌地说开了，他们对访谈的热情高涨。随后，学生根据改进的意见又进行了一次模拟。本次模拟采访，学生们明显放松了很多。他们带着自己的疑问开始了采访，并在采访过程中为了获取更多的信息不断追问。本次访谈整体上效果很好。

二、一次性物品的利与弊

（一）主题与背景

我们生活中有很多一次性物品，如一次性筷子、一次性鞋套、一次性圆珠笔、一次性打火机、一次性剃须刀、一次性饭盒、一次性台布等。一次性物品已经成为我们生活中必不可少的东西，一次性物品用起来方便、快捷、卫生，给人们的生活带来了很多便利。

然而，在生活中使用过多的一次性物品会制造大量的生活垃圾，污染环境，给垃圾分类、环境保护、创建绿色生活都造成很大的负担。人们不得不花大量的人力、物力、财力去清除和治理废弃的一次性物品，同时它们给人类和自然带来巨大的生态危机。那么，我们生活中常见的一次性物品，到底是利大于弊还是弊大于利呢？

在教学中创设辩论情境，让学生经历辩论、比较、修正、接纳等过程是课堂上培养学生沟通能力的重要方式。在这样的场景中，学生碰撞思维，生成新的观点、思路和方法等，对话生动而富有层次，对理解性学习大有裨益。

（二）适用年级

三至四年级。

（三）教学目标与评价量规

1. 教学目标

①在辩论中学会倾听，并能抓住重点进行反馈。

②能够清晰有条理地表达自己的观点，让别人听明白。

③有理解他人观点的意识。

2. 评价量规

“一次性物品的利与弊”活动沟通能力评价量规见表 3-12。

表 3-12 “一次性物品的利与弊”活动沟通能力评价量规

评价目标	水平 1	水平 2	水平 3	水平 4	水平 5
沟通能力	能够表达自己对使用一次性物品的观点。	能够清晰地表达自己对使用一次性物品的观点，耐心倾听对方说话。	能够清晰地表达自己对使用一次性物品的观点，耐心倾听对方说话，抓住重点适时反馈。	能够清晰地表达自己对使用一次性物品的观点，耐心倾听对方说话，抓住重点适时反馈并进行有效追问。	能够清晰地表达自己对使用一次性物品的观点，耐心倾听对方说话，抓住重点适时反馈并进行有效追问，同时能够站在对方的观点和立场上发表观点，如承认一次性物品的便捷性等。

（四）教学过程

1. 引出话题，自愿分组

师：“同学们，经过前面几次课的学习，我们了解到一次性物品给我们的生活带来了很多便利，同时一次性物品也给我们的生活带来了巨大的危机。到底一次性物品利大于弊，还是弊大于利呢？接下来我们运用辩论的形式展开学习。请大家思考一下，自己选择哪个组。在分组时同学们需要互相沟通，做到两个组的人数基本平均。全班分成 6 个组，3 个组持‘利大于弊’观点，3 个组持‘弊大于利’观点。”

2. 分组辩论，沟通观点

持不同观点的两个组互为对手进行辩论。辩论前让学生了解和明确沟通能力的评价标准，知道沟通时要关注哪些指标。例如，以下两组同学的辩论。

生 1：“我觉得一次性物品利大于弊。比如，你在外面就餐的时候，如果用一次性筷子和餐盒，会比较干净、卫生。再如，一次性圆珠笔减少了反复换芯的麻烦。这些都说明一次性的物品给我们的生活带来了便利。”

生 2：“我觉得一次性物品弊端更多一些。比如，有的餐馆、宾馆一次性垃圾扔得到处都是，外卖的包装大多也是一次性的。很多白色垃圾污染了海水，导致了海洋中生物的灭绝，很多垃圾还给我们的生活造成了困扰。”

3. 达成共识，提出建议

通过辩论，学生对使用一次性物品有了新的认识。学生意识到一次性物品一方面给我们的生活带来了方便、快捷；另一方面浪费了能源，污染了环境。学生认识到要学会用思辨的思路看待这样的问题。同时，在辩论中学生将思路梳理清晰，制订下一步的行动计划，并对人们的生活提出建议：少用一次性物品，多用耐用品；旧物巧利用，变一次性使用为多次使用；外出就餐时自带筷子；外出游玩时自带水壶；等等。

（五）教学反思

课堂辩论的目的不是非得评出对错，而是让学生熟悉辩论这种思辨的方法。首先，对自己搜集到的材料进行筛选、归纳、整理，做好辩论的准备。其次，小组成员按照辩论要求进行分工，各自明确责任。再次，懂得在辩论中要团队协作，密切配合。最后，要了解辩论的要求，能结合掌握的资料和自己的认识，把理由阐述充分。

通过前面的对话，学生在经历辩论的过程中，都能发表自己的观点，能结合自己掌握的资料和自己的认识，把观点阐述清楚。辩论中特别重要的一点是需要有理有据，用事实说话。很明显，很多学生在举例说明时缺少数据和事例支撑，所以显得论据干瘪不饱满。但总体而言，大部分学生能清晰明白地表达自己的观点。另外，在倾听和反馈方面做得也有欠缺，有时候不能针对对方的观点加以反驳、修正，自顾自说较多。

活动后让学生再次比对标准评价自己参与辩论的过程，学生能够根据自己的表现，围绕标准进行有针对性的反思，在下一次活动中提升自己的沟通技能。

三、 学做小小营养师

（一）主题与背景

教材结合学生的生活实际，围绕午餐的营养问题设计了相应的数学综合应用活动。教材用表格和专家发言的形式，为学生提供了 10 种菜肴的营养成分含量和 10 岁儿童应从午餐中获取营养物质的指标等相关知识。在此基础上，让学生判断学校提供的午餐是否合理，自己动手搭配符合营养标准的午餐，统计全班学生喜爱的五种午餐搭配方案，了解班上偏胖或偏瘦学生的饮食习惯，从营养的角度提出看法和建议。用调研数据和多角度的证据来说服别人是沟通的重要方式，本活动在发展学生数据统计意识和能力的同时，培养学生沟通和交流能力。

（二）适用年级

四年级。

（三）教学目标与评价量规

1. 教学目标

①结合已学过的数学知识，运用调查、搜集、整理、计算、讨论等方式，解决与营养相关的实际问题。

②在解决问题的过程中培养和发展倾听、表达、反馈、移情等与人沟通的能力，在沟通与交流中形成搭配合理的营养午餐方案。

③学会爱惜粮食、营养饮食，关注人类健康的生活方式。

2. 评价量规

“学做小小营养师”活动沟通能力评价量规见表 3-13。

表 3-13 “学做小小营养师”活动沟通能力评价量规

评价目标	水平 1	水平 2	水平 3	水平 4	水平 5
沟通能力	能够表达自己的观点。	能够倾听别人的观点，能够用数据和多角度的证据来表达自己的观点。	能够倾听别人的观点，能够用数据和多角度的证据来清晰、有逻辑地表达自己的观点。	能够倾听别人的观点，能够用数据和多角度的证据来清晰、有逻辑地表达自己的观点，对别人的观点进行评价和反馈。	能够倾听别人的观点，能够用数据和多角度的证据来清晰、有逻辑地表达自己的观点，对别人的观点进行评价和反馈，在表达和讨论时能够考虑到他人的口味和喜好。

（四）教学过程

1. 课前：指导预习探究

民以食为天，学生的中午用餐情况怎么样呢？带着这个问题，学生进行调查和资料搜集，就图 3-2 所示的问题进行调查和统计。在调查开始前，教师出示沟通能力评价量规，引导学生在开展调查时注意沟通技巧。

课前探究

资料组
问题1：搜集关于营养的知识。
问题2：如果没有营养饮食会对我们的身体有哪些危害？

调查组
调查1：全班学生喜欢的食物。
调查2：全班学生中午的用餐情况。

图 3-2 学生要研究的问题

2. 课前作业汇报

图 3-3 所示的三份套餐是否符合营养配餐的标准呢？

A套餐
炸鸡排
西红柿炒鸡蛋
香菇炒油菜

B套餐
猪肉炖粉条
家常豆腐
香菜炒冬瓜

C套餐
辣子鸡丁
土豆炖牛肉
韭菜炒豆芽

课前探究问题

10岁左右的儿童从每顿午餐中获取的热量应不低于2926千焦，脂肪应不超过50克。

三份菜谱是否符合营养配餐的标准呢？

图 3-3　课前探究问题

预设：只有 A 套餐符合营养配餐的标准。学生对三份套餐的热量和脂肪分别进行了计算。

设计意图：通过参与课前调查，学生学会从数学的角度观察生活，能通过自主上网查找、测量、图书查阅等多种方法搜集、整理数学信息，从而积累活动经验为后续学习奠定基础。

3. 课上探究

(1)出示标准，进行解读

10 岁左右儿童午餐菜肴营养标准如图 3-4 所示。

10岁左右的儿童从每顿午餐中获取的热量应不低于2926千焦，脂肪应不超过50克。

图 3-4　10 岁左右儿童午餐菜肴营养标准解读

过渡：刚才同学们将计算结果跟 10 岁儿童的营养标准进行了对比。同学们知道 10 岁儿童的营养标准是什么吗？

问题：你知道这里的“不低于”和“不超过”是什么意思吗？

预设：“不低于”就是大于等于的意思。

“不超过”就是小于等于的意思。

板书：热量大于等于 2926 千焦，脂肪小于等于 50 克。

(2)出示营养含量表，读取信息

过渡：其实，我们学校也是按照这个营养标准给大家配菜的。你们看，这就是菜单的营养含量表(表 3-14)。

表 3-14　营养含量表

编号	菜名	热量/千焦	脂肪/克
1	猪肉炖粉条	2462	25
2	炸鸡排	1254	19
3	土豆炖牛肉	1095	23
4	辣子鸡丁	1033	18
5	西红柿炒鸡蛋	899	15
6	香菜炒冬瓜	564	12
7	家常豆腐	1020	16
8	香菇炒油菜	911	11
9	韭菜炒豆芽	497	7

问题：你会看这份营养含量表吗？

找一道菜让学生说一说。

(3)小组合作，在沟通与表达中进行营养配菜

过渡：B和C套餐由于不符合标准，都不能称为营养配菜方案。如果由你根据这份菜单来搭配，能不能做到符合营养标准呢？

①要求如图 3-5 所示。

配菜要求：
①每种方案限三道菜，必须符合营养标准。
②以4人为小组，每个小组要做好分工，合作完成。
（点菜、记录、计算热量和脂肪、核查填写。）
③小组汇报时重点说一说是怎样想到的。

图 3-5　配菜要求

预设 1：我们组是从脂肪角度开始考虑的，先选择了香菇炒油菜和韭菜炒豆芽，脂肪总量是 11+7，然后我们选择了猪肉炖粉条，脂肪是 11+

7＋25，共计 43 克，热量是 911＋497＋2462，共计 3870 千焦，脂肪和热量都符合要求。

预设 2：我们组是从热量角度开始考虑的……

预设 3：我们刚开始选择的三道菜不符合标准，调整了一道菜就可以了。

……

②小结：刚才同学们有从脂肪角度开始考虑问题的，有从热量角度思考的，还有的同学考虑到了要荤素搭配，这些思考角度都可以。特别是有的同学在第一次配菜不成功之后，会运用调一调的方法，快速找到合理的配菜方案，真不错。

③教师进一步提出问题："如果这次我先选定第一道菜是猪肉炖粉条，你们能不能快速地帮老师搭配出所有符合要求的方案呢？说说你们是怎样思考的？"

预设：我们是从脂肪开始思考的，因为猪肉炖粉条的热量已经很高了，和谁搭配都能达到标准，所以不用考虑热量。猪肉炖粉条的脂肪是 25 克，50－25＝25，也就是说其他两道菜的脂肪总和要小于 25 克。根据营养含量表，我们选定的脂肪含量范围是 7～18 克。我们的搭配方案有六种：

猪肉炖粉条＋辣子鸡丁＋韭菜炒豆芽。

猪肉炖粉条＋西红柿炒鸡蛋＋韭菜炒豆芽。

猪肉炖粉条＋香菜炒冬瓜＋香菇炒油菜。

猪肉炖粉条＋香菜炒冬瓜＋韭菜炒豆芽。

猪肉炖粉条＋家常豆腐＋韭菜炒豆芽。

猪肉炖粉条＋香菇炒油菜＋韭菜炒豆芽。

设计意图：开展学生根据指标搭配营养午餐活动是学生技能的再提高。在培养学生应用数学观点的同时让学生在活动中学会排列组合，同时训练学生严谨的学习态度与表达能力。

4. 小组汇报调查和资料查阅结果

①通过汇报，学生发现喜欢吃汉堡的人数最多。

②对于汉堡中的营养情况，学生通过使用查找的资料进行汇报。

1 千卡相当于 4.2 千焦能量，1 个脆皮鸡腿汉堡(约 200 克)的热量是 969 千卡，大约是多少千焦？

预设：把 4.2 估计为 4，969 估计为 1000，4 乘 1000 大约是 4000 千焦。

学生很吃惊，一个脆皮鸡腿汉堡的热量已经超过 2926 千焦的标准了。热量太高了。

③根据《中国食物成分表》(标准版第 6 版)中的数据，以每碗 2 两(100 克)米饭能量(热量在营养学中称为能量)为 1146 千卡计算，估计一下一个脆皮鸡腿汉堡相当于几碗米饭。

预设 1：大约 8 碗。说一说想法。

预设 2：大约 9 碗。说一说想法。

④想象一下一份汉堡＋薯条＋饮料的套餐相当于多少碗米饭。说说自己的想法。

5. 统计班级同学中午的用餐情况

(1)小组调查情况汇报(图 3-6)

四年级（6）班用餐统计表

吃完	剩了一半	剩了一点	不够吃
10人	1人	13人	5人

调查对象：四年级（6）班
调查总人数：29人

四年级（6）班用餐统计图

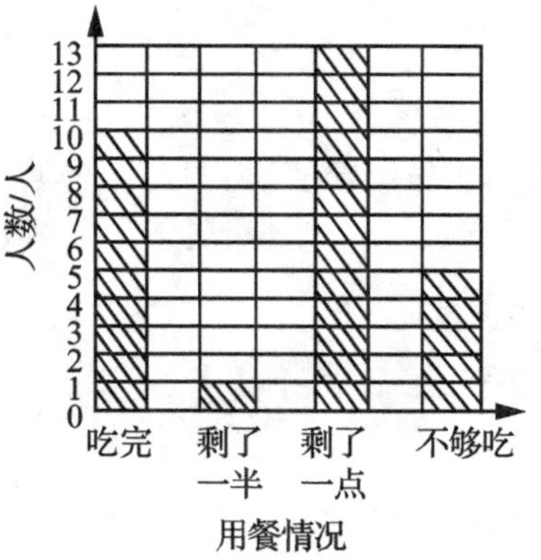

调查分析：吃完的有10人，约占总人数的34%，没有吃完的总共有14人，约占总人数的48%。不够吃的有5人，约占总人数的17%。没有吃完的人数比较多，存在浪费粮食和挑食、偏食的现象。

图 3-6　小组调查用餐情况统计

对第一次调查中剩饭的14人又进行了第二次调查(图3-7)。

中午吃饭浪费统计表

不能吃	胃口不好	不可口	不爱吃	其他
2人	0人	4人	7人	1人

调查对象：四年级（6）班
调查总人数：14人（剩饭的人）

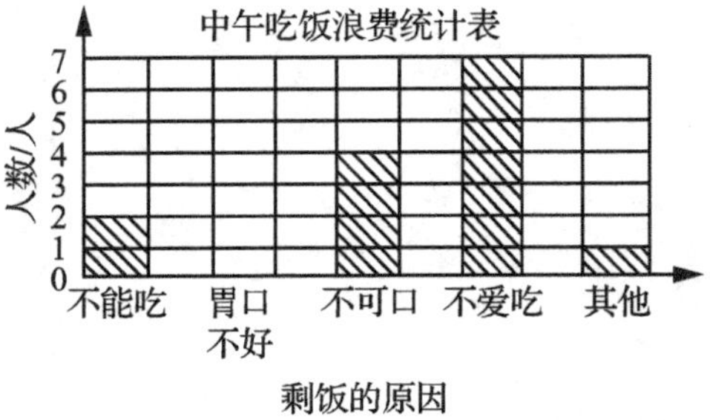

图3-7　小组调查剩饭情况统计

师：“通过观看调查结果，同学们有什么想说的？”

预设1：有的同学不爱吃蔬菜，偏食。

预设2：有的同学不爱吃肉，长此以往会营养不良。

小结：中午用餐情况不容乐观，存在着挑食和偏食的现象。长此以往会营养不良。那么我们人体需要哪些营养元素呢？

(2)小组查阅资料情况汇报

学生从人体所需要的七大营养元素、每天合理的膳食、热量和脂肪、维生素及缺少维生素带来的危害等方面进行了介绍。

(3)拓展小知识

师：“你们知道日本出台的《学校营养午餐法》吗？”

学生结合搜集的资料进行汇报(图3-8)。

师：“看完之后，你们有什么想说的吗？”

预设：提高我国的全民素质，跟我们每一个人都息息相关。我们要想增强体质，就需要注意合理饮食。

设计意图：通过课前小调查，学生运用估算、统计、分析等数学方法，真切地体会到个人的喜好与科学合理的饮食发生了冲突，从而重新审视自己的菜品选择。另外，调查小组的资料让学生清楚地知道哪些是人体必需的营养，缺乏这些营养会给身体带来哪些危害。

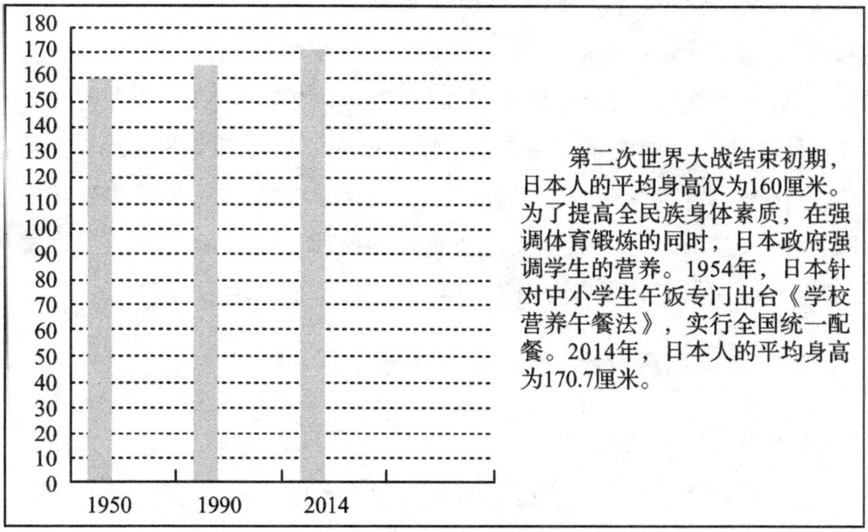

图 3-8　小组制作的汇报图

6. 课后拓展

师：“课前我们就明确了，这份套餐是营养套餐。如果把这份套餐给家里的奶奶吃，还营养吗？”

预设：不可以。因为不同年龄的人，有着不同的营养标准。

课后作业：请为奶奶设计一份营养套餐，并说明这样搭配的理由。

设计意图：培养学生站在他人角度而不是自己喜好的角度考虑问题的能力。

（五）教学反思

本活动以学生真实的问题为教学背景，激发学生的学习动机，提高学生的学习兴趣；学生经历了发现问题—提出问题—分析问题—解决问题的整个过程。以学生日常生活中的午餐组合为题，引导学生通过交流、讨论，提高对课程知识的认识；以小组活动的形式，引导学生通过合作、总结，结合排列、组合等知识，完成对营养午餐的认识、理解。通过采访与总结，让学生结合生活实际，用所学数学思想解决现实中的问题，提出自己的见解与主张。

在学习方法上，鼓励学生通过合作学习、自主探究，提高合作学习能力。对营养专家指出的一些关于合格营养午餐的指标，学生在合作交流的基础上发现“想象中的营养午餐”与“科学的营养午餐”存在冲突，产生对“什么才是合格的营养午餐”的求知欲望。在此前提下，让学生自行探索。接着通过讨论交流，引导学生根据所学知识，在营养午餐的合理搭配上达成共识，提高合作交流水平，学会倾听他人意见，敢于发表自己的见解与主张，勤于思考、善于总结，掌握获取知识的方法。

四、 智慧路灯设计

（一）主题与背景

“智慧路灯设计”是大主题长周期活动“建设宜居城市”的子活动，属于真实情境下的跨学科学习任务。本活动以设计智慧路灯为切入点，依托项目式学习落实两种活动方式。第一种是考察探究。通过了解路灯的发展和对现有路灯的分析，学生培养理性思维、批判质疑、勇于探究的科学精神，增强关注生活的意识、热爱生活的情感和改造生活的欲望，培养责任担当意识。第二种是设计制作。基于对路灯现状的分析，学生将所获取的信息利用创新思维方法进行创意设计。学生经历需求的产生、方案的设计、材料的选择、工具的使用、评估与改进等过程，提高问题解决能力、技术操作水平，体会工匠精神，实现由知识学习向能力培养转变，在实践中学会做事，在做事中学会做人。

（二）适用年级

五至六年级。

（三）教学目标与评价量规

1. 教学目标

①发现现有路灯的不足，研究、改造和优化路灯，增强关注生活、优化生活的意识和社会责任感，树立责任担当意识。

②通过对路灯功能、智能、节能和造型方面的分析，提出有价值的

待解决的问题。

③在沟通和讨论中绘制智慧路灯的设计图，提高创意设计能力和沟通能力。

2. 评价量规

“智慧路灯设计”沟通能力评价量规见表 3-15。

表 3-15 “智慧路灯设计”沟通能力评价量规

评价目标	水平 1	水平 2	水平 3	水平 4	水平 5
沟通能力	在同伴发表意见的时候安静、耐心地倾听。	在同伴发表意见的时候安静、耐心地倾听，与同伴有眼神、动作的交流与互动；能够围绕主题表达自己的观点和意图。	在同伴发表意见的时候安静、耐心地倾听，与同伴有眼神、动作的交流与互动；能够围绕主题用多种方式清晰地表达自己的观点和意图。	在同伴发表意见的时候安静、耐心地倾听，与同伴有眼神、动作的交流与互动；能够围绕主题用多种方式清晰地表达自己的观点和意图；对别人的观点，给予一定的反馈和回应。	在同伴发表意见的时候安静、耐心地倾听，与同伴有眼神、动作的交流与互动；能够围绕主题用多种方式清晰地表达自己的观点和意图；对他人的观点，给予一定的反馈和回应；能够考虑到他人的立场和感受。

（四）教学过程

1. 整体教学思路

整个教学设计分为三个阶段实施：课前探索、课上探究和课后延展。

课前探索：学生提前一周进行资料的搜集：①现有路灯有哪些功能？②现有路灯在使用过程中有哪些不足？③你对路灯有哪些优化或改造的建议？

课上探究：教师设计了四个板块达成教学目标。

板块一：分析与设计。这是主题活动的起始。通过本活动，学生了解路灯的发展历程，对现有路灯进行分析，设想未来路灯，并利用创新性思维工具对路灯进行创意设计，为后面制作、迭代和展示打下坚实的基础。

板块二：分享和优化。学生分享自己的设计初稿，介绍设计理念。同学间提出修改建议，取长补短，培养沟通能力。

板块三：制作与物化。学生利用简单的开源硬件，以卡纸、无纺布、彩泥等为辅助材料制作智慧路灯，提高动手能力。

板块四：展示和评价。学生介绍自己的作品，提高语言表达能力，增强自我效能。

四个板块环环相扣，依照工程设计循环，完成从对路灯的分析到产品的展示一个完整的项目探究活动，让学生像科学家一样思考，像工程师一样创造。

课后延展：学生根据个人兴趣，自主选择延伸主题进行深入的探究。

2. 课上探究阶段教学过程

(1)汇总课前调查的问题

教师播放幻灯片，鸟巢周边的路灯像武士一样守护着鸟巢。教师收集课前布置的探索内容，各小组将课前调查的有价值的内容写在便利贴上，教师在黑板上汇总。

(2)问题梳理，分类汇总

教师引导学生利用思维导图将汇总的内容分类整理(图 3-9)。教师绘制思维导图示例，说明绘制思维导图的方法。移动便利贴分类后发现，学生对路灯问题关注最多的是功能、节能、智能三个方面。

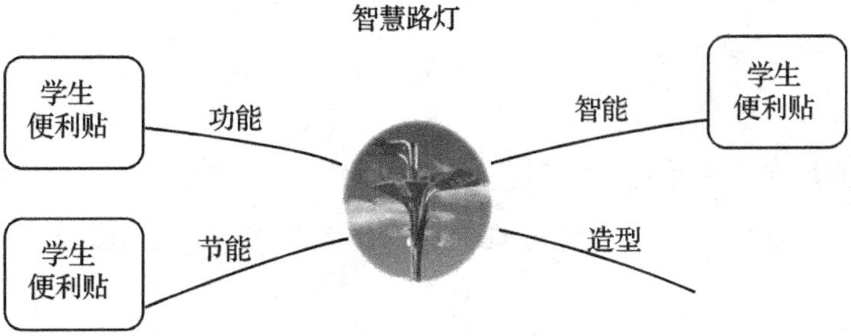

图 3-9 利用思维导图进行分类整理

(3)查询资料，小组探究

随着时代的变迁、科技的发展，在未来，路灯还会有什么样的功能？怎样才更加智能？如何实现节能？各小组选择其中的一个问题，利用网络查找相关资料，进行深入的探讨和研究，将结果写在便利贴上。

在本环节，教师重点关注小组解决问题时的沟通能力，如遇到困难时相互倾听的能力、准确表达自己观点的能力、对他人意见予以反馈的能力、能够站在他人角度理解其设计的能力。在小组活动之前，给学生出示沟通能力评价量规，引导学生讨论并理解量规，在量规的指引下进行小组讨论和沟通的活动，以便顺利完成小组任务。

(4)班级展示，质疑讨论

组织各小组展示研究成果。

功能：监控、充电、报警、空气质量检测……

节能：从光源、供电方式、开关方式几方面入手。

智能：安装各种传感器、光敏传感器、PM2.5 传感器……

各小组边展示边贴便利贴，小组间相互提问，在倾听、表达、讨论中理解他人观点。

(5)造型设计，确定制作方案

在讨论路灯功能的基础上，小组继续研讨制作方案。在讨论中，小组成员会产生分歧，从造型到功能，不同的成员有不同的想法。这时小组成员需要相互沟通讨论，教师适时引导："是不是一盏路灯要具备所有的功能呢？在设计路灯的时候依据什么来选择路灯的功能呢？你们最想实现哪些功能呢?"学生在讨论中逐渐达成共识，完成方案设计。

本环节又是一次小组沟通交流的机会，讨论设计方案时由于学生的想法不同，需要在沟通中达成共识。

（五）教学反思

本次活动设计符合学生的现有水平，基本达成了教学目标。学生能够积极地参与到活动中，教学过程比较流畅。学生能够依据自愿原则选择自己感兴趣的方面进行研究。

本活动在研究和设计的过程中还有一些需要改进的地方。

①研究的时间较短，不够充分。教师可以提供更多的资料，延长学生查找资料的时间，拓展学生思维的广度和宽度。提供更丰富的资源，有利于学生设计出具有实用性的路灯。

②在小组合作的过程中，无论是讨论分析还是设计制作阶段，都会有个别个性强的学生不能参与其中，即使反复劝说也不能融入。对于这些学生，是保留其个性单独形成小组，还是引导其加入某个小组，这是一个需要深思的问题。

③表现性评价的量规设计还需要再完善，依据教学目标设定，实现“评—学—教”一体化。

第四章

小学生审辨思维与问题解决能力评价与培养

（审辨思维程度强的思考者）不容易被外界干扰……不会轻易相信某人的唯一论断……总是考虑事情的各种可能性，不论处理的事情是十分确定的，还是十分复杂的……都能权衡不同证据……能够抵抗住偏见的影响。

——威廉·格雷厄姆·萨姆纳，1906①

① ［美］理查德·保罗、琳达·埃尔德：《批判性思维工具：原书第3版》，侯玉波、姜佟琳等译，12页，北京，机械工业出版社，2013。

第一节　小学生审辨思维与问题解决能力的内涵与评价标准

一、审辨思维与问题解决能力内涵界定

审辨思维(critical thinking)也被翻译为批判性思维，在《21 世纪核心素养 5C 模型研究报告(中文版)》①中被翻译为“审辩思维”。本书对批判性思维和审辨思维不作区分。我国学生发展核心素养之一的“科学精神”维度下的理性思维、批判质疑和勇于探究，正是审辨思维与问题解决能力的属性。审辨思维已经成为世界各个国家和地区达成共识的重要教育目标。审辨思维的培养既要各学科都能承担，还要将学科课程与通识课程进行统筹规划。

进入 21 世纪，全球对创新型人才的需求日益强烈。当今社会，各国已普遍将审辨思维与问题解决能力的培养作为教育的重要目标。我国的课程改革中将“培养创新人才”(《教育部关于全面深化课程改革落实立德树人根本任务的意见》)、“激发创新意识”(《中共中央　国务院关于深化教育教学改革全面提高义务教育质量的意见》)、“具有探究能力和创新精神”(《义务教育课程方案(2022 年版)》)作为人才培养的重要方向，而创新人才的创新思维能力是以审辨思维与问题解决能力为基础的，审辨思维与问题解决能力是创造性思维的基石。

审辨思维是对思维展开的思维，是对我们自己(或者他人)的思维是否符合逻辑、是否符合好的标准的考量②，是针对自己或他人在特定情形

---

① 2017 年，北京师范大学中国教育创新研究院、美国 21 世纪学习联盟、中国 21 世纪人才标准联盟(CP21)联合发起，通过国际合作进一步深化关于 21 世纪核心素养教育的研究。2018 年，北京师范大学中国教育创新研究院发布《21 世纪核心素养 5C 模型研究报告(中文版)》。

② [美]布鲁克·诺埃尔·摩尔、理查德·帕克：《批判性思维：原书第 10 版》，朱素梅译，2 页，北京，机械工业出版社，2014。

得出结论的思考过程进行评估。① 良好的审辨思维是一种认知技能，可以通过学习理论、刻意练习以及采取正确的态度得以发展。②

小学生审辨思维，是个体基于准确理解、进行合理质疑、对事物的价值进行评估、做出客观评价及恰当决策、有意识地反思的思维。

审辨思维不是简单的否定，不是批评和批判，更不是故意挑刺。审辨思维属于高阶思维，是“对所看到的东西的性质、价值、精确性和真实性等方面作出个人的判断”③，是“提出恰当问题和做出合理的论证的能力”④。费希纳认为批判性思维是“一种有目的的反思性判断”⑤。罗伯特·恩尼斯认为批判性思维是合理的、反思性的思维，其目的在于决定我们的信念和行动。⑥ 审辨思维与问题解决能力旨在使个体清晰地理解信息、全面地认识世界、多元地解决问题、逐渐提升创造能力。

由此我们可以看出，审辨思维与问题解决密不可分。这一能力强调如下几个方面。

（一）重视“问题”意识唤醒

思维起源于某种疑惑、迷乱或怀疑。⑦ 没有问题和困惑便没有真正的思维发生。思维的发生重视“发现和提出问题”的能力。根据布鲁姆认知目标理论，记忆、理解和应用属于初阶认知，分析、评价和创造属于高阶认知，发现和提出问题的过程正是高阶思维的外显。发现和提出问题需要学生有意识地观察、主动地思考并准确地表达，是在全面理解、深入分析、做出判断和评价的基础上进行的。思维的发生重视质疑能力。

---

① [美]布鲁克·诺埃尔·摩尔、理查德·帕克：《批判性思维：原书第10版》，朱素梅译，22页，北京，机械工业出版社，2014。

② 刘彦芳：《批判性思维与创造力：越思考越会思考》，彭正梅、杨昕、赵琴译，3页，上海，上海人民出版社，2018。

③ 刘儒德：《批判性思维及其教学》，载《高等师范教育研究》，1996(4)。

④ 谷振诣、刘壮虎：《批判性思维教程》，2页，北京，北京大学出版社，2006。

⑤ 熊明辉：《批创思维的实践与理论》，载《华中科技大学学报(社会科学版)》，2014，28(4)。

⑥ 董毓：《批判性思维原理和方法：走向新的认知和实践》，3页，北京，高等教育出版社，2010。

⑦ [美]约翰·杜威：《我们怎样思维·经验与教育》，姜文闵译，21页，北京，人民教育出版社，2005。

质疑不是盲目质询，不是怀疑一切，是在全面获取并清晰理解信息的基础上，凭借真实证据，通过合乎逻辑的论证提出的疑惑、怀疑或者推论。质疑能力需要克服定式思维，克服刻板印象，敢于打破常规思维。质疑是双向的，不仅指向他人，也指向自己。

（二）注重生成解决问题的策略

进行审辨思维与问题解决的目的不只是进行质疑和批判，更重要的是要整合诸多信息，结合判断和评价，帮助人们做出有效的、正确的决策，选择解决问题的合理方法或规划解决问题的方案，生成一系列解决问题的策略。审辨思维强调对异见的包容，不急于得出结论，要根据“证据”慎思明辨，做出合理的决策，避免盲目决策。审辨思维强调不仅要“论道”还要解决问题，在发现问题、提出问题的基础上系统地分析问题、解决问题，要对疑惑有解释，对怀疑有结论，对推论有反馈。

（三）指向自我反思和成长

自我反思，是对自己思维过程、思维结果进行监控、反思、评估和改进，促进自我导向、自我约束、自我监控和自我修正①，没有自我反思的思维不是审辨思维。审辨思维与问题解决根据发展阶段划分为“鲁莽的思考者、质疑的思考者、初始的思考者、练习中的思考者、高级的思考者、完善的思考者”六个阶段。“鲁莽的思考者”表现为“不能意识到自己思维中的重要错误”，“高级”或“完善”的思考者，则体现出自己的不断进步，获得了“有技巧和判断力”的思维。② 反思使得内隐的思维过程外显出来，审视思维过程的合理性与严谨性，对不当的思维进行调整和修正。个体通过自我反思获得成长，使得思维更加缜密、有效，提高问题解决的质量，增强行为的合理性，成为更为理智的思考者、更为智慧的决策者、更具创造力的实践者。

① 马利红、魏锐、刘坚等：《审辨思维：21世纪核心素养5C模型之二》，载《华东师范大学学报(教育科学版)》，2020(2)。

② [美]理查德·保罗、琳达·埃尔德：《批判性思维工具：原书第3版》，侯玉波、姜佟琳等译，27～28页，北京，机械工业出版社，2013。

二、审辨思维与问题解决能力的评价指标构建

根据审辨思维与问题解决能力的内涵，结合小学生年龄特点，通过对小学生课堂进行观察并与一线教师进行访谈，我们将审辨思维的 4 个主要评价维度确定为理解、质疑、评价、反思。

理解：全面获取过程性和结论性资料，准确地理解信息。能够通过倾听、收集或查阅等形式获取信息，理解信息的基本意义，理解信息之间的逻辑关系，并发现隐藏或潜在的信息。

质疑：通过独立思考、正确推理、系统分析，进行合理质疑。能够不受干扰地进行独立思考，发现并指出自己的困难、疑惑或者不同见解，发现并指出自己或他人的错误、漏洞、缺陷。

评价：综合相关信息进行甄别和判断，得出结论并进行公正、客观的评价。能够分析、论证信息，辩证地评估信息，阐述自己的主要观点并进行恰当的解释。

反思：根据判断纠正错误，做出恰当的决策，并对思维过程进行反思。能够根据结论及实际情境，选择合理的方法或规划解决方案，能够回顾自身的认知过程并予以改进，积累认知经验。

三、审辨思维与问题解决能力的学段目标与评价标准制定

审辨思维与问题解决属于高阶思维，审辨思维与问题解决能力的培养对小学生来说十分重要。小学生无论是生理还是心理都处于飞速成长的阶段，在 6 年的时间跨度里思维成熟度的差异很大，因而其审辨思维与问题解决能力表现也不同。因此，审辨思维与问题解决能力的培养需要循序渐进。

审辨思维与问题解决能力评价在理解、质疑、评价和反思这 4 个指标上应该有不同的学段要求。一至二年级侧重于理解和质疑，三至四年级增加评价维度，五至六年级增加反思维度(表 4-1)。

表 4-1　审辨思维与问题解决能力评价指标

评价指标	一至二年级	三至四年级	五至六年级
理解	※	※	※
质疑	※	※	※
评价		※	※
反思			※

小学生审辨思维与问题解决能力可以分为 5 个水平，不同水平的标准描述见表 4-2。

表 4-2　审辨思维与问题解决能力评价标准

评价目标	水平 1	水平 2	水平 3	水平 4	水平 5
审辨思维与问题解决能力	能够尝试着理解题意以及别人的观点。	能够通过多种方式准确地理解题意、别人的观点或找到自己的困难。	能够通过多种方式准确地理解题意、别人的观点或找到自己的困难并提出问题。	能够通过多种方式准确地理解题意、别人的观点或找到自己的困难，提出有价值的问题，并对已有观点进行客观评价。	能够通过多种方式准确地理解题意、别人的观点或找到自己的困难，提出问题，对已有观点进行客观评价与反思并做出决策。

根据上述评价标准，不同年级学生审辨思维与问题解决能力各指标的具体表现见表 4-3。

表 4-3　不同年级学生审辨思维与问题解决能力表现标准

评价指标	一至二年级	三至四年级	五至六年级
理解	能够通过倾听、收集或查阅等形式获取信息，理解信息的基本意义。	能够通过倾听、收集或查阅等形式获取信息，理解信息的基本意义，理解信息之间的逻辑关系。	能够通过倾听、收集或查阅等形式获取信息，理解信息的基本意义，理解信息之间的逻辑关系，发现隐藏或潜在的信息。

续表

评价指标	一至二年级	三至四年级	五至六年级
质疑	能够发现并提出自己的困难，发现并指出自己或他人的错误。	能够发现并提出自己的困难、疑惑，发现并指出自己或他人的错误、漏洞。	能够发现并提出自己的困难、疑惑或者不同见解，发现并指出自己或他人的错误、漏洞、缺陷。
评价		能够分析和论证信息，辩证地评估信息。	能够分析和论证信息，辩证地评估信息，阐述自己的主要观点并进行恰当的解释。
反思			能够根据结论及实际情境，选择合理的方法或规划解决方案，能够回顾自身的认知过程并予以改进，积累认知经验。

小学生的审辨思维与问题解决能力水平有一些差异，低水平的审辨思维与问题解决能力表现为仅仅能够尝试着理解信息，尝试着发现并提出自己的困难，尝试着分析和论证信息，尝试着得出结论。

中等水平的审辨思维与问题解决能力表现为：可以通过多种方式理解清晰的信息；发现并提出自己的困难，乃至发现并指出自己或他人的错误；尝试着分析和论证信息，尝试着辩证地评估信息，能够得出结论；尝试着根据实际情境选择合理的方法或规划执行方案。

高水平的审辨思维与问题解决能力表现为：能够通过多种方式准确、全面地理解信息，理解信息之间的逻辑关系，能发现隐藏或潜在的信息；能够发现并指出自己的困难、疑惑或者不同见解，发现并指出自己或他人的错误、漏洞、缺陷；能够分析和论证信息，辩证地评估信息，能够得出结论，阐述自己的主要观点并进行恰当的解释；能够根据结论及实际情境，选择合理的方法或规划解决方案，能够回顾自身的认知过程并予以改进，积累认知经验。

需要澄清的是，审辨思维与问题解决能力密切相关，审辨思维的培养很大程度上与问题解决能力联系在一起，而问题解决能力的高低又与审辨思维品质的好坏相关。

第二节　小学生审辨思维与问题解决能力评价任务设计

本节设计了 6 个小学生审辨思维与问题解决能力评价任务(表 4-4)。

表 4-4　小学生审辨思维与问题解决能力评价任务

序号	评价任务	适用年级	任务设计者
1	解决问题——数一数	一年级	梁燕、王丹
2	数学广角——搭配	二年级	梁燕、刘悦
3	智慧路灯设计	五至六年级	闻竹
4	物体巧装箱	五至六年级	王昊焱
5	龙生九子	五至六年级	刘琳娜
6	拼搭长方体	五至六年级	刘琳娜、李燕、邓晶

一、 解决问题——数一数（数学学科）

（一）任务描述

请学生回答图 4-1 中提出的问题，并说明是如何获得答案的。

图 4-1　数一数问题 1

小丽排第 10，小宇排第 15，小丽和小宇之间有几人？解释一下你是如何解决这一问题的。

（二）适用年级

一年级。

（三）评价目标

审辨思维与问题解决能力。

（四）评价量规

“解决问题——数一数”审辨思维与问题解决能力评价量规见表 4-5。

表 4-5 “解决问题——数一数”审辨思维与问题解决能力评价量规

评价目标	水平 1	水平 2	水平 3	水平 4	水平 5
审辨思维与问题解决能力	能够尝试着理解题目的意思。	能够较为正确地理解题目的意思。	能够正确地理解题目的意思，在用数数策略解决问题时会用一种方式。	能够正确地理解题目的意思，在用数数策略解决问题时会用多种方式，在说明时能够清楚、全面地说明自己数的过程。	能够正确地理解题目的意思，在用数数策略解决问题时会用多种方式，在说明时能够清楚、全面地说明自己数的过程，并反思自己存在的问题。

注：如果学生完全不作答或答非所问，可视为水平 0。

（五）使用建议

学生表达思维的过程大致分为以下三类(图 4-2)。

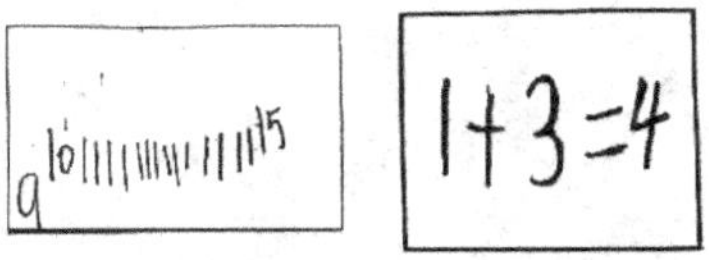

第一类（水平1）

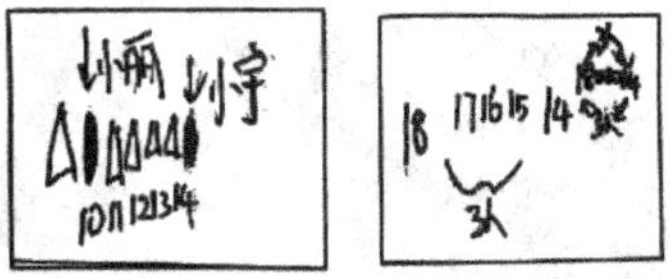

第二类（水平2）

第三类（水平3）

图 4-2 学生“数一数”的思维过程

测试时发现，由于学生年龄较小，大多数学生处于水平 2 阶段。虽然他们能够理解题目的意思，并且根据自己的理解用画图的方式表示出自己的思维过程，但是由于其语言表达方面还有待提高，教师在使用评价工具时需要对学生提出明确的要求。

二、 数学广角——搭配（数学学科）

（一）任务描述

请学生回答图 4-3 中提出的问题，并说明是如何获得答案的。

> 小华给自己的日记本新设了一个密码，新密码是用5、7、9这3个数，任意选取其中2个求和，其中一个和就是锁的密码。如果让你试一试，你最多试几次就能打开锁？请解释一下你是如何解决这个问题的。

图 4-3 “数学广角——搭配”问题

（二）适用年级

二年级。

（三）评价目标

审辨思维与问题解决能力。

（四）评价量规

“数学广角——搭配”审辨思维与问题解决能力评价量规见表 4-6。

表 4-6 “数学广角——搭配”审辨思维与问题解决能力评价量规

评价目标	水平 1	水平 2	水平 3	水平 4	水平 5
审辨思维与问题解决能力	能尝试着理解题目的意思，并尝试着用各种办法解决问题。	能明白题目的意思，两两求和，列出 6 个算式。	能理解题目的意思，两两求和，列出 6 个算式，且考虑到和相同是同一种情况。确定密码有 3 种可能。	能理解题目的意思，在列算式时，就能够考虑到和相同是同一种情况，列出 3 个算式，确定密码有 3 种可能。	能理解题目的意思，在列算式时，就考虑到和相同是同一种情况，列出 3 个算式，确定密码有 3 种可能，完成后能够反思自己解决问题过程中出现的问题。

注：如果学生完全不作答或者没有任何思路，可视为水平 0。

（五）使用建议

经过测试，学生表达思维的过程大致分为以下三类(图 4-4)。

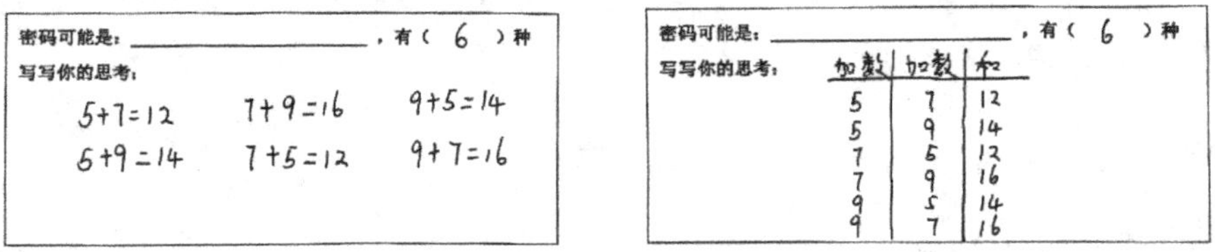

水平2

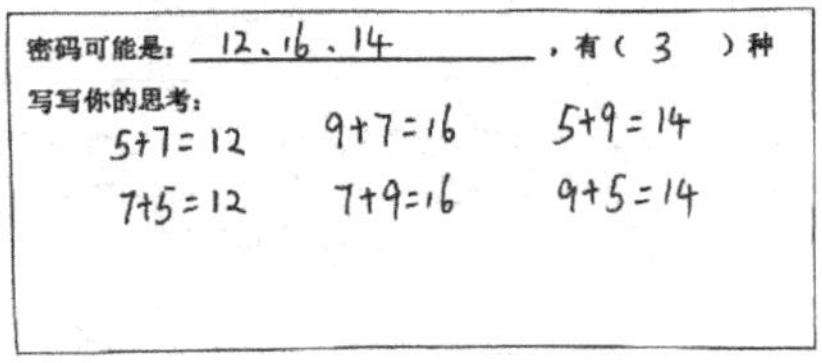

水平3

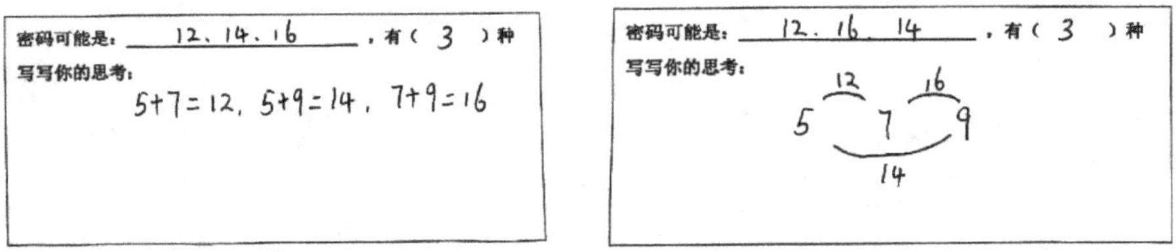

水平4

图 4-4　学生解决“数学广角——搭配”问题的思维过程

学生在本问题中表现出来的解决问题能力，大多数处于水平 2 和水平 3 阶段，水平 4 阶段相对较少。部分学生能够理解题目意思，但在选择策略上出现了错误，与排列问题混淆。由于学生年龄较小，在使用工具时，教师应提醒其注意，如“请仔细阅读题目情境，认真思考并回答问题”。

三、 智慧路灯设计（综合实践活动）

（一）任务描述

见第三章第二节“智慧路灯设计”的任务描述。

（二）适用年级

五至六年级。

（三）评价目标

审辨思维与问题解决能力。

（四）评价量规

"智慧路灯设计"审辨思维与问题解决能力评价量规见表 4-7。

表 4-7 "智慧路灯设计"审辨思维与问题解决能力评价量规

评价目标	水平 1	水平 2	水平 3	水平 4	水平 5
审辨思维与问题解决能力	尝试着理解任务的要求，回答问题。	能够理解任务要求，能够分析现有路灯 3 个以内的功能和特点，在功能、节能、智能三选一的研究中提出 3 个以内的观点，通过多种方式理解别人的观点。	能够理解任务要求，分析现有路灯 3～5 个功能和特点，在功能、节能、智能三选一的研究中提出 3～5 个观点，提出相应的问题。	能够分析现有路灯 3～5 个功能和特点，在功能、节能、智能三选一的研究中提出 5 个以上观点，对他人和自己的观点进行客观的评价。	能够有根据地对别人的观点质疑并反思自己的问题，在多方比较的基础上做出决策。

（五）使用建议

①本任务是一个真实情境任务，需要的时间较长，评价主要针对汇报这一环节来进行。

②如果不需要对每个学生进行评价，本任务可以通过小组合作的方式进行，以组为单位进行评价。

四、 物体巧装箱（数学学科）

（一）任务描述

如图 4-5 所示，在一个内径长 90 厘米的正方体纸箱中，最多可以装多少个长 25 厘米、宽 20 厘米、高 15 厘米的包装盒？

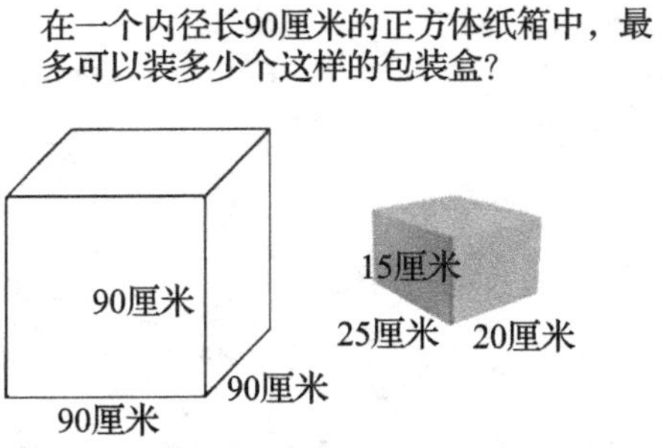

图 4-5 “物体巧装箱”问题

（二）适用年级

五至六年级。

（三）评价目标

审辨思维与问题解决能力。

（四）评价量规

“物体巧装箱”审辨思维与问题解决能力评价量规见表 4-8。

表 4-8 “物体巧装箱”审辨思维与问题解决能力评价量规

评价目标	水平 1	水平 2	水平 3	水平 4
审辨思维与问题解决能力	①能读懂题目要求，尝试解决问题。②能表达自己的观点。	①能读懂题目要求，能够按照一个方向摆放包装盒。②能清楚地表达自己的观点，理解他人的观点。	①能读懂题目要求，能够按照一个方向摆放包装盒后再进行一些调整。②能够结合空间想象表达自己的观点，准确理解他人的观点，结合实际情境解决实际问题。	①能读懂题目要求，按照一个方向摆放包装盒后不断进行调整，达到最多。②能够结合空间想象清晰地表达自己的观点，并可以演示辅助，准确地理解他人的观点，结合实际情境解决实际问题，及时反思自己在解决问题中遇到的困难和问题。

（五）使用建议

①由于本任务较为抽象，在进行评价时除观察和分析学生作品外，需要对学生的思考过程进行访谈，在预测中没有出现水平 1 的学生。

②可以用小组的方式进行，在学生表达后，可请其他学生复述其观点，进而考查学生理解他人观点的能力。

五、 龙生九子①（数学实践活动）

（一）任务描述

给学生提供“龙生九子”玩具与说明书，引导其通过阅读说明书，理解题意进行拼搭。要求学生记录下自己遇到的困难、思考的过程和解决的办法；从学生理解题意、提出问题、评价和反思等方面进行观察，必要时可以进行访谈和追问。

（二）适用年级

五至六年级。

（三）评价目标

审辨思维与问题解决能力。

（四）评价量规

“龙生九子”审辨思维与问题解决能力评价量规见表 4-9。

表 4-9 “龙生九子”审辨思维与问题解决能力评价量规

评价目标	水平 1	水平 2	水平 3	水平 4	水平 5
审辨思维与问题解决能力	尝试理解任务要求，并通过试误的策略来解决问题。	能够理解任务要求，通过试误的策略来解决问题，能够发现	能够准确地理解任务要求，在发现组块之间关系和结构差异的基础上尝试分析要解	能够准确地理解任务要求，在发现组块之间关系和结构差异的基础上提出多种解决	能够准确地理解任务要求，在分析问题的基础上提出多样化的解决问题的思路，对自己或他人的

① “龙生九子”是一种益智玩具，由九块不同形状的积木组成，可以逐渐用两块、三块、四块直至九块积木拼搭成不同大小的长方体。

续表

评价目标	水平 1	水平 2	水平 3	水平 4	水平 5
		组块之间的关系与结构差异。	决的问题并进行操作。	问题的思路，对自己的方法提出疑问。	方法质疑，能够评价和反思解决问题的过程或发现并提出新的有价值的问题。

（五）使用建议

①这是一个需要较长操作时间的评价任务，可以多组同时进行。教师根据评价要求设计任务单，学生在完成任务的同时填写任务单，便于教师进行评价。

②这款玩具的玩法有不同难度，如两块、三块、四块积木的拼搭。根据学生情况和规定的时间，本任务重点关注学生完成任务的过程而不是最终的答案，因此不需要学生全部完成九块积木的拼搭。

六、 拼搭长方体（数学学科）

（一）任务描述

给学生提供 6 种不同的纸片(图 4-6)，每种形状的纸片都有 6 个。请学生从所有的纸片中选择 6 个合适的长(正)方形纸片来制作一个长方体(不包括正方体)，能做出几种就做几种，将自己遇到的困难、发现的问题及时记录在任务单上。

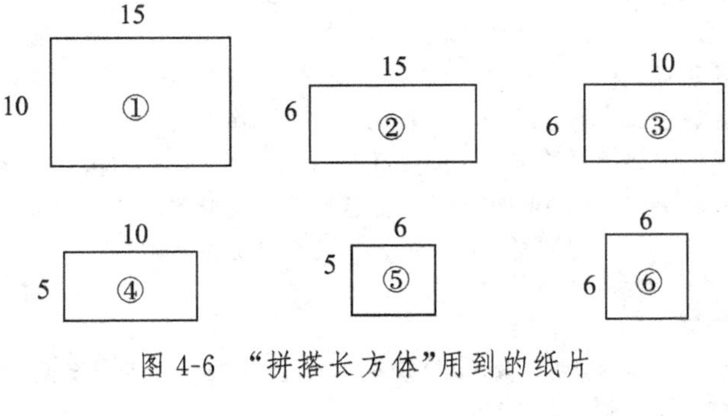

图 4-6 “拼搭长方体”用到的纸片

（二）适用年级

五至六年级。

（三）评价目标

审辨思维与问题解决能力。

（四）评价量规

“拼搭长方体”审辨思维与问题解决能力评价量规见表 4-10。

表 4-10 “拼搭长方体”审辨思维与问题解决能力评价量规

评价目标	水平 1	水平 2	水平 3	水平 4	水平 5
审辨思维与问题解决能力	能够理解题意并试着进行操作，能够提出一些简单的问题，如“6个面怎么才能接在一起呢?”。	能够理解题意，进行拼搭时能够发现与长方体特征有关的问题，如“6 个面怎么就拼不到一起呢?”“是6个面呀，拼出来怎么不是长方体呢?”。	能够准确地理解题意，进行拼搭时能够发现与长方体特征有关的实质性问题，找到自己的问题所在，提出简单的反思性问题，如“这里为什么会长(短)呢?”“是不是需要换别的面才行呢?”“剪掉一部分行吗?”。	能够准确地理解题意，进行拼搭时能够发现与长方体特征有关的实质性问题，找到自己的问题所在，并反思自己解决问题的策略，如“不是随便6个纸片都能拼成的”“在选择面的时候是不是应该先量量边的长度呢?”。	能够准确地理解题意，进行拼搭时能够发现与长方体特征有关的实质性问题，找到自己的问题所在，并反思自己解决问题的策略，如“不是随便 6 个纸片都能拼成的”“在选择面的时候是不是应该先量量边的长度呢?”，并动手解决问题。

（五）使用建议

①教师可以在活动中观察学生完成任务的过程(如有必要可以录像)，需要时可对学生进行个别访谈。

②本任务可以小组合作完成，用于教师评价小组行为。

③教师根据评价目标设计任务单，组织学生对任务单进行讨论，提出问题并解答。

第三节　小学生审辨思维与问题解决能力培养教学案例

本节提供了 5 个培养小学生审辨思维与问题解决能力的教学案例，具体见表 4-11。

表 4-11　审辨思维与问题解决能力培养教学案例

序号	教学案例	适用年级	设计者
1	解决问题——数一数	一年级	王丹
2	剪纸中的奥秘	二年级	邓晶
3	数学广角——搭配	二年级	刘悦
4	一棵树一天可以释放多少氧气	五至六年级	邓晶
5	物体巧装箱	五至六年级	王昊焱

一、 解决问题——数一数（数学学科）

（一）教学内容

人教版《数学》一年级上册第六单元例 6。

（二）教学目标与评价量规

1. 教学目标

①学会用数一数的方法解决问题，并加深对 20 以内数的认识。

②借助画图等方法，直观理解不同情境下，如何用数一数的方法解决问题，提高思辨能力。培养用数学语言表达自己的解题思路和与同学进行互动交流的意识。

③体会数学与生活的紧密联系，感悟具体问题要具体分析。

2. 教学重、难点

教学重点：用画图的方法，直观理解题意，积累解决问题的经验，并能用数学的语言表达自己的想法。

教学难点：在自主探究和互动交流的过程中培养思辨能力。

3. 评价量规

“解决问题——数一数”审辨思维与问题解决能力评价量规见表 4-5。

（三）教学过程

1. 尝试用数一数的方法解决问题

本教学任务的问题如图 4-1 所示。

环节一：审清题目，理解题意。

问题 1：看了这幅图，你知道了哪些信息？

两个条件和一个问题。

问题 2：你认为“小丽和小宇之间有几人”是什么意思？

目的：引导学生理解“之间”包含第 11 到第 14 个人，不包含第 10 和第 15 个人。

环节二：独立思考，尝试解决。

问题 3：你认为他们之间有几个人呢？可以用你喜欢的方法表示出来吗？越简单、越能让别人看懂越好。

目的：对学生的想法进行采样，为后续互动交流提供样本。

环节三：互动交流，总结方法。

在本环节，教师用样本让学生展开讨论。

小结：用数数的方法可以解决这个问题。他们之间有几个人是从第 11 个人数到第 14 个人，不包含小丽和小宇。

环节四：独立完成做一做。

目的：巩固方法，训练语言，反馈效果。

再次提炼结论：可以用数一数的方法解决这类问题。

2. 体会用数数解决问题的关键(图 4-7)

图 4-7　数一数问题 2

环节一：审清题目，理解题意。

问题 1：你知道了哪些信息。

两个条件和一个问题。

问题 2：你认为“从第 10 页读到了第 14 页”是什么意思？

目的：引导学生理解今天读的页数有哪几页。

环节二：小组讨论，说明想法。

问题 3：和同桌交流自己的想法。如果你们俩有不同想法，你怎么说服同桌呢？

教师巡视，倾听学生的想法，选择有不同想法的小组，看看他们能否说服对方，以及用什么方法说服对方。

环节三：互动交流，总结方法。

教师请学生到前面用自己的方法解释自己的想法，让学生充分表达自己的想法。学生说服同学的方法可以有画图、举例子等。

教师小结：我们发现可以用数一数的方法解决问题，但是要分析从几数到几。

3. 感悟数一数方法不同的原因(图 4-8)

图 4-8　数一数问题 3

环节一：审清题目，理解题意。

问题 1：从图中你知道哪些信息？推迟是什么意思？

问题 2：解决这个问题可以用数一数的方法吗？怎么数呢？

环节二：小组讨论，解释想法。

问题 3：现在两个人一组，研究一下这个问题怎么解决，把你的结果画在纸上。然后想想怎么才能让别人认同你的想法。你在解决问题的过程中遇到了哪些困难？是怎么解决的？

4. 课堂小结

师：“今天这节课我们学习了什么？你有什么收获？”

（四）板书设计

在这节课上，教师的板书如图 4-9 所示。

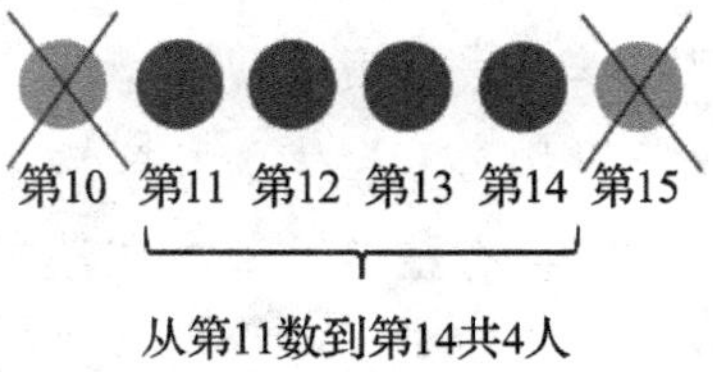

图 4-9　板书

（五）教学反思

根据低年级学生的年龄特点及其知识储备较少的情况，教师一定要准确把握教学目标，根据教学目标设计问题，在引导学生表达解决问题的思维过程中逐步培养学生的审辨思维，为后续数学学习打下坚实的基础。为了更好地培养低年级学生的审辨思维，在设计时要注意以下几点。

①准确把握教学内容的本质，了解学生的特点，明确学生的基础和发展空间。

②学习的内容涉及多种不同情境，引导学生具体问题具体分析。

③学生要理解学习内容的含义。

④学习内容要让每个学生都能完成，但是又能体现学生的不同水平。

⑤要选择有利于达成教学目标的学习内容。

本次教学让教师意识到寻找适合培养低年级学生审辨思维的数学问题的重要性。审辨思维与问题解决是分不开的，教师应在有趣且贴近生活的问题情境中寻找有价值的问题，在问题解决过程中逐步培养学生的审辨思维。这就需要教师在日常教学中学会用数学的眼光发现生活中的数学问题，积累适合培养审辨思维的问题，应用于以后的教学当中。对低年级学生而言，教师要鼓励他们发现并提出数学问题，尝试去读懂和理解题目的意思，同时，理解同学表达的意思非常重要。

二、剪纸中的奥秘（数学实践活动）

（一）主题与背景

《义务教育数学课程标准(2022 年版)》明确指出，通过义务教育阶段的数学学习，学生逐步学会用数学的眼光观察现实世界，会用数学的思维思考现实世界，会用数学的语言表达现实世界(简称“三会”)，学生要能形成质疑问难、自我反思和勇于探索的科学精神。可见，关于培养学生数学批判反思能力的研究具有重要价值。在数学学习活动中，学生出现错误是不可避免的。教师如何抓住课堂中生成的错例，将其转化为教学资源，发展小学生的审辨思维与问题解决能力尤其是反思能力呢？这是一个值得思考的问题。

审辨思维与问题解决始于对观念提出有理有据的疑问，并进行全面的探究，最后得出判断。简略来说，审辨思维与问题解决是理性探究和实证的过程。对于小学生，太多的反思性说理对他们来说可能太难了。但是，如果把说理与实证(操作)过程有机结合起来，让学生能很快看到自己想法产生的结果，对于培养低年级学生的审辨思维是十分有利的。所以，数学综合实践课是很好的载体。学生在实践过程中会出现一些错误，结合问题讨论之后，再进行实践证实，能很好地体现审辨思维的整个过程。“剪纸中的奥秘”是人教版《数学》二年级下册第三单元《图形的运动(一)》后的实践活动课。这部分教材取材于中国民间传统的手工艺“剪纸”，设计了两个比较简单的剪纸活动。通过这两个活动，一方面培养学生的动手实践能力，另一方面在探索规律的过程中可以初步培养学生的审辨反思能力。

（二）适用年级

二年级。

（三）教学目标与评价量规

1. 教学目标

学生通过错例，提出反思性的问题，想办法通过实践操作证实观点并解决问题。

2. 评价量规

“剪纸中的奥秘”审辨思维与问题解决能力评价量规见表 4-12。

表 4-12 “剪纸中的奥秘”审辨思维与问题解决能力评价量规

评价目标	水平 1	水平 2	水平 3	水平 4
审辨思维与问题解决能力	能够理解任务要求，知道要剪出拉手纸人，并尝试完成。	能够提出剪纸中出现的至少 1 个问题。例如：为什么剪出的两个纸人不对称？因为没有对折。	对于剪纸中出现的多个问题进行反思，并尝试找到错误原因和解决问题的方法。例如：为什么剪出的两个纸人没有手拉手？	对于剪纸中出现的多个问题进行反思，并能找到错误原因和解决问题的方法。例如：为什么剪出的两个纸人没有手拉手？为什么剪出的是半个纸人？为什么纸人自身不对称？……进行解释：因为在折叠时没有剪到头儿，所以两个纸人的手就断开了。

（四）教学过程

学生要完成的挑战性问题是：剪四个手拉手的纸人(图 4-10)。

图 4-10 四个手拉手的纸人

教师和学生进行简单的讨论之后，为了降低这项任务的难度，先从剪两个手拉手的纸人开始进行第一次探索。在实践操作之后，学生对第一次操作以后出现的各种错例进行了分析并找到了错误的原因。

错例一：这两个纸人为什么不对称？(图 4-11)

教学片段 1：

师：“看到这幅作品你们有什么疑问吗？”

生 1：“这两个纸人为什么不对称呢？”

针对该生提出的问题，小组内进行讨论，并分析原因。

生 2："他没有对折后再剪。对折后再剪，两个纸人就是对称的。"(生 2 边演示边说。)

生 3："我补充，对折后还要考虑从哪边开始剪。"

师(小结)："就像刚刚几名同学说的，我们已经学习了对称的知识。我们不仅要学习知识，还要在生活中学以致用，真正运用我们学习过的知识来解决问题。"

分析：从第一个教学片段中可以看出，学生很快就找到了错例一的问题。主要问题是两个纸人不对称。如何才能做到两个纸人对称呢？学生给出了解决问题的办法，就是要对折，对折后再剪就能保证两个纸人对称了。有的学生还提到了从哪边剪也很重要。此时，大部分学生可能认为对折一次就可以了，真的是这样吗？我们接着来看一看。

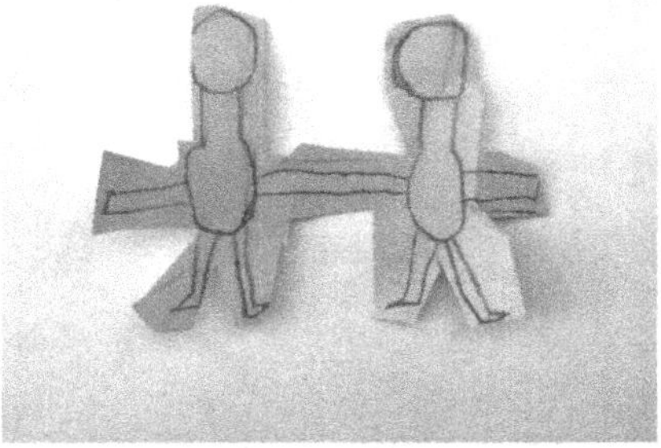

图 4-11　学生错例一

错例二：只对折一次行吗？(图 4-12)

教学片段 2：

师："看到这幅作品你们有什么疑问吗?"

生 1："这位同学是不是画了一个完整的纸人，只对折了一次？我觉得虽然两个纸人是对称的，但每一个纸人自己是不对称的。"

针对该生提出的问题，小组内进行讨论，并反思问题。

生 2："其实要解决这个问题很简单，就是再对折一次，把这张纸平均分成 4 份，这样画半个纸人就可以了。"

生 3："我补充，对折后还要考虑从哪边开始剪。"

师(小结)："我们在想象折叠与展开关系时，不仅要想到整体是对称的，而且要考虑到每一个纸人也是对称的。所以，要对折两次。"

分析：这个错例让学生深刻地认识到，只对折一次是不行的。因为只对折一次只能保证两边的纸人对称，不能保证每个纸人自身也是对称的。既要两边对称又要自身对称，就必须对折两次。很多学生在实践的时候忽略了纸人自身也要对称这一点，所以有部分学生只对折了 1 次。

图 4-12　学生错例二

错例三：为什么剪出了半个纸人？(图 4-13)

教学片段 3：

师："看到这幅作品你们有什么疑问吗?"

生 1："为什么剪出了半个纸人?"

针对该生提出的问题，小组内进行讨论，并反思问题。

图 4-13　学生错例三

生 2：“他可能是没有看明白从哪边剪，对折两次以后，要从闭口那边剪。”

生 3：“对折后，如果从开口处剪的话，打开后就会出现半个纸人。”

分析：这个错例让学生体会到了不仅要考虑折的问题，还要考虑在哪里画纸人，为什么要画半个纸人，从哪里剪纸人，才不会出现剪出半个纸人的情况。在第一次实践活动时，有部分学生没有注意到从闭口处剪纸人，所以出现了这样的错误。学生通过这个错例，发现了问题，并且讨论了出现这个错误的原因。

错例四：为什么这两个纸人的手断开了？（图 4-14）

教学片段 4：

师：“看到这幅作品你们有什么疑问吗？”

生 1：“为什么这两个纸人的手断开了？”

针对生 1 提出的问题，小组内进行讨论。

生 2：“失败的作品没有剪到纸的边缘处，所以剪完以后没有手拉手。”

生 3：“如果不剪到边缘处，两个纸人的手就是断开的。”

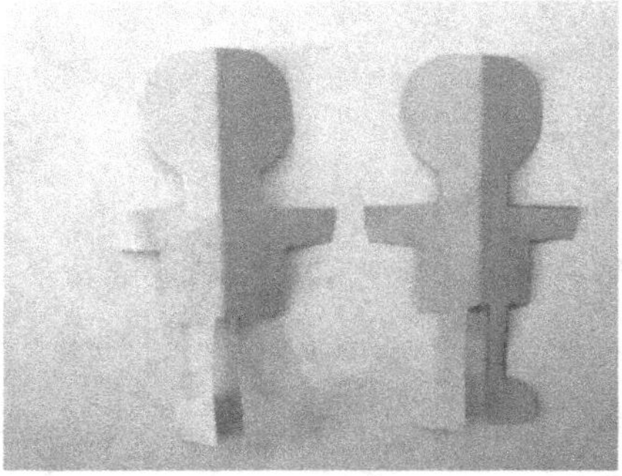

图 4-14　学生错例四

分析：此次动手操作充分暴露了学生的思维盲点，学生疑惑重重。教师引导学生观察、复原两件作品（图 4-15），思考这两种剪法的不同点在哪里。学生很快就注意到：失败的作品没有将图案画至纸张边缘处。教师打开两幅作品的“废纸”部分，让学生进行观察和思考：为什么没有把纸人剪至边缘处会失败？学生通过讨论，明确了导致剪下来的两个纸人没有“手拉手”的原因。随后，教师又让作品失败的学生再次动手，给他们以纠错、强化正确认知的机会。整个环节达到了两个目的：①让学生充分暴露思维盲点，使学生产生强烈的认知需求。②利用错例资源促进学生反思错因，完善思维，引发学生逐步调整策略解决问题。

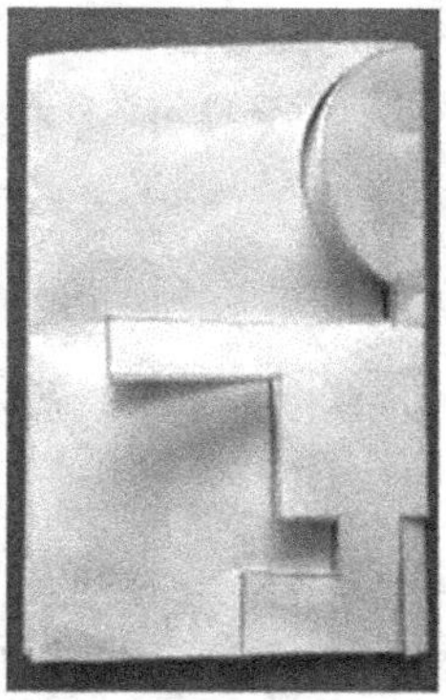

失败的作品

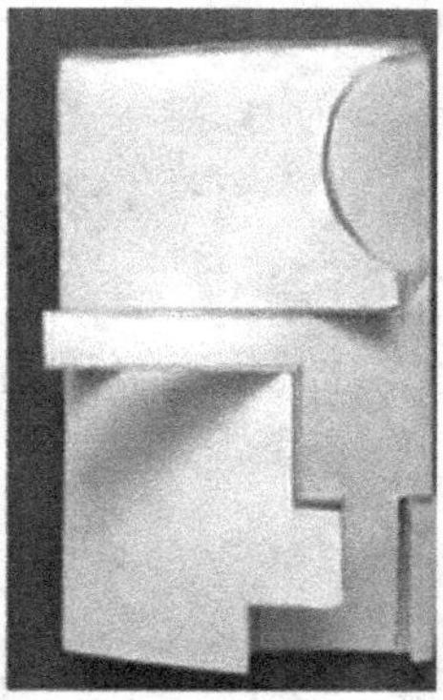

成功的作品

图 4-15　学生作品对比

（五）评价与反思

1. 问题引领使反思走向深入

教学中一直以“问题”引领着学生思维。最初提出的问题是“看到这幅作品你们有什么疑问吗?”，学生围绕着怎么剪、怎么折、怎样画这几个核心问题展开思考。在学生展示汇报环节，他们又产生了思考和问题。例如：“这两个纸人为什么不对称呢?”“为什么剪出了半个纸人?”“为什么这两个纸人的手断开了?”等问题，这些问题把学生的思维引向深度思考。学生在做中不仅积累了活动经验，而且清晰地知道了怎么做是正确的，怎么做是错误的，并能说清楚其中的道理是什么。

2. 讨论交流使反思有了深度

在每一个错例出现以后，学生都会根据错例提出一个问题。在前面的几个片段中，教师都让学生分组对提出的核心问题进行了讨论。这是一种非常有效的方法。在小组内每个学生都能提出自己的意见，这样学生对问题的反思更有深度，提高了不同水平学生的批评反思能力。

3. 实践操作使反思得到证实

在该任务中，教师组织了两次活动，第一次活动是剪 2 个手拉手的纸人，第二次活动是剪四个手拉手的纸人。在第一次活动中，学生出现了很多错例，在对这些错例分析以后，学生结合获得的经验对自己的错误进行了反思。在此基础上，教师设计了第二次活动。这次活动的目的有两个：第一是提高活动的难度。第二也是最主要的目的是看一看经过第一次活动后的反思，在第二次活动中学生能否在操作过程中考虑到以上出现的几个问题，正确地剪出四个手拉手的纸人。这也是对第一次反思过程的检验。

善于用审辨思维去思考问题的人，其思维应该是全面的、深刻的，遇到问题时能从多角度提出问题、分析问题、解决问题。如果在教学中注重培养学生这方面的能力，把问题交给学生，让学生自己去思考，提出各种不同的问题，教师再带着学生分析哪些问题是有效的，将有助于提升学生的审辨思维能力。

三、 数学广角——搭配（数学学科）

（一）教学内容

“数学广角——搭配”是人教版《数学》二年级上册的教学内容，是学生第一次接触“数学广角”这一板块。教材主要是让学生通过操作、观察、猜测等方法，发现 3 个不同数字组成两位数的排列数(例 1)、3 个数字两两求和的组合数(例 2)，初步渗透排列与组合的思想方法，逐步培养学生有序、全面地思考问题的意识。排列和组合是学生学习概率统计的知识基础，对排列和组合的学习有助于发展学生的抽象思维能力和逻辑思维能力。

本节课是第二课时的内容，在第一课时，学生刚接触了简单的排列。为了调动起学生学习的积极性，让学生在轻松愉快的气氛中学习，教师设计了“密码门”“握手”“照相”等一系列活动。教师在活动中把排列与组合的思想方法教给学生，同时也在排列与组合中渗透模型思想，培养学生的思辨能力。教师力图从 3 个方面培养学生的审辨思维：第一，积极探索，刨根问底，在反思和对比中辨析；第二，仔细辨析，厘清思路，清晰地表达自己的想法；第三，打破思维定式，分类讨论，不断进行完善。

（二）教学目标与评价量规

1. 教学目标

学习用搭配的方法解决问题。结合具体情境理解搭配问题有时需要考虑顺序，有时不需要考虑顺序，能确定正确的搭配方案；用搭配的方法解决不同情境中的数学问题，培养有序思考问题的意识，提高思辨能力。培养用数学语言表达自己的解题思路和与同学进行互动交流的意识。

2. 教学重、难点

教学重点：结合具体情境理解搭配问题有时需要考虑顺序，有时不需要考虑顺序，能确定正确的搭配方案。

教学难点：渗透模型思想和培养审辨思维能力。

3. 评价量规

“数学广角——搭配”审辨思维与问题解决能力评价量规见表 4-13。

表 4-13 “数学广角——搭配”审辨思维与问题解决能力评价量规

评价目标	水平 1	水平 2	水平 3	水平 4	水平 5
审辨思维与问题解决能力	能够尝试着理解题意，并尝试用各种办法解决问题。	能明白题意，找出所有可能性。	能理解题意，找出所有可能性，解决问题时考虑到相同的情况，如是否需要考虑顺序。	能理解题意，在列算式时，就能够提前考虑到相同的情况，如是否需要考虑顺序。	能理解题意，在列算式时，就能够提前考虑到相同的情况，完成后能够反思自己在解决问题过程中出现的问题。

（三）教学过程

1. 在具体情境中通过对比渗透模型思想

情境一：

小华同学家密码门的密码是用 5、7、9 这 3 个数字组成的两位数，每个两位数的十位数字和个位数字都不一样，密码有几种可能？

环节一：审清题目，理解题意。

问题 1：你知道了哪些信息和问题？

环节二：独立思考，尝试解决。

问题 2：密码有哪几种可能？说说你的搭配方法。

目的：启发学生产生两种搭配思路，体现有序思考，培养不重不漏的意识。

情境二：

这次小华改变了设置密码的方法。新密码是这样设置的：用 5、7、9 这 3 个数，任意选取其中 2 个求和，其中一个和就是密码门的密码。如果让你试一试，你最多试几次就能打开密码门？

环节一：审清题目，理解题意。

问题 1：你能看懂小华设置密码的新方法吗？请你举例说说。

目的：引导学生读懂题目的意思，但不必让学生讨论得太细致，说个大概就行。学生意见不一致也没关系，马上进入第二个环节，进行独立思考。

环节二：独立思考，尝试解决。

问题 2：听了同学的发言，你有自己的想法了吗？赶快试一试，把你的想法写下来。

目的：对学生的想法进行采样，为后续互动交流提供样本。

环节三：过程交流，思辨说理。

在这个环节中，教师用样本让学生展开讨论。

在学生讨论的过程中，教师可以发起有启发性的追问：为什么写了 6 个算式，却认为最多试三次就能打开密码门？你为什么没有写出所有的 6 个算式，怎么敢这么大胆地省略呢？

目的：直指问题的本质，即只要是这两个数相加，结果就一样，即同一个结果。引导学生和情境一形成对比。

环节四：直观体验，建立感知。

分别用 12、14、16 开密码门。

目的：进一步体验这种情境中的搭配问题与顺序无关。

环节五：对比分析，建立模型。

问题 3：同样是用 5、7、9 这 3 个数设置密码，为什么第一种方法可以设置出 6 个密码，而第二种方法只设置出 3 个密码呢？

目的：发现解决搭配问题时，不光要有序、全面地思考、不重不漏，还要考虑这个问题与顺序有关还是无关。

教师归纳总结：同学们通过对比这两道题，发现用搭配的方法可以解决问题，但是对于一个具体问题，我们首先要通过认真分析，看看这个问题要不要考虑顺序。下面我们再来看一个具体问题。

2. 在解决搭配问题的过程中，巩固模型思想

情境三：握手问题。

每两个人握一次手，3 人一共握几次手？

环节一：审清题目，理解题意。

问题 1：你知道了哪些信息和问题？“每两个人握一次手”是什么意思？

环节二：现场演示，说明想法。

问题 2：请 3 位同学上来演示，并告诉其他同学应该注意什么？

目的：可能有学生会说，注意不能重复握手。此时，教师可以追问，什么样是重复握手？

环节三：人人参与，体验与顺序无关。

目的：模拟情境，用“不能重复握手”来理解握手问题与顺序无关。

环节四：渗透模型思想。

问题 3：三人一组，用画图的方法怎样把握手的次数表示出来？

问题 4：对照你画的图说一说握手问题与黑板上的哪种搭配方法一样？

情境四：照相问题。

有 3 个同学，每 2 个同学坐成一排合影，有多少种坐法？

环节一：审清题目，理解题意。

问题 1：你知道了哪些信息和问题？

环节二：确定类型，说明想法。

问题 2：照相问题是哪种类型的搭配问题？需要考虑顺序吗？

问题 3：你能举个例子说明自己的想法吗？

环节三：独立完成，方法展示。

目的：感受照相问题与顺序有关，能用简单的符号表示出来。

3. 在开放问题中体会搭配问题与分类讨论在生活中的应用

情境五：硬币情境。

从 3 枚不同面额(分别是 1 角、5 角、1 元)的硬币中取硬币，每次取 2 枚，如何取呢？取出的硬币币值一共有多少种？

环节一：审清题目，理解题意。

问题 1：你知道了哪些信息和问题？“从 3 枚不同面额(分别是 1 角、5 角、1 元)的硬币中取硬币”是什么意思？

环节二：确定类型，说明想法。

问题 2：这是哪种类型的搭配问题？需要考虑顺序吗？

环节三：想法分享，分类讨论。

问题 3：老师手中有 3 枚硬币，请你来取硬币，如何取呢？取出的硬币币值是多少？

目的：体会搭配问题与分类讨论在生活中的应用。

4. 课堂小结

师：“今天这节课我们学习了什么？你有什么收获？在解决搭配问题时应注意什么？”

（四）板书设计

这节课的板书如图 4-16 所示。

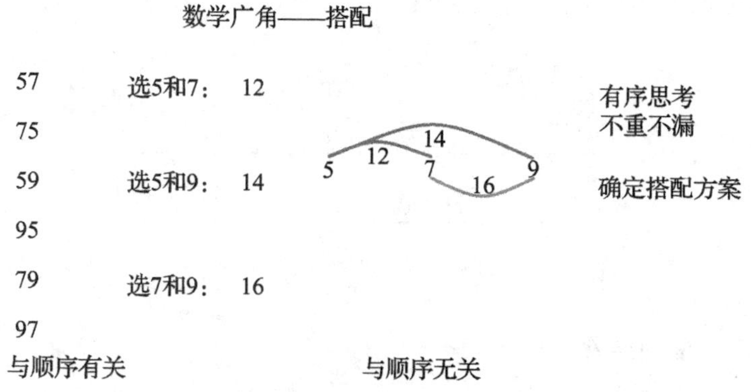

图 4-16　板书设计

（五）教学反思

数学教学究其本质是对学生数学思维能力的训练和培养，而对思维进行监控、调整、反思、优化的审辨思维，无疑应成为数学教师优先关注的一个重要方面。这就要求教师在教授重要知识点时，绝不能一味地追求教学进度，而应给予学生思考和消化的时间，重视过程多于结果，重视质量多于数量，不轻易告诉学生正确答案，让学生主动探索。在这节课上，教师在学生汇报时，把学生学习单展示出来，让学生直观地看到同伴的方法，同时，尽量让学生说，不代替学生说，培养学生的数学表达能力。在呈现学生出现的问题时，教师应鼓励学生评价，引导学生在互相学习、借鉴、反思中，对自我思维进行再思考，进一步探索搭配问题的解决策略与方法，感受有序、全面思考的价值。审辨思维是学好数学不可缺少的一种思维品质，在创新能力的培养中，审辨思维有着不可低估的作用。相信通过教师的长期努力，学生一定能真正做到博学、审问、慎思、明辨。

四、 一棵树一天可以释放多少氧气（数学实践活动）

（一）活动背景

参加本次实践活动的班级是五年级(6)班，每 4 人为一个小组。每个小组有分工、有合作，以文字、图片、视频等形式记录本组的研究过程。

整个研究经历了图 4-17 所示的过程。

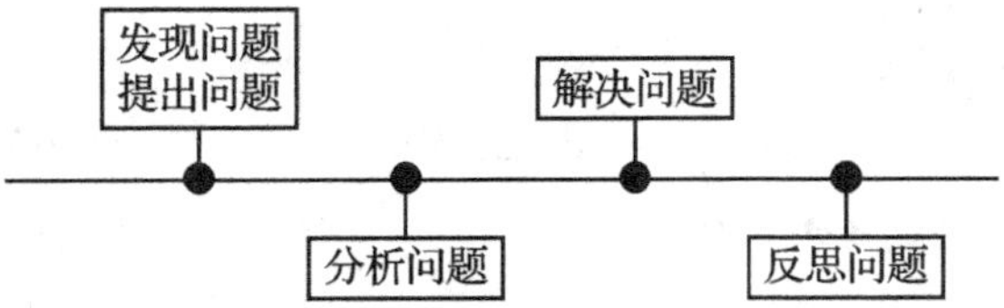

图 4-17 研究过程

（二）适用年级

五至六年级。

（三）教学目标与评价量规

1. 教学目标

在解决实际问题的过程中，培养学生发现和提出问题以及分析和解决问题的能力，通过质疑、讨论等方式提升学生的反思能力。

2. 评价量规

“一棵树一天可以释放多少氧气”审辨思维与问题解决能力评价量规见表 4-14。

表 4-14 “一棵树一天可以释放多少氧气”审辨思维与问题解决能力评价量规

评价目标	水平 1	水平 2	水平 3	水平 4	水平 5
审辨思维与问题解决能力	能够提出分析问题的策略与思路。	能够运用一定的方式和方法准确地分析问题。	能够在分析问题的基础上提出解决问题的方法。	能够在分析问题的基础上提出多样化的解决思路，或提出新的问题。	能够在分析问题的基础上提出多样化的解决思路，并评价、反思解决问题的过程或发现、提出新的有价值的问题。

（四）活动过程

1. 发现和提出问题

爱因斯坦在《物理学的进化》中指出：提出一个问题往往比解决一个

问题更重要。① 围绕"校园的树"这个主题，学生提出了很多可以研究的问题。教师引导学生对这些问题进行了分类和整理(图 4-18)。

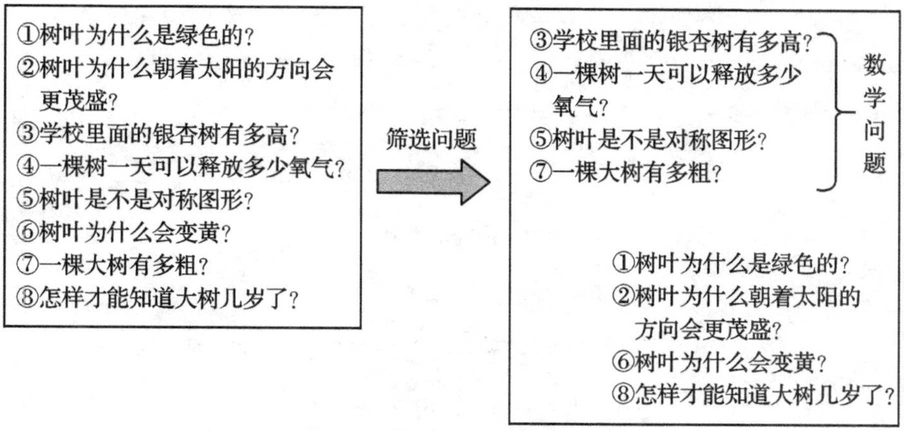

图 4-18　对问题分类和整理

在发现和提出问题环节，师生一共用了 2 课时来讨论。通过对问题的观察，学生认为应该先对问题进行分类，于是把这些问题分为了数学问题和非数学问题。在数学问题中，师生又选出了可以研究的数学问题，聚焦"一棵树一天可以释放多少氧气？"这个真实问题进行研究。聚焦问题时经历了"由大到小"的过程(图 4-19)。

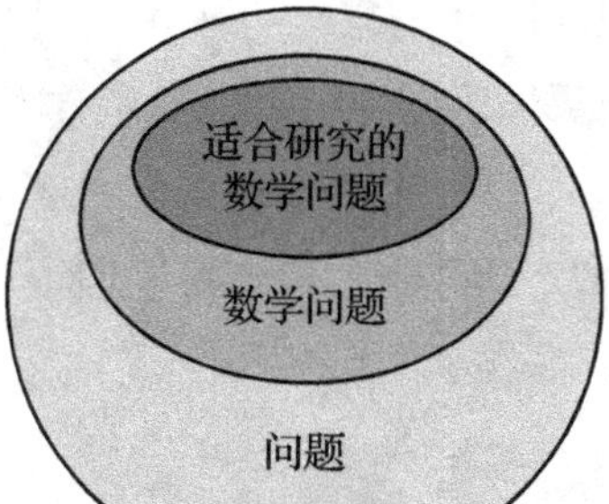

图 4-19　聚焦问题的过程

① ［德］爱因斯坦、［波］英费尔德：《物理学的进化》，周肇威译，66～67 页，长沙，湖南教育出版社，1999。

2. 分析问题

聚焦问题后，师生就要分析问题了。要想解决“一棵树一天可以释放多少氧气?”这个问题，要思考哪些小问题呢? 学生纷纷说出自己的想法。有的说和环境有关，有的说和树叶的数量有关，有的说和树叶的面积有关。教师把学生的想法一一写在了黑板上(图 4-20)。

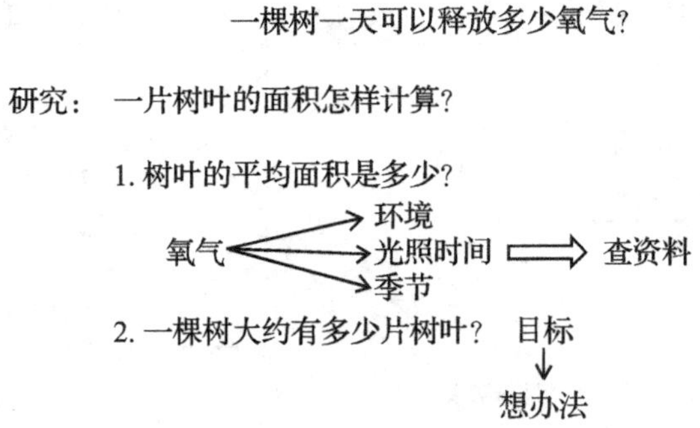

图 4-20　学生的想法

列举完问题后，教师引导学生对这些问题进行了分析。学生在四年级的科学课上学习过大树释放氧气是和树叶有关的。所以，学生要想办法解决“一棵树大约有多少片树叶?”的问题。树上的树叶是大大小小不一样的，所以要求出“树叶的平均面积”。怎么才能求出树叶的平均面积呢? 可以分大、中、小面积的树叶来采样，求出树叶的平均面积。通过这样的分析，要解决的问题更加明朗了。此时，有学生提出，要解决“树叶的平均面积”问题必须先解决“一片树叶的面积是多少?”这个问题。通过讨论，最后聚焦到了两个核心问题上，一是“一棵树大约有多少片树叶?”，二是“一片树叶的面积是多少?”。

3. 解决问题

问题 1：一棵树大约有多少片树叶?

“一棵树上有那么多树叶，怎么数啊?”这是学生面临的一个实际问题。当然不能一片一片地数了，那怎么办呢? 要想数树叶得有目标，于是每个小组在校园内找到了本组要研究的目标树，然后制定方案，并把方法和想法记录下来。

问题 2：一片树叶的面积是多少？

学生分组解决了第一个问题后，进入了对第二个问题的研究。“怎么才能求出一片树叶的面积呢？面对这个问题，你有哪些困难？”课上学生说出了自己的想法。总体来说有两个困难。一是树叶的边是弯的，二是不规则图形的面积怎么求。怎样才能解决这些问题呢？学生当然有自己的办法，他们首先把树叶形状描出来(图 4-21)，把实际问题转化成数学问题。

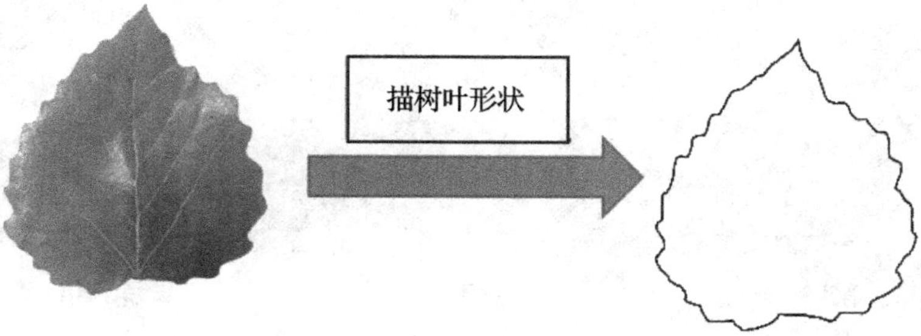

图 4-21　描树叶形状

由于各组学生的思维路径不同，学生解决这个问题的方法也不同。其主要分为以下三种情况。

(1)方格法(图 4-22)

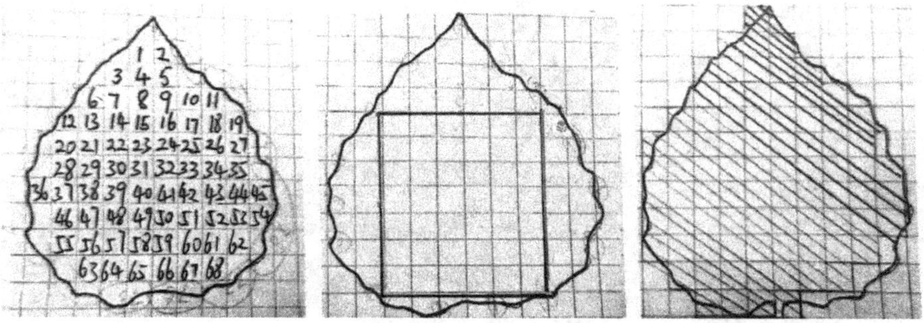

第一组　　第二组　　第三组

图 4-22　方格法

以上 3 组都运用数方格的方法，第一组先把整格数了出来，并且标注了序号。数半格时，他们组用的是“拼凑”的方法，把几个半格凑成一个整格。第二组与第一组不同的是，数整格时，他们先画出一个长方形，然后求出面积，再加上剩余整格和半格拼凑后的面积就可以计算出树叶面积了。第三组在数半格时运用了“四舍五入”法，多半格的按照 1 个格计算，不足半格的忽略不计。这种方法一般用在计算中求近似值，而在这里已经形成一种解决问题的策略，运用得恰到好处。

(2)看成近似图形(图 4-23)

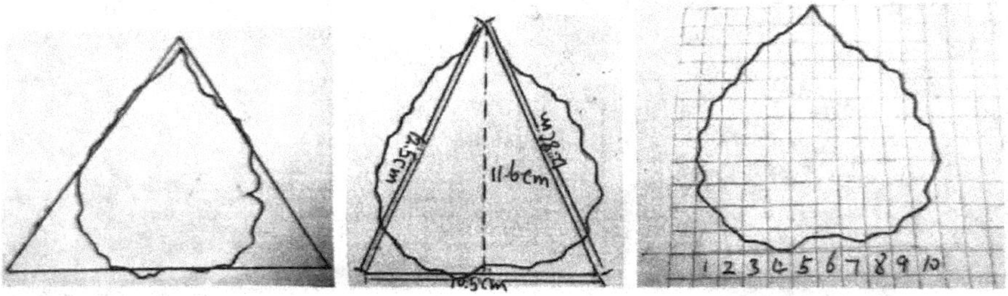

第四组　　第五组　　第六组

图 4-23　看成近似图形

这 3 组都是把树叶看成三角形，因为这种树叶的外形最接近三角形。但是把三角形画在哪里最接近树叶的实际面积呢？第四组是沿着树叶的轮廓画了一个三角形。显然这个三角形的面积大于树叶面积。第五组树叶的面积显然大于三角形的面积，三角形画在这个位置也不是很合适。第六组的三角形最后没有画出来。课上教师仔细观察了这个组，他们反复画了几次又都擦掉了。这个组的学生一直在思考把三角形画在哪里最接近树叶的实际面积。学生在思考的过程中不断调整三角形的位置，想更加准确地计算出实际面积。这是以往的数学课不可能遇到的问题，只有在实践操作过程中才会遇到。也许这正是综合实践课的魅力所在，是以往的数学课不能替代的。

(3)分割法(图 4-24)

这 3 个组的学生运用的是分割法，把不规则图形分割成规则图形。第七组学生刚开始是画了一个三角形，但又发现左右两个角多算面积了，要减去两个小三角形的面积。接着又发现上面少算了一些面积，所以又画出两个钝角三角形，把面积加上。通过整个思考过程，可以看出学生对于自己的思考不断加以完善，他们想使求出的结果更接近实际面积。

第八组画出了两个梯形求和。第九组学生阐述了他们的思考过程，先在中间画出一个长方形，然后不断往里面填补正方形和三角形……这样这些图形的面积就越来越接近树叶的实际面积了。其中渗透了极限的思想。

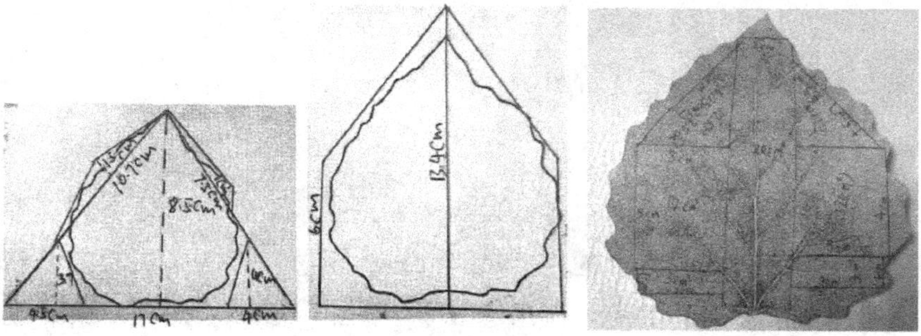

第七组　　第八组　　第九组

图 4-24　分割法

求一片树叶的面积是多少？这样的问题，也许在以往的数学课上不用这样麻烦。但是当问题放到了综合实践活动中，学生自己提出问题，自己想办法解决，这似乎更贴近学生的思维。本次活动为学生解决这一类问题积累了经验和方法，打开了学生思维的一扇窗。

（五）评价与反思

以“一棵树一天可以释放多少氧气？”为载体，深入挖掘问题的各个侧面，充分利用每个可利用的因素，让学生在问题解决过程中获得情感、认知、思维、能力的全面发展。

在情感上，真实的问题，培养了学生对数学学习的兴趣，使其认识到数学知识是很有用的，增强学生解决问题的自信心和意志力。在认知上，学生初步体验到数学与生活的联系及其广泛的应用价值，体验到数学各部分之间的联系，体验到数学的美和趣味性，增强了环境保护的意识。在思维上，学生体验了思考问题的过程，探究了解决问题的基本方法。通过对图形的观察和摆拼，学生培养了空间感受和空间思维，促进逻辑思维和形象思维的发展，增强探究精神和创新意识。在能力上，学生培养了语言表达能力、观察比较能力、动手操作能力、团结协作能力、审辨思维能力、分析和解决问题的能力以及对策选择、评价、调控的能力等。

五、 物体巧装箱（数学学科）

（一）教学内容

人教版小学《数学》五年级下册第三单元练习课。

（二）教学目标与评价量规

1. 教学目标

进一步深入理解体积和容积，能够利用所学长(正)方体体积、容积的知识灵活地解决生活中的物体装箱问题；通过完成不同层次的装箱问题，在观察、思考、归纳和应用等数学活动中，进一步培养观察、推理能力，发展空间观念；体会数学与生活的联系，感受数学知识的价值，体验探索的乐趣，在解决问题的过程中培养提问、反思、评价的审辨思维能力。

2. 教学重、难点

教学重点：利用长(正)方体的数学知识解决实际问题。

教学难点：能根据实际情境选择合适的策略解决问题，具体问题具体分析。

3. 评价量规

“物体巧装箱”审辨思维与问题解决能力评价量规见表 4-8。

（三）教学过程

1. 创设情境，提出问题

星星首饰行的老板委托快递员快递了一个装满首饰(放在首饰盒里)的包装箱。顾客收货后一共是 120 盒，老板却说一共快递了 121 盒。请你帮忙判断一下，如图 4-25 所示的包装箱能装下 121 盒首饰吗？

生 1：“用包装箱的体积除以首饰盒的体积，结果是 121。但是长、宽、高会有误差，所以会有空隙，可能装不下 121 盒，是 120 盒。直接除是 121，考虑误差可能装不下，所以都有可能。”

师：“你是从这样一个角度看的。其他同学也是这么想的吗？”

图 4-25　包装箱情境

生 2：“没有数据的情况下只能这么判断。”

师：“没有数据不好说？都同意这个观点吗？”

学生纷纷点头。

师：“好的，现在给出你们所需的数据。现在能判断了吗？”(图 4-26)

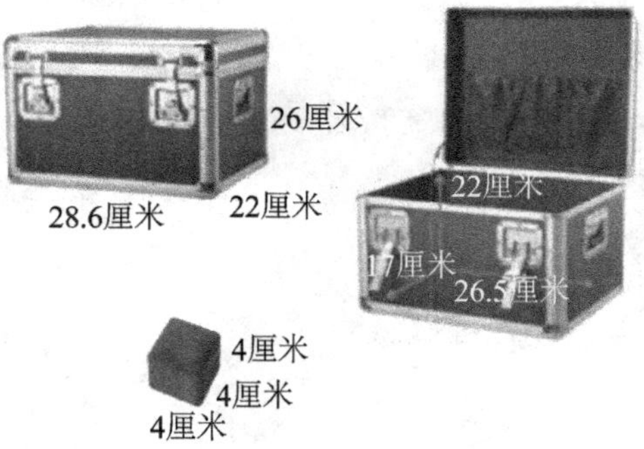

图 4-26　带数据的包装箱情境

(1)给出包装箱和首饰盒尺寸

首饰盒尺寸：4 厘米×4 厘米×4 厘米。

包装箱尺寸：

外部：28.6 厘米×22 厘米×26 厘米。

内部：26.5 厘米×17 厘米×22 厘米。

(2)做出自己的判断，并把判断依据写在任务单 1 上

设计意图：通过故事情境激发兴趣，引出问题。

2. 交流讨论，质疑探究

生 1：“我用第一个算式算出包装箱的容积是 9911 立方厘米，然后除

以单个首饰盒的体积，也就是 4 的 3 次方，得数是 154，所以我觉得能装下 121 个(图 4-27)。”

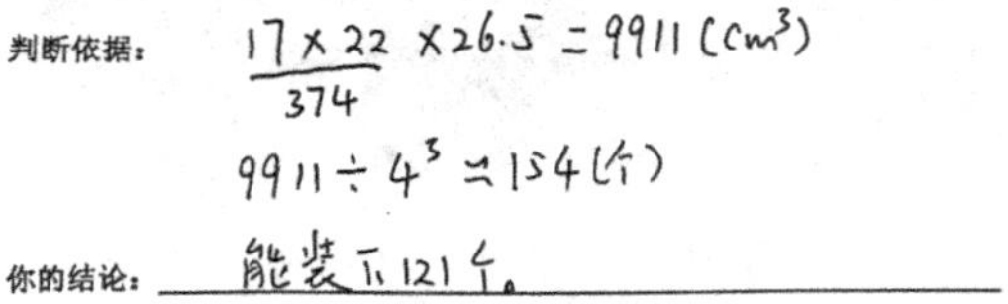

图 4-27　学生的方法 1

师：“听起来很有道理，包装箱的容积是 9911 立方厘米，单个首饰盒的体积是 64 立方厘米，能放 154 个，所以能装下 121 个。我刚才看到有不同意见的同学，现在我们一起来听听他的想法。”

生 2：“我的想法是，先把包装箱的所有边长除以 4，因为首饰盒的边长是 4 厘米，所以除以 4 得出几行、几列和几层。长除以 4 约等于 6，能摆 6 行；宽除以 4 约等于 5，是 5 层；高除以 4 约等于 4，是 4 列，将它们都乘起来，就是一共能摆的个数 120 个。120 个就是箱子实际能摆的首饰盒数(图 4-28)。”

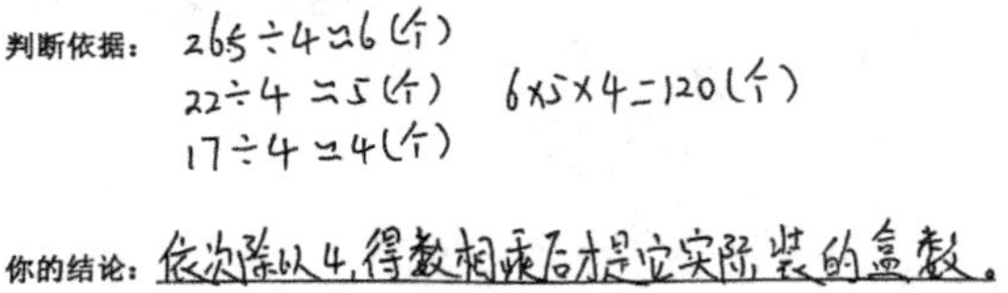

图 4-28　学生的方法 2

师：“这位同学是从这个角度解释的，听明白了吗？”

学生点头。

师：“我有一个疑问：这两个方法听起来都挺有道理的，哪个结论正确呢？”

生 3：“这道题可以用数据来解决。第二个同学的方法是看可以摆几行、几列、几层。我们可以这样看，用高除以 4 还余 1 厘米，这就意味着摆满后还有一点空隙，而刚刚第一位同学的算法是把首饰盒切开，把切碎了的部分塞在空隙中。包装箱装 120 个首饰盒后的空隙是 2231 立方厘米。但是为了首饰的完整性，首饰盒是不能切开的，所以说这里会有不能利用的空间。因此，第一位同学算的是理论最大值，而现在我们说的是现实最大值。”

学生齐鼓掌。

师：“看来大家都听明白他说的了，说得可真好。还有要补充的吗？”

生：“没有了，他刚刚都说了。”

师：“得 154，结论是能装下 121 个的同学，你们能来说说，刚才你们的求法问题出在哪里了吗？”

生 4：“我刚刚的方法是把余下的空隙拼凑起来，又去装首饰盒了，所以错了。”

师：“意识到自己错了，特别棒。那你对比错误的和正确的，从中得到了什么经验？”

生 4：“我知道了遇到这种问题，应该分开考虑。要分别用大的的长、宽、高除以小的的长、宽、高，才能得出正确的结论。”

师：“这样做的目的是什么？”

生 4：“空隙不能算。”

设计意图：结合故事情境，让学生初次感悟因为物体形状不能改变，所以最多能盛放的数量并不是体积的商，而是每条棱能够实际存放的物体个数的积。同时，因为包装箱有厚度，盛放物体时应考虑内径尺寸。在这个过程中，培养学生突破思维定式的反思能力。

3. 批判反思，归纳策略

师：“我们继续来研究‘物体巧装箱’问题。”

(1)初步感受“方中装长”

在一个内径长为 90 厘米的正方体纸箱中，最多可以装多少个长、宽、高分别是 25 厘米、20 厘米、15 厘米的包装盒。请你画一画，算一算(图 4-29)。

①请你闭上眼睛想一想，应该如何摆放。

②请小组讨论你们的想法，合作探究，在任务单 2 上画一画、算一算。

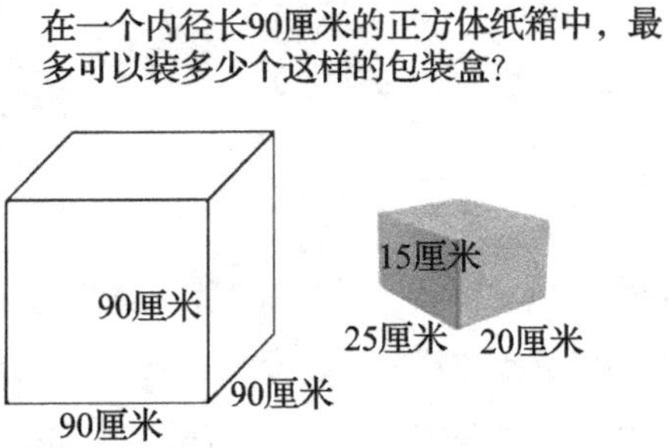

图 4-29　纸箱情境

③在这个过程中，你收获了什么经验？

师：“请将你的想法和小组成员交流一下，统一一个方案。在任务单2上画一画、算一算最多能装多少个。如果在画的过程中感到困难，可以借助老师提供的小锦囊——信封。请在小组交流中做到轻声、轮流和倾听。”

师：“在大家研究的过程中，我观察到各组都在特别认真地思考，现在分别请几个小组汇报。请大家先倾听，如果有要补充的，等每个小组汇报完我们再补充。让我们先看看第一组同学的成果，请上来说说。”

第一组：

生1：“我们运用的是平面图(图 4-30)。”

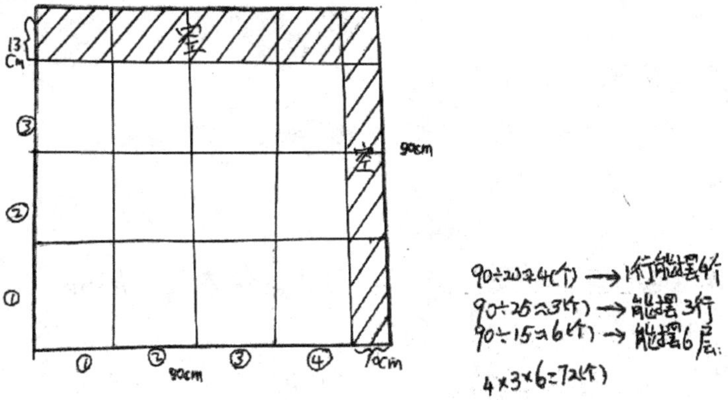

图 4-30　第一组学生作品

生 2：“90÷20≈4，一行能摆 4 个。”

生 3：“90÷25≈3，能摆 3 行。”

生 4：“90÷15=6，在箱子里可以摆 6 层。”

生 1：“我们最后把 4 个、3 行和 6 层这三个数相乘，就是 4×3×6=72。我们组认为能摆 72 个。”

师：“听清楚他们组的观点了吗？有需要补充的吗？”

生 5：“虽然高不能变，但是长和宽可以变。这样一变化，空隙就能少，我们组算出了 96 个。”

部分学生点头同意。

师：“还能调换位置。现在我们就来看看调换位置的，有请第二组同学。”

第二组：

生 1：“我们是借助信封中的小方块来完成这道题的(图 4-31)。”

图 4-31　第二组学生作品

生 2：“我们觉得应该先固定边长。大家请看，纸箱的边长都是 90 厘米，也就是说如果摆包装盒的长边(25 厘米)的话一行可以摆 3 个，余下 15 厘米。包装盒的宽是 20 厘米，一行可以摆 4 个，剩下 10 厘米。”

生 3：“为了节省空间，摆放更多的包装盒，我们觉得可以挪换长和宽摆放更多的包装盒，就像刚才那位同学说的。我们觉得先固定摆一行和一列以后，第二行可以摆宽边，摆 3 个。第三行第一个摆长边，剩下的就是 90-50=40，正好可以摆 2 个宽为 20 厘米的包装盒，上面再摆两个包装盒。因为边上没法再摆了，所以我们得出的结论是一层能摆 14 个，乘以 6 是 84 个。”

师：“非常好，在 72 的基础上有改进。我看到有一组同学坐不住了，请你们先回座位，我们请第三组同学。”

第三组：

生 1：“我先介绍下，这两位同学负责算，我负责摆。我们算出的最大值不会超出 97 个。思考过程如下：我们先横着摆，发现空着一块，我们就考虑竖着摆，这样也空着一块。我们就考虑先横着摆 2 个，再竖着摆 2 个。”

生 2：“我们想横着摆 2 个，竖着摆 2 个，这样摆完一排，在摆下一排的时候依然可以横着摆 2 个，竖着摆 2 个。转完一圈之后，就是图中(图 4-32)这样。”

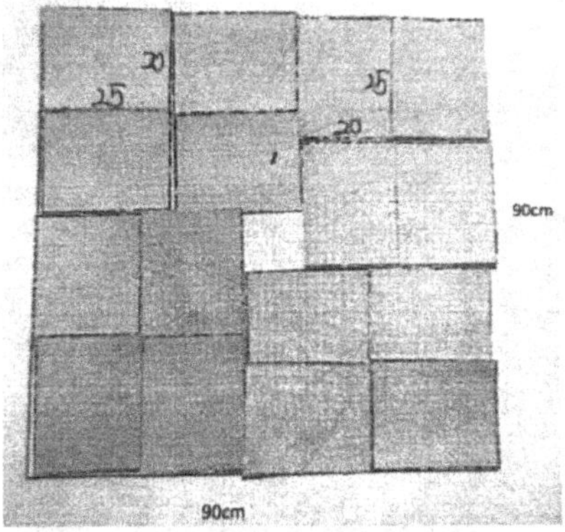

图 4-32　第三组学生作品

生 3：“我列了个算式，90÷15＝6(个)，每个包装盒的高是 15 厘米，刚好是 6 层。一层是 16 个，6 层，最后是 96 个。”

师：“这次听明白了吗？还有要补充的吗？”

生 4：“我们算出了理论最大值，纸箱体积除以包装盒体积约等于 97，刚才这组也说了，肯定不会超过 97 个。”

生 5：“我们也是摆出了这样的图，中间的空隙是 10 厘米×10 厘米×90 厘米，约等于一个包装盒的体积。”

生 6：“就像我们刚才摆首饰盒的方法，中间空的部分就是一个长方体。”

师：“你可以借助实物来解释。”

生 6：“中间空的部分就像一个桶，如果把包装盒切成 1 立方厘米的小正方体，可以放一个包装盒，还余下 1500 立方厘米，也就是长和宽都是 10 厘米、高为 15 厘米的长方体。”

生 7：“老师，刚才我们摆完剩下的面积就是平面图中余下的小正方形的面积。”

师：“看来这次大家都清楚了，最多是多少个？”

学生齐答 96 个。

师：“我们刚刚又操作了一次，上来了三个组，展现了三个不同的思考过程。在这次探索的过程中，你有什么新的收获？”

生 8：“我认为要想摆满，不一定要沿一个方向去摆，可以横竖穿插着去摆，让剩余空隙最小。这样在平面上面积就最大，再让平面面积乘以最多层数就是整体最大的。但是千万不能直接用大体积除以小体积，这样得到的理论最大值不是实际的，要用实际最大值来求究竟能放多少个。”

师板书：“空隙最小、方向不单一、实际最大值。”

生 9：“我们在这里是要求大正方体能装多少个这样的包装盒，而不是容积和体积，所以要求实际最大值而不是大容积除以小体积，那样得到的数值是不准确的。”

生 10：“解这样的题，要先思考怎样能把所有的棱摆满或几乎摆满，让剩下的空隙小到不能再小，不能先只摆一条棱，再去考虑另外的棱，那样就会让有的空隙填不满，达不到最大值。”

师：“看起来大家有很多收获，现在就请你们带着自己的心得来看下一个问题。”

设计意图：引导学生通过自己的设计，感受摆放方法并不单一，培养创造性思维和批判性思维。在画图分析时，因为不用考虑层高问题，所以平面图和立体图都能表达思想，让学生根据自身情况选择。同时，让学生再次对理论最大值和实际最大值有新的认识。

(2)长中装长，拓展提升

在一个长2米、宽1.8米、高1.6米的货车车厢中，最多可以放多少个图4-33所示的纸箱。

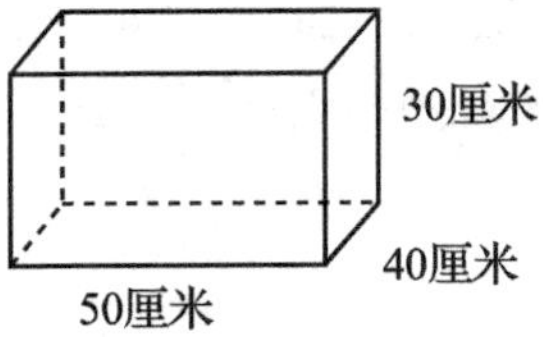

图4-33　货车情境中的纸箱

活动要求：请你思考如何摆放，算出最多的个数，将过程写在任务单3上并总结方法。

师："我看这次大家都解决得特别快，没有画图，仅仅是想了一下就算出来了。我找到了最先完成的同学，请他上来说一说，为什么这么快就解决了问题。"

生1："在这道题中我们可以看到，因为单位不统一，所以先统一单位。2米=200厘米，1.8米=180厘米，1.6米=160厘米。然后我们看一下这3个数，可以发现200是40和50的倍数，180是30的倍数，160是40的倍数。综合考虑，我们只能让1.6米对应宽，用40厘米填满，然后让1.8米对应高，用30厘米填满，让2米对应长，用50厘米填满。最终可以发现200÷50=4，180÷30=6，160÷40=4，把这三个数据乘起来，最终就是4×6×4=96(个)(图4-34)。"

师："非常好，这次还有补充吗?"

生2："没有。"

设计意图：让学生在操作中感受到摆放长方体物体时，可以改变小物体的摆放方向，但方法并不唯一。当没有方向要求时，按照剩余最小的情况去摆放，以达到摆放数量最多的目的。

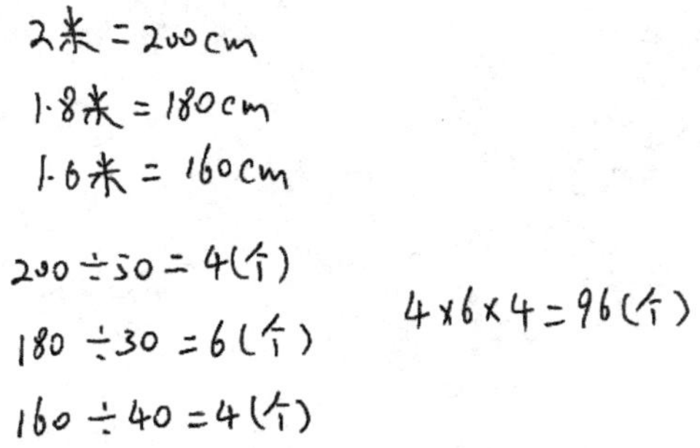

图 4-34 货车情境的学生解法

4. 回顾过程，反思评价

师：“时间过得很快，这节课马上就要结束了。哪位同学能来说说这节课你有什么收获？你有什么想和大家分享的？”

生 1：“通过这节课，我的收获是解决问题不能局限于一种思维，可以多方面思考。比如任务单上的题，可以横着摆，也可以竖着摆，还可以横竖交叉着摆，所以需要考虑多方面，这样可以更全面。”

师：“要多角度思考。”

生 2：“我觉得，要多方面思考，将理论最大值算出来，再算出实际最大值，这样不会超出理论最大值，会有范围。”

生 3：“关于数学方面，我今天学到了巧装箱问题有空隙最小、方向不单一、实际最大值这三个特点。还有在生活中思考问题要多方面思考，不要单一化，不要过于死板。”

生 4：“数学是很厉害的，解决问题先要读懂题目意思，看清要求，然后要让空隙最小，达到极限，方向不单一，多个方面有很多因素考虑。”

师：“说得真好。生活中有很多问题，看似和数学不相关，如果我们用数学的眼光去发现问题，用数学的思维去思考问题，像大家说的多角度去探究问题，结果有时和开始的预期并不一样。在解决问题时我们要学会反思，慎重地得出结论。生活中还有很多这样的问题，今天时间有限，就先讨论到这儿，之后我们可以再讨论。”

第五章

小学生创新能力评价与培养

创新是一个民族进步的灵魂，是一个国家兴旺发达的不竭动力，也是中华民族最深沉的民族禀赋。在激烈的国际竞争中，惟创新者进，惟创新者强，惟创新者胜。

——习近平，2013[1]

---

① 习近平：《在欧美同学会成立100周年庆祝大会上的讲话》，载《人民日报》，2013-10-22。

第一节　小学生创新能力的内涵与评价标准

一、 创新能力内涵界定

21 世纪要求我们培养思考者的一代。无论是对人类个体与整个社会的发展，还是对国家之间的竞争和民族存续，创新都至关重要。对于“创造”和“创新”两个词，其概念内涵有一定的区别，但又有很多共同之处。本书不对这两个词进行概念的区分，统一使用“创新能力”，在引用相关文献时也将两个词视为同义词使用。

美国 21 世纪学习联盟提出的 4C 模型中将“创新”作为重要素养之一，学生应该能够广泛使用各种想法进行创新，能够创造全新的、有价值的观念，能够阐述、提炼、分析和评估自己的观念，能够在工作中展示原创和独创性，理解现实世界在采纳新想法时的限制，等等。① 我国发布的 5C 模型中指出：创新是人类文明进步与社会发展的根本动力，创新被普遍认为是 21 世纪人才的关键特征，培养学生的创新素养是基础教育阶段的重要目标。一个具有创新素养的个体，能够利用相关信息和资源，产生新颖且有价值的观点、方案、产品等成果。②

布拉德・霍坎森教授指出，创新不等于只依靠个人力量，创新也不只是有不同的想法，“创新能力不会从脑子里蹦出来，而是个人在后天的能力发展和团队合作中，与社会文化环境互动的结果”，“创新能力是新颖性和实用性的统一”。③ 林崇德认为，创造力是根据一定目的，运用一切已知信息，产生出某种新颖、独特、有社会价值或个人价值的产品的

① [美]苏・贝尔兹：《如何培养 21 世纪技能：教学策略与学习工具》，李夏译，5 页，北京，北京大学出版社，2016。

② 甘秋玲、白新文、刘坚等：《创新素养：21 世纪核心素养 5C 模型之三》，载《华东师范大学学报(教育科学版)》，2020(2)。

③ 翟雪松、束永红：《创新能力的内涵、测量与培养：访美国教育传播与技术协会前主席布拉德・霍坎森教授》，载《开放教育研究》，2018(5)。

智力品质。① 这里的产品是指以某种形式存在的思维成果，它既可以是一种新概念、新设想、新理论，也可以是一项新技术、新工艺、新产品。

尽管众多研究者对“创造力”或“创新能力”概念与内涵的界定并不完全一致，但几乎所有的关于创造力的定义都包含了“新颖”和“有价值”这两个要素。② 有学者按照由低到高的层次，将创造力依次分为微 C(Mini-C)、小 C(Little-C)、专业 C(Professional-C)和大 C(Big-C)。微 C 是指个体在学习过程中对经历、活动等进行的有意义的解释；小 C 是指在日常生活中表现出来的解决问题的能力及相关的创造力；专业 C 是指具有某种专业或职业素养的人所展现出来的创造力；大 C 则是指卓越的创造力，如爱因斯坦等科学家所展现出的创造力。③ 甘秋玲等人研究的“创新素养”重点聚焦在微 C 和小 C 层次。米哈里 · 希斯赞特米哈伊为厘清“创造力”应用的范围，区分了三种能够被合理地称为创造力的现象。第一种应用经常出现在平常的对话中，指能表达出不同寻常想法的人；第二种应用是指以新奇或独特的方式体验这个世界的人，这类人的感知非常新颖，判断富有洞察力，他们也许会做出只有他们自己才知道的重要发现；第三种应用指的是像达 · 芬奇、爱迪生、毕加索或爱因斯坦这样改变了文化中某个重要领域的人。④ 米哈里本人的研究侧重于第三类，实际上也是前述提到的大 C 层次。

以上对“创造力”或“创新能力”的研究并没有明确区分不同年龄阶段。我们在基础教育领域培养学生创造力时应该关注哪些层面和维度，是将“创新能力”培养落实于学校教育和课堂教学需要思考的关键问题。

小学生的创新能力主要体现在问题解决过程中，因此，我们将小学生创新能力界定为：能够用多种方式解决问题，在整合别人观点的基础

---

① 林崇德：《创新人才与教育创新研究》，前言 2 页，北京，经济科学出版社，2009。

② 甘秋玲、白新文、刘坚等：《创新素养：21 世纪核心素养 5C 模型之三》，载《华东师范大学学报(教育科学版)》，2020(2)。

③ 甘秋玲、白新文、刘坚等：《创新素养：21 世纪核心素养 5C 模型之三》，载《华东师范大学学报(教育科学版)》，2020(2)。

④ [美]米哈里 · 希斯赞特米哈伊：《创造力：心流与创新心理学》，黄珏苹译，24 页，杭州，浙江人民出版社，2015。

上提出新颖的策略并付诸行动。

二、创新能力的评价指标构建

综合各类文献及对小学教师的调研与深入访谈，本书将小学生创新能力的评价指标确定为多样、行动、新颖、整合四个方面。

多样：托兰斯借用吉尔福特的发散性思维理论，将创造性思维细分为流畅度、灵活性、原创性、精细度四个范畴。① 其中流畅度指的是思维畅通少阻、反应迅速，能在短时间内表达较多的概念。在小学阶段，能够从多个角度、多个方面或者运用多种方式方法表达自己的观点和思维过程是体现思维流畅度的重要方面。例如，在小学数学教学中，学生能够通过操作学具、画图、语言表达、列式计算等多样化的方式来表达自己的想法和思考过程。

行动：在米哈里对创造力应用范围的划分中，第一种应用指能表达出不同寻常想法的人。我们认为，只有想法却不展示、不行动，则没有应用价值。这里对“行动”的界定包括两个方面：一方面，指的是能够用语言或行为表达出自己的创新性想法；另一方面，指的是新想法具有实用性，并能够付诸实施。在小学阶段，对低年级学生可以要求其表达出自己的观点，对于高年级学生可以鼓励他们进一步将自己的想法付诸实践，如做小创客，设计出相应的产品。

新颖：新颖是众多研究者的观点中达成共识的创新能力的重要维度。思维具有新颖性意味着思考的过程、方法、路径、结果等方面有着与众不同之处，具有创造性和开拓性意义，而不仅仅是人云亦云的模仿。新颖性还体现在全新的、巧妙的审视角度中，新的视角帮助我们获得新的发现和突破。可以说，新颖性是创新能力的“灵魂”。

整合：正如霍坎森教授指出的那样，创新能力是个人在后天的能力发展和团队合作中与社会文化环境互动的结果。创新能力培养需要具备整合各类观点，在与他人互动的过程中发现新的路径、方法和思路的能力，即既能够恰当地归纳整理，又能够在此基础上生成新事物，较为典

① 甘秋玲、白新文、刘坚等：《创新素养：21 世纪核心素养 5C 模型之三》，载《华东师范大学学报(教育科学版)》，2020(2)。

型的是在做科学研究的过程中，前期所做的文献梳理工作。文献综述既是整合前人已有的研究，也是为了在前人研究基础上发现和提出新问题。

三、创新能力的学段目标与评价标准制定

创造或创新能力是高阶思维能力，在小学阶段，不好界定更不好评价和培养。根据我们归纳的多样、行动、新颖、整合四个指标，我们可以为不同年级学生设定不同的评价标准，从能够多种形式、多种方法地展示自己的观点开始，逐渐到能够整合他人观点提出有创意的新观点。如果教师能够明确各个年级(学段)的要求，对小学生创新能力的培养目标会更加清晰。对于 4 个指标，根据不同年级学生年龄特点，侧重评价与培养的要点见表 5-1。

表 5-1　创新能力评价指标

评价指标	一至二年级	三至四年级	五至六年级
多样	※	※	※
行动	※	※	※
新颖		※	※
整合			※

根据上表，在创新能力方面，一至二年级学生侧重发展多样、行动两个指标；三至四年级学生增加新颖指标；五至六年级学生则需要兼顾到多样、行动、新颖、整合四个指标。

由此，小学生创新能力评价标准见表 5-2。

表 5-2　小学生创新能力评价标准

评价目标	水平 1	水平 2	水平 3	水平 4	水平 5
创新能力	尝试着用多种方式解决问题。	能够用多种方式解决问题。	能够用多种方式解决问题并展示自己的观点。	能够用多种方式解决问题并展示自己的观点，能够提出新颖的策略、方法或思考路径。	能够用多种方式解决问题并展示自己的观点，能够整合别人的观点提出新颖的策略、方法或思考路径，把自己的结论或想法付诸实践，如制作出相应的产品。

根据上述要求和小学生创新能力发展水平，不同年级学生在创新能力各指标上要达到的表现性标准见表 5-3。

表 5-3　不同年级学生创新能力表现性标准

评价指标	一至二年级	三至四年级	五至六年级
多样	尝试用多种方式解决问题。	能够用多种方式解决问题。	能够用多种方式解决问题并建立不同方式之间的联系。
行动	能够将自己的想法展示出来。	能够将自己的想法用不同的形式展示出来。	能够将自己的想法用不同的形式展示出来并付诸实践。
新颖	/	能够提出与众不同的想法或观点。	能够提出与众不同的想法或观点，且考虑到这一观点的实用性。
整合	/	/	能够归纳整合不同人的观点，在此基础上提出与众不同的想法或观点，且考虑到这一观点的实用性。

创新能力的界定容易走向笼统，但是没有具体指标则不好落实于教育教学中。我们用 4 个指标分解创新能力，并进行了年级标准的划分。但由于创新能力在不同学生身上会表现出巨大差异，因此，在低年龄段也要关注到高水平创新能力表现，以便有针对性地进行指导。

第二节　小学生创新能力评价任务设计

本节设计了 6 个小学生创新能力评价任务，具体内容见表 5-4。

表 5-4　创新能力评价任务表

序号	评价任务	适用年级	任务设计者
1	我爱冰雪运动——毛根设计与制作	一至二年级	胡剑侠
2	制作直升机模型	一至二年级	陈曦
3	蝴蝶模型 3D 打印	三至四年级	闻竹
4	除数是两位数的除法	四年级	邓晶
5	纸的用途	五至六年级	闻竹
6	校园环境设计	五至六年级	白雪

一、 我爱冰雪运动——毛根设计与制作

（一）任务描述

2022年冬奥会在北京召开，在学校调研发现，100％的学生知道2～3个冰雪运动项目、55％的学生知道3个以上冰雪运动项目。评价任务是让学生用毛根(一种手工材料)创意制作一个“我最喜爱的冰雪运动项目”。本任务的目的是作为冰雪运动项目校园宣传大使把作品展示给同学、老师、家长看，还要送给社区的敬老院和幼儿园，让更多的人来了解冰雪运动。制作前教师用课件展示15个冰雪运动项目并组织讨论各运动项目的特点。

（二）适用年级

一至二年级。

（三）评价目标

创新能力。

（四）评价量规

“我爱冰雪运动——毛根设计与制作”创新能力评价量规见表5-5。

表5-5 “我爱冰雪运动——毛根设计与制作”创新能力评价量规

评价目标	水平1	水平2	水平3	水平4	水平5
创新能力	能够试着用毛根展示某个冰雪运动项目的特点。	能够用毛根展示某个冰雪运动项目的特点。例如：用毛根制作一个冰球或冰球工具。	能够用毛根展示某个冰雪运动项目的特点，并涉及多个要素。例如：同时制作了冰球、冰球工具、冰球场地或冰球运动员等。	能够用毛根展示某个冰雪运动项目的特点，并涉及多个要素。例如：同时制作了冰球、冰球工具、冰球场地或冰球运动员等，呈现出设计思路或作品与众不同的创意。	能够用毛根展示某个冰雪运动项目的特点，并涉及多个要素。例如：同时制作了冰球、冰球工具、冰球场地或冰球运动员等，呈现出与众不同的创意，能够考虑到作品的实用价值，如便于展览、便于移动等。

（五）使用建议

使用本任务在二年级进行了评价，它也可以用于一年级学生。用于一年级学生时，需要给予更多的支撑。例如，当学生选定某个冰雪运动项目时，可以为其提供该项目的相应图片以便于他们更好地观察和理解项目特点。在评价时要注意，本任务评价的重点不是学生的手工制作能力，而是创新能力，因此，要避免只用“形象”“美观”这样的标准去评价学生作品。

二、 制作直升机模型

（一）任务描述

教师提供给学生不同类型直升机的相关资料，包括图画和文字。学生可以自行选择想制作的直升机类型和样式。教师给学生提供各种废旧物品，包括矿泉水瓶、纸箱、纸卷、瓶盖等。4 人一组合作利用废旧物品制作一架结构完整、有特点的直升机模型。学生可以先商量着画出设计图再进行制作。

（二）适用年级

一至二年级。

（三）评价目标

创新能力。

（四）评价量规

“制作直升机模型”创新能力评价量规见表 5-6。

表 5-6 “制作直升机模型”创新能力评价量规

评价目标	水平 1	水平 2	水平 3	水平 4	水平 5
创新能力	能够试着用选定的废旧物品制作选定的直升机模型。	能够用选定的废旧物品制作直升机模型，能够体现出想制作的直	能够用选定的废旧物品制作直升机模型，能够体现出想制作的直升机模型的特点。在制作创意和	能够用选定的废旧物品制作直升机模型，能够体现出想制作的直升机模型的特点。在制作创意和	能够用选定的废旧物品制作直升机模型，能够体现出想制作的直升机模型的特点。在制作创意和材料选择上都

续表

评价目标	水平 1	水平 2	水平 3	水平 4	水平 5
		升机模型的特点。	材料选择上至少有一个方面有新颖性。	材料选择上都有一定的新颖性。	有一定的新颖性。在制作时考虑到直升机的实用性，而不仅仅是外形像直升机，如轮子能否转动等。

（五）使用建议

直升机模型制作较为复杂。在低年级学生中实施这一评价任务时，要注意剪子等器具的使用安全。需要提前向学生交代评价的标准不仅仅是美观、漂亮、形象，更重要的是要在创意和材料的选用上具有一定的新颖性，同时还要具备实用性。交代清楚评价标准有助于不同层次的学生有更为丰富的表现。

三、 蝴蝶模型 3D 打印

（一）任务描述

在学习 3D 打印基本技法的基础上，运用定型法制作蝴蝶模型，并设计成送给同学的礼物。制作中需考虑：什么样的图形适合 3D 打印笔？怎样设计礼物方便赠送和携带？

（二）适用年级

三至四年级。

（三）评价目标

创新能力。

（四）评价量规

“蝴蝶模型 3D 打印”创新能力评价量规见表 5-7。

表 5-7 “蝴蝶模型 3D 打印”创新能力评价量规

评价目标	水平 1	水平 2	水平 3	水平 4	水平 5
创新能力	能够试着用所学习的 3D 打印技术制作蝴蝶模型。	能够运用所学习的 3D 打印技术制作蝴蝶模型。制作的模型体现出蝴蝶的多个特点。	能够运用所学习的 3D 打印技术制作蝴蝶模型。制作的模型体现出蝴蝶的多个特点。在设计思路、制作工艺和礼品意蕴等方面至少有一个与众不同的想法和创意。	能够运用所学习的 3D 打印技术制作蝴蝶模型。制作的模型体现出蝴蝶的多个特点。在设计思路、制作工艺和礼品意蕴等方面至少有两个与众不同的想法和创意。	能够运用所学习的 3D 打印技术制作蝴蝶模型。制作的模型体现出蝴蝶的多个特点。在设计思路、制作工艺和礼品意蕴等方面至少有两个与众不同的想法和创意，同时能够考虑到模型作为礼物的实用性。

（五）使用建议

这是一个融合创新能力、审美能力、科技能力等多个方面、多个学科的表现性任务，在学生经验积累和设备提供方面有较高的要求。如果使用本任务，教师需要针对学生技术操作、蝴蝶特征认识等方面进行前期的教学。本任务重点考查的是学生在设计思路、制作工艺和礼品意蕴等方面的创新能力，评价者需甄别学生在这些方面展现出的能力水平。

四、 除数是两位数的除法

（一）任务描述

“请你看一看这两道题(图 5-1)，被除数都是 240，除数一个是 29，一个是 31。你是如何试商的?”本任务用于已经开始学习两位数除以两位数单元，但还没有学习“灵活试商”这一课时的四年级学生。

$240 \div 29=$　　　　$240 \div 31=$

$29\overline{)240}$　　　　$31\overline{)240}$

图 5-1 计算题目

（二）适用年级

四年级。

（三）评价目标

创新能力。

（四）评价量规

“除数是两位数的除法”创新能力评价量规见表 5-8。

表 5-8 “除数是两位数的除法”创新能力评价量规

评价目标	水平 1	水平 2	水平 3	水平 4	水平 5
创新能力	能够试着进行计算并表达自己的想法。	能够正确计算，表达时关注之前学习的算理的迁移。	能够用多种方法正确计算(包括试商调商的各种策略)，表达时关注之前学习的算理的迁移。	能够用多种方法正确计算(包括试商调商的各种策略)，表达时关注之前学习的算理的迁移，从多个角度进行解释。	能够用多种方法正确计算(包括试商调商的各种策略)，表达时关注之前学习的算理的迁移，从多个角度进行解释并归纳普遍规律。

（五）使用建议

这是一个数学任务，需要考虑到学生的年级和学习进度。从数学学科角度来看，这一任务的一个考查点是运算能力。针对本章主题，这里只呈现创新能力的评价标准。如何在学科课堂中落实创新能力培养也是我们在评价中应该重点关注的。本任务在创新能力方面，侧重考查学生多种方法或多个角度进行计算和解释的能力，以及从多种方法中选择最恰当的方法，并归纳出普遍性的方法的能力。

五、 纸的用途

（一）任务描述

造纸术是我国的四大发明之一，也是人类文明史上一项杰出的创造。它为我国文化发展奠定了重要基础，也是四大发明中运用最为广泛的一个。随着生活需要，纸的种类有各式各样的，如宣纸、打印纸、卡纸、热缩片、瓦楞纸、卫生纸等，纸的用途也是多种多样。

请你挖掘各种纸张常规用途之外的其他用途，设计制作一个生活中的创意作品。要求如下。

①用各种纸设计一个有创意的产品。

②具有 1～2 种解决生活中一个或几个小问题的功能。

③外观设计兼顾美观与实用性。

（二）适用年级

五至六年级。

（三）评价目标

创新能力。

（四）评价量规

“纸的用途”创新能力评价量规见表 5-9。

表 5-9 “纸的用途”创新能力评价量规

评价目标	水平 1	水平 2	水平 3	水平 4	水平 5
创新能力	能够试着思考不同类型纸张常规用途之外的其他用途。	能够试着思考不同类型纸张常规用途之外的其他用途，并在制作中表现出来。	能够试着思考不同类型纸张常规用途之外的其他用途，并在制作中表现出至少一个与众不同的想法或创意。	能够试着思考不同类型纸张常规用途之外的其他用途，并在制作中表现出至少两个与众不同的想法或创意。	能够试着思考不同类型纸张常规用途之外的其他用途，并在制作中表现出至少两个与众不同的想法或创意。制作出的作品能够解决生活中的小问题，具有实用性。

（五）使用建议

本任务对创新能力的考查主要表现在：第一，思考不同类型纸张的非常规用途；第二，用作品的方式展现出纸张的非常规用途；第三，有独特的、与众不同的创意和想法；第四，作品具有实用性，能够解决生活中的小问题。本任务对创新能力要求较高，因此耗时会比较长，建议由小组合作共同完成任务，同时考查小组合作能力。

六、 校园环境设计

（一）任务描述

学校在暑假期间进行了墙面和地板翻新：原来每层楼里丰富的墙面装饰，仅留下星星点点；原来大厅中的宣传橱窗空了出来，亟待摆放新展品。如何突显校园文化？校长想听听同学们的意见，于是便给本班发来了“求助信”，希望本班学生结合日常在校的学习和生活经验，对学校的墙面、展示窗等区域进行新的设计，突出校园文化。学生自愿结组完成任务，要求如下。

①进行校园实地考察，提出发现和要解决的问题。

②讨论小组的设计思路并撰写设计方案，画出设计图。

③向全班介绍本组的方案，要求表述清晰。

（二）适用年级

五至六年级。

（三）评价目标

创新能力。

（四）评价量规

“校园环境设计”创新能力评价量规见表 5-10。

表 5-10 “校园环境设计”创新能力评价量规

评价目标	水平 1	水平 2	水平 3	水平 4	水平 5
创新能力	能够试着发现要解决的问题并进行方案设计。	能够发现要解决的问题并有针对性地设计方案。	能够发现要解决的问题并有针对性地设计多种方案或用多种形式呈现方案。	能够发现要解决的问题并有针对性地设计多种方案或用多种形式呈现方案，在设计创意和方案呈现方面至少有一个地方新颖、与众不同。	能够发现要解决的问题并有针对性地设计多种方案或用多种形式呈现方案，在设计创意和方案呈现方面至少有两个地方新颖、与众不同，设计时能够考虑到实施的可行性。

（五）使用建议

这是一个解决实际问题的表现性评价任务。这一任务的完成需要小组合作，凭借个人力量完成起来耗时耗力。因此，教师在学生完成任务的过程中需要注意到各小组成员的参与情况、表现情况。此外，这一任务比较复杂，要完成设计方案，需要结合课上课下的时间灵活进行。教师要给学生提供足够的时间，根据具体情况可以给学生 2～3 周的时间来完成。

第三节　小学生创新能力培养教学案例

本节提供了 4 个小学生创新能力培养的教学案例(表 5-11)。

表 5-11　创新能力培养教学案例

序号	教学案例	适用年级	设计者
1	我爱冰雪运动——毛根设计与制作	一至二年级	胡剑侠
2	除数是两位数的除法	四年级	邓晶
3	创意桶设计	五至六年级	闻竹
4	校园环境设计	五至六年级	白雪

一、 我爱冰雪运动——毛根设计与制作（综合实践活动）

（一）主题与背景

首先，从国家层面来看，2022 年北京冬奥会是全球瞩目的奥运盛会。为贯彻落实习近平总书记提出的“办成一届精彩、非凡、卓越的奥运盛会”重要指示精神，举国上下各行各业齐心协力、携手共建、共享办奥。《北京 2022 年冬奥会和冬残奥会中小学生奥林匹克教育计划》提出：推广普及奥林匹克和冬季运动知识，以奥林匹克精神感染和带动中小学生，开展爱国主义、集体主义教育，增强中小学生东道主意识；推动我国奥林匹克教育全面开展，大力推广普及青少年冬季运动，形成具有中国特色的奥林匹克教育模式。北京市教委高度重视发挥课堂作用弘扬奥林匹克精神，加快推动青少年冰雪运动普及发展，鼓励学校围绕冰雪运动开展各种类型的教育活动。

其次，从学校层面来看，早在 2019 年就开展了冰雪进校园的主题活动。几年来学校建立了冰球队，举办了“冰雪嘉年华”、滑雪实践活动、请冬奥冠军讲冰雪运动等一系列活动，让学生体验多种冰雪运动，如冰球、冰壶、滑冰等，现已成为北京市走在前列的冰雪运动特色学校。部分冰雪运动项目已经在学生心中留下深刻的印象。

最后，从学生层面来看，低年级学生在参与了学校“冰雪嘉年华”的活动以后，对冰雪运动产生了浓厚的兴趣。由于学校的场地有限，冰雪运动存在一定的难度以及危险性，所以活动中仅仅体验了冰壶、冰球等几种运动，远远满足不了学生的需求。这就促使学生想要了解更多的关于冰雪运动的知识。深入开展有关冰雪运动的主题活动正好可以满足学生的心理需求。教师抓住教育契机，设计了“我爱冰雪运动——毛根设计与制作”主题活动。

（二）适用年级

一至二年级。

（三）教学目标与评价量规

1. 教学目标

①根据设计方案选择恰当的材料及工具进行制作。运用扭、绕、盘、剪、粘等方法，小组合作完成冬奥冰雪运动项目作品，培养动手能力及创新意识。

②教师引导学生增强问题意识，通过小组讨论和实践等方式共同解决问题。

③小组合作按照分工完成任务，小组成员敢于表达自己的想法，乐于听取同伴的意见，互相帮助，共同认真完成作品。

④在制作的过程中，教师引导学生感受运动员顽强拼搏、团结一心的奥运精神，激发勇于克服困难为国争光的爱国情怀。

2. 评价量规

“我爱冰雪运动——毛根设计与制作”创新能力评价量规见表 5-5。

（四）教学过程

教学流程如图 5-2 所示。

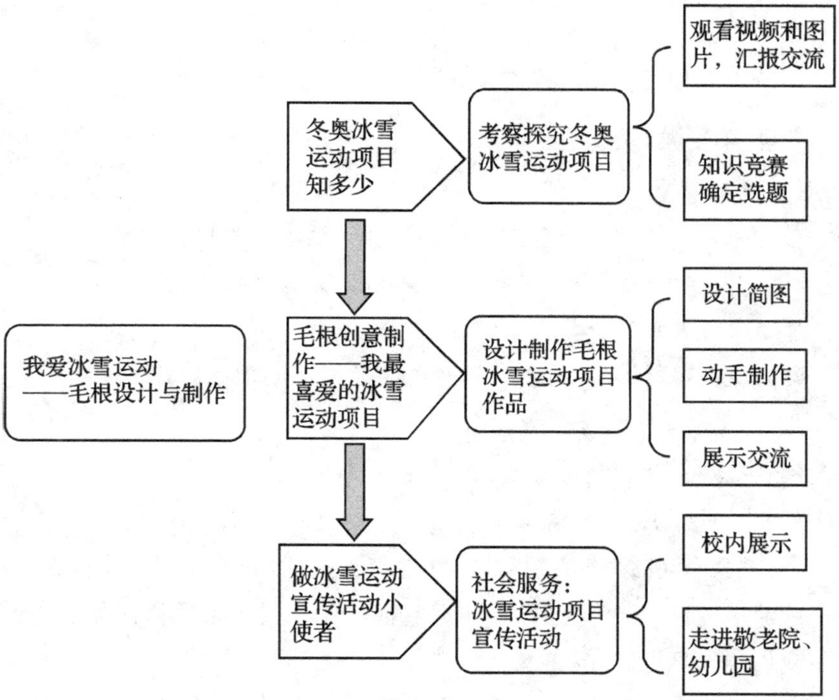

图 5-2 “我爱冰雪运动——毛根设计与制作”教学流程

整个活动分为三个阶段，这里主要呈现第二个阶段——“毛根创意制作——我最喜爱的冰雪运动项目”的活动过程，这一过程最能够体现创新能力。

1. 创意设计

①小组通过讨论确定适合本组的研究主题。（教学意图：发挥学生的主动性。）

②教师根据小组选题下发相关图片资料。小组讨论主题项目的特点（包括人物、器材、背景等）。

③小组根据主题进行创意设计，绘制简图。教师指导学生用简单的线条和文字进行说明。(教学意图：学生在教师指导下，使用设计图、文字等形式表达自己的设计思路。)

④全班交流设计图，师生共同从构图、人物动作、背景、使用工具等方面展开探讨，提出改进意见。(教学意图：培养学生的分析能力、语言表达能力。)

⑤课下教师指导小组修改设计图。

2. 制作准备

(1)创设情境

教师出示学校前期开展的“冰雪嘉年华”活动的照片。

师：“同学们还记得这是我们学校开展的哪项活动吗？”

生 1：“‘冰雪嘉年华’活动。”

师：“在这次活动中你们体验了哪些冰雪运动项目呢？”

生 2：“冰球、冰壶、滑雪等。”

(教学意图：唤起学生回忆，提高学习热情。)

(2)明确活动目的和意义

师：“我们在综合实践课上也围绕这个主题开展了‘我爱冰雪运动——毛根设计与制作’活动，要用毛根制作冰雪运动项目作品。你们还记得我们的作品要做什么用吗？”

生：“做冰雪运动项目校园宣传大使，把作品展示给同学、老师、家长看，还要送给社区的敬老院和幼儿园，让更多的人了解冰雪运动项目。”

(教学意图：让学生明确实践活动作品的意义以及服务的对象。)

(3)回顾前期活动

师：“回忆一下，围绕主题我们一起做了哪些事？”

出示考察探究阶段活动的图片(知识竞赛、小组确定主题、设计创意简图)。

(4)分析设计制作要点

师：“请同学们思考，要使我们的作品能够让看到的人(包括家长、同学、老人和小朋友)都能认出是什么运动项目，那么在设计的时候我们该注意什么呢?”

生(讨论)：“抓住人物动作特点，背景设计恰当，使用体育器材合理，要体现一定的创意。”

教师板书(图 5-3)。

设计
- 人物
- 背景
- 器材

图 5-3　教师板书

(教学意图：学生通过交流梳理出制作要求，为后面制作打下基础。)

教师出示创新能力评价量规，请学生认真阅读、讨论，对不清楚、不明确的地方进行交流，达成共识。

(5)选择活动材料和工具

①材料选择。

师：“根据活动的主题，我们使用的制作材料就是大家既熟悉又喜爱的毛根。”

师：“对于五颜六色的毛根，我们选择什么样的颜色才能搭配合理呢？用多少数量能够节省材料，不浪费?”

②工具选择。

师：“老师给你们准备了一些工具，请大家看看都有什么。你们要根据它们的使用方法来选择合适的工具，思考选择什么工具可以省时省力并且使作品完成得更好。”

③特色材料。

师：“使用什么特色材料使作品更具创意?”

(教学意图：引发学生深入思考，指导学生发现问题，培养问题意识。)

让学生带着这些问题进行小组讨论，然后填写表格(图 5-4)，教师对表格填写方法进行简单说明。

(教学意图：运用表格任务单引导学生通过讨论来解决问题，根据主题选择需要的材料和工具；培养学生的思考及分析能力。)

选择合适的材料及工具

材料	颜色或名称	数量
毛根	红	
	黄	
	绿	
	蓝	
	橙	
	粉	
工具	剪刀	
	双面胶	
	胶钉	
	胶条	
	彩笔	
特色材料		

图 5-4 材料选择表格示例

师："作品中应该有哪些内容呢？"

生："有人物、体育器材、背景绘画等。"

师："这么多的内容，需要我们有的画、有的剪、有的粘，再把它们组合在一起成为一份完整的作品。每个人该做哪些事呢？请各小组讨论，根据每个人的特长明确各自的任务。"

(教学意图：避免学生盲目制作，让学生明确自己的任务。)

(6)毛根制作方法的指导

教师用课件出示关于毛根制作方法的照片。

教师请学生说一说图片上有什么方法？

教师强调剪刀的使用方法：

师："什么时候要用到剪刀？"

生："需要的长度比整根毛根短的时候。"

师："需要的长度是多长，你怎么知道？"

生(讨论)："用毛根比一比，再弯一下做个标记。"

师："可以留出富余，以免剪短了浪费材料。"

教师示范剪的方法：用剪刀的根部剪，左手向下拉住毛根，手指远离剪刀口，注意安全。

教师强调，用完剪刀要及时放回小筐里，不要在自己和同学面前比画。

3. 动手制作

①教师公布小组合作要求：轻声讨论、尊重同伴、相互配合、认真制作。

（教学意图：增强学生的合作意识、团队精神，引导学生较好地完成作品。）

②根据设计图按照分工进行小组制作。

第一组：高山滑雪。　　第二组：花样滑冰。

第三组：冰球。　　第四组：冰壶。

第五组：有舵雪橇。　　第六组：速度滑冰。

第七组：高山滑雪。　　第八组：冰壶。

第九组：冰球。　　第十组：花样滑冰。

教师巡视发现学生出现困难或存在问题，及时给予指导。如果是普遍出现问题，教师应及时叫停活动，师生共同讨论想办法解决问题，然后小组共同改进。

（预设问题：制作时没有突出人物动作特点，人物身体比例不合理。粘贴时怎样粘贴得稳固？）

（教学意图：在教师的指导下，学生能够解决出现的困难及问题，修改自己的方案。培养学生的自主参与意识与合作沟通能力。）

③教师评价：奖励达到要求的小组一面小红旗。

（教学意图：及时评价以鼓励学生合作的积极性，树立学生的集体主义观念。）

4. 展示交流

①1～2 个小组长作为代表展示作品，不说作品内容，请其他同学猜猜是哪个运动项目。

（教学意图：激发学生的评价热情，抓住制作的要点进行观察。）

②请猜对的学生说说是怎样看出来的。教师引导学生从人物动作特点、背景、体育器材三大制作要点进行分析。

（教学意图：培养学生分析问题的能力和语言表达的能力。）

③请组长说一说作品的名称含义以及创新点。

（教学意图：让学生感受小组作品蕴含的奥运精神。增强创新意识，提高用语言表达设计思路的能力。）

④请学生回顾评价标准，从创意的角度对作品进行评价并提出建议。

（教学意图：培养学生积极思考、敢于表达自己的见解、听取他人意见的学习品质。）

⑤请遇到困难的小组说一说活动中遇到的问题，请学生一起讨论解决办法。

（教学意图：培养学生问题意识及解决问题的能力。）

5. 课后延伸

①布置课后任务：小组修改并完善作品。

②告知下节课任务：进行作品的交流评比。提示学生最具创意的小组将得到一面小红旗。

（设计意图：激发学生完成课后任务的热情，强调创新意识。）

（五）评价与反思

①本次主题活动设计结合2022年冬奥会在北京召开的重要契机，落实教育部、北京市教委下发的有关文件精神，实施奥运教育。在活动中，学生通过搜集资料、观看视频和图片、小组交流、知识竞赛等多种形式不断深入了解冬奥会，体会运动员顽强拼搏、团结一心的奋斗精神，感受奥林匹克精神，从而真正激发创作热情。学生通过小小的毛根作品抒发对运动员的崇敬之情，对冰雪运动的向往之情。

②本次主题活动结合学校相关课程建设，自主研发特色课程。在学校冰雪进校园的特色活动之后，学生对冰雪运动产生了极大的兴趣，但是由于场地有限等因素学生无法全面参与，更做不到每个人都进行体验。本次活动继学校活动以后深入每一个学生中，通过观看、讨论、设计、

制作、展示等多种形式力争达到学校培养实践能力、知识迁移能力、合作创新意识等办学目标。

③本次主题活动在低年级学生中开展，真正落实自小学一年级全面实施综合实践活动的要求。教师结合学校低年级动手制作课程，在学生已经掌握简单制作方法的基础上，开展有主题性的学生感兴趣的冰雪运动主题活动，让学生做起来不难，可是能够起到培养学生综合能力的作用。活动结束后能够感到每一个学生的进步与发展。

④本次主题活动采用小组合作学习方式，这是低年级学生的初步尝试。在教师精心设计的多种评价方式的引领下，原本不懂得合作、以自我为中心的低年级学生能够不断增强合作意识，建立集体主义观念，学会与人合作，懂得尊重同伴，敢于发表自己的见解，在小组共同努力下较好地完成作品。

二、 除数是两位数的除法（数学学科）

（一）教学内容

“除数是两位数的除法”是小学数学“数与代数”领域“数的运算”的重要内容。这一内容需要学生在掌握算法、理解算理的基础上灵活试商。根据皮亚杰儿童认知发展理论，四年级学生正处于具体运算阶段，也是思维发展较为迅速的时期。我们可以在培养学生数学运算能力的同时，发展学生的创新能力。在运算教学中，从迁移以前知识进行计算、多个(思路)方法灵活选择、从多种信息中归纳规律这三个方面将学生划分为四个水平，分别是一种方法、多种方法、根据问题选择简洁的运算方法和根据问题选择简洁的运算方法并归纳规律。

（二）适用年级

四年级。

（三）教学目标与评价量规

1. 教学目标

①经历探索试商方法的过程，多角度思考和解决问题，正确计算三

位数除以两位数。

②通过观察、对比、分析，灵活选用试商方法，提高试商能力。

③在计算过程中，培养学生根据实际情况选用适当策略解题的习惯，提升学生在整合别人观点的基础上多角度解释算理和归纳普遍规律的能力，进而培养创新能力。

2. 评价量规

“除数是两位数的除法”创新能力评价量规见表 5-8。

（四）教学过程

1. 迁移旧知，导入新课

师：“在前几节课，我们学习了除数是两位数的除法，今天我们就来检验一下你们学习是否扎实。请你们看一看这两道题，被除数都是 240，除数一个是 29，一个是 31。你们是如何试商的？”

师(追问)：“想一想，当除数不是整十数时，我们是怎样求商的？今天我们就继续来学习除数是两位数的除法。”

预设 1：240÷29，我把 29 估计成 30(五入法)。

预设 2：240÷31，我把 31 估计成 30(四舍法)。

生：“用四舍五入法，把除数看作与它接近的整十数来试商。”

设计意图：迁移旧知，帮助学生复习试商的步骤。回顾除数不是整十数的除法的试商方法，为新知打下铺垫。导入新课，激发思考的欲望。

2. 多角度思考，解决问题

①引导学生仔细观察算式：“240÷26”。

师：“这个算式中的除数与我们以前的算式有什么区别？”

师(追问)：“原来接触的算式的除数都是接近整十数的，而这个算式中的除数 26 离整十数不是很接近。你们觉得这个算式可以怎样试商呢？”

预设 1：可以把 26 估计成 30，用五入法试商。

预设 2：我认为把 26 估计成 30，两个数相差比较远，可以把 26 估计成 25 试一试。

②学生独立思考，在作业本上把自己的想法写出来，并且一边写一

边想一会儿怎么和小组内的同学交流。教师进行巡视，挑选学生的作品。

③选取小组到前面展示。

方法一：五入法(图 5-5)。

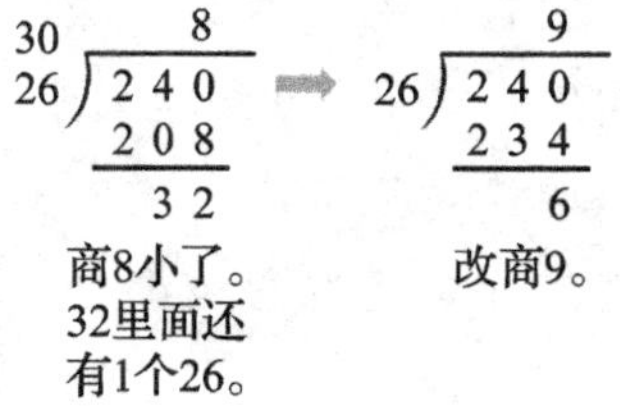

图 5-5 方法一

方法二：同头无除商 8、9(图 5-6)。

方法三：凑整法(图 5-7)。

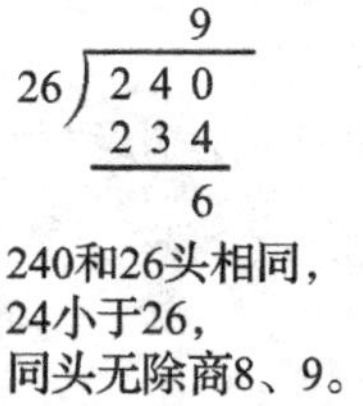

图 5-6 方法二

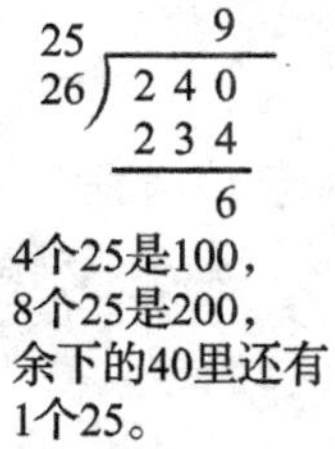

图 5-7 方法三

方法四：想 10 个 26(图 5-8)。

方法五：想 10 个 24(图 5-9)。

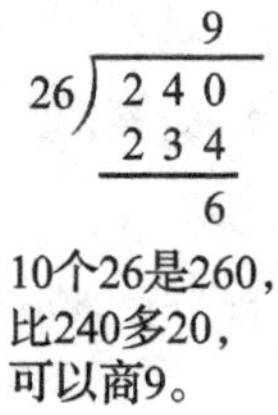

图 5-8 方法四

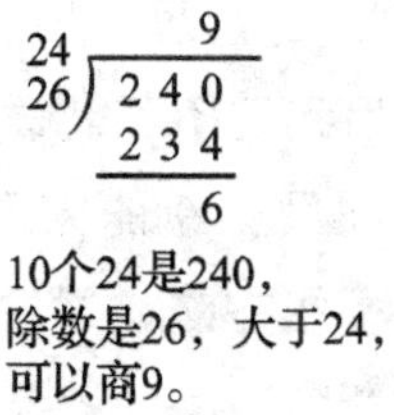

图 5-9 方法五

师："你喜欢哪种方法？请说明理由。"

预设 1：我喜欢第三种方法，把 26 估计成 25，利用 25×4 等于 100 去思考，能很快帮助我找到商 9。

预设 2：我很喜欢第四种方法，想 10 个 26 是 260，能比较容易地想到商 9。

……

学生经过独立思考的过程，动脑寻找方法，然后交流，倾听或补充别人的想法。这样做给学生提供了创新思维发展的空间。

运用比较的思想方法，让学生选出喜欢的方法，并说明理由，再一次巩固所学新知，同时发展了学生的思维能力，培养了学生的语言表达能力。

3. 归纳整理，评价反思

教师提供评价反思表(表 5-12)，帮助学生归纳整理。

师："刚才我们在解决这个问题的过程中，有的方法是我们一开始就想到的，有的方法是我们从同学那里学习来的。反思我们刚才的学习，你最初的想法是什么？现在你又学会了什么？"

预设 1：反思我刚才学习的过程，最初我只是想到用四舍五入的方法把 26 估计成整数，没有想到把 26 估计成 25 来试商。我觉得这个方法也挺简便的，并且比较有创意。

预设 2：这节课我也学到了一些方法，如同头无除商 8、9，还有可以用居中法把 26 估计成 25。但是，刚才同学们说的 10 个 26 和 10 个 24 的方法我没有听懂。后面还需要好好思考思考。

……

师(小结)："通过反思，相信同学们都有很大收获，有些知识不理解也没有关系，课后我们还可以做进一步的思考和交流。"

设计意图：利用创新能力评价标准，在此环节引导学生进行反思。最初自己想到了哪些方法，通过和同学交流自己学到了哪些方法。四年级的学生应该逐渐培养反思意识。

4. 实践运用，熟练试商

①求商练习一(图 5-10)。

表 5-12　评价反思表

方法	五入法	同头无除商 8、9	四舍法	居中法	10 个 26	10 个 24
估算	把 26 估计成 30	—	把 26 估计成 20	把 26 估计成 25	—	—
例子	30 8 26)240 208 32 商8小了。 32里面还 有1个26。 ↓ 9 26)240 234 6 改商9。	9 26)240 234 6 240和26头相同， 24小于26， 同头无除商8、9。	20 9 26)240 234 6 240里面有十多个20， 除数是26，不是20， 10个26是260。 所以商9。	25 9 26)240 234 6 4个25是100， 8个25是200， 余下的40里还有 1个25。	9 26)240 234 6 10个26是260， 比240多20， 可以商9。	24 9 26)240 234 6 10个24是240， 除数是26，大于24， 可以商9。
我最初的想法						
我现在学会了						

$16\overline{)\,96}$　　$24\overline{)\,182}$

图 5-10　练习一

②练习二：看一看被除数和除数之间有什么特点，再计算(图 5-11)。

$28\overline{)\,140}$　　$48\overline{)\,242}$　　$72\overline{)\,364}$　　$36\overline{)\,188}$

图 5-11　练习二

师(提问)："通过观察被除数和除数，你有什么发现？"

师(小结)："被除数的前两位是除数的一半，这些题的商都是 5。"

③终极挑战(图 5-12)。

终极挑战

仔细观察，并说说你所用的试商的方法。

284 ÷ 71=　　333 ÷ 37=　　360 ÷ 72=

175 ÷ 25=　　711 ÷ 79=　　135 ÷ 27=

图 5-12　终极挑战

师："仔细观察各题，说一说你打算用什么方法来试商，为什么？"

预设 1：第一题 284 除以 71，我用的是四舍法，可以把 71 估计成 70。

预设 2：360 除以 72，我用的是除数折半商 4、5。

预设 3：360 除以 72，还可以用四舍法，把 72 估计成 70。

……

不同的题，学生通过观察被除数和除数的特征，灵活选择方法进行试商。

师(小结)："依据数字的特点，不同的题选用不同的方法。"

5. 总结收获，完善认知

师："同学们，这节课你们有什么收获，和大家分享下。"

预设 1：这节课我学会了多种试商的方法。

预设 2：遇到问题时，我们应该从多个角度思考解决方法。

预设 3：从同学那里学到了很多，我可以多借鉴别人的方法再寻找自己的方法。

……

全课总结，并引出新的问题，继续研究。

（五）教学反思

1. 将创新能力融入运算教学，构建学生思维发展框架

义务教育阶段的运算能力主要涉及三个问题：一是“如何算”，二是“为什么可以这样算”，三是“怎样算得更好”。其中“怎样算得更好”即对算法的优化，表现为运算的灵活性。通过提高运算能力，可以促进学生数学思维发展，算法多样化体现了思维的敏捷性和创新性，算法优化体现了思维的灵活性，便于培养学生发现数学规律、独立思考和创新的能力。因此，运算教学也是发展学生创新思维的重要载体。在教学中学生思维发展要经历怎样的过程？我们以“运算能力水平”和“创新思维水平”为目标，构建了学生运算学习中创新思维发展框架(图 5-13)。

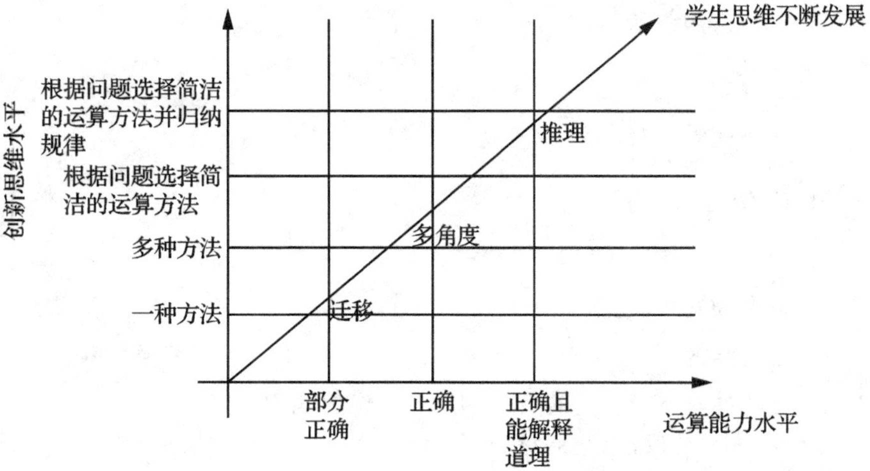

图 5-13　学生运算学习中创新思维发展框架

2. 设计评价标准，划分学生水平，实现“评—学—教”一体

格兰特·威金斯等在《追求理解的教学设计》一书中写道：逆向教学设计的三个阶段包括确定预期结果—确定合适的评估证据—设计学习体验和教学。① 这恰恰符合“评—学—教”一体的教学过程。本单元我们首先根据运算能力和创新思维构建了学习的目标，然后根据这个目标确定了评估学生的5个水平。通过对学生前期的测试和对教材进行分析，教师对单元的整体结构进行调整，设计每一节课的目标和活动。整个过程将评价贯穿始终。

三、 创意桶设计（综合实践活动）

（一）主题与背景

如今科学技术飞速发展，机器的分析计算能力已远远超过人类，越来越多的人工智能工具逐渐替代人类进行重复性工作。创造、批判和设计，是我们人类拥有而机器不具备的能力。学生通过创新思维工具利用激光切割机、常规材料和智能编程积木对桶进行改造和优化，更好地服务于生活，培养和提高创新思维能力。

（二）适用年级

五至六年级。

（三）教学目标与评价量规

1. 教学目标

①会利用思维导图对桶的功能、样式、材料等方面进行分析，有多维度分析事物的意识。

②在合作的过程中体验不同的角色，培养团队意识和互助精神，能主动作为、尽职尽责，提高与人沟通与合作的能力。

③通过创新思维工具的学习和体验，提高创造与创新能力。

---

① [美]格兰特·威金斯、杰伊·麦克泰格：《追求理解的教学设计》2版，闫寒冰、宋雪莲、赖平译，18～19页，上海，华东师范大学出版社，2017。

2. 评价量规

“创意桶设计”创新能力评价量规见表 5-13。

表 5-13 “创意桶设计”创新能力评价量规

评价目标	水平 1	水平 2	水平 3	水平 4	水平 5
创新能力	能够试着对桶进行创意设计，用多种方式解决问题。	能够对桶进行创意设计，用多种方式解决问题。	能够对桶进行创意设计，用多种方式解决问题，并通过设计图表达自己的意图。	能够对桶进行创意设计，用多种方式解决问题，通过设计图表达自己的意图，至少有 1 个与众不同的创意、观点或想法。	能够对桶进行创意设计，用多种方式解决问题，通过设计图表达自己的意图，至少有 2 个与众不同的创意、观点或想法，设计时能够考虑到桶的实用功能。

（四）教学过程

教学资源：

使用设备：胶枪、电烙铁。

所需材料：木板、496 胶水、无纺布、剪刀、水瓶、毛根、眼镜等。

1. 创设情境，引出主题

师：“亲爱的同学们，欢迎来到‘中国创意大赛’总决赛的现场。下面将向大家展示进入总决赛的作品，请各位评委评选出自己心中的最佳创意奖，并阐述理由。”

师(播放 PPT)：“创意设计与我们有什么关系？只要善于观察生活、关注生活、勤思考多动脑、有自信，你也可能成为发明家。创意源于生活，创意也很简单，当然创意也是有方法的。”

2. 头脑风暴，拓展思维

(1)创意设计方法分析

教师播放用组合方式进行创意设计的图片。

师：“这些创意用的什么方法？”

教师带领学生分析部分创意设计：巧妙地组合在一起，实用性的优化和改造，具备多个功能。

教师引导学生认真观察图片中的创意设计，思考图片中的设计应用的创意方法。

教师小结创意设计的方法之一：组合。

(2)对桶的分析

教师引导学生思考有哪些桶，并利用圆圈图进行梳理。

教师组织学生讨论 2 分钟。

学生从不同方面进行梳理：功能、材质、外观等。

教师出示各种桶的图片。

第一组：比较常规的桶。

第二组：与 AI 组合的智能桶。

第三组：形状、外观各异的桶。

教师出示的图片不只局限在“桶”，还可以是具备收纳、储物功能的筒、盆、罐等。

通过课前探索和讨论，让学生分组说一说各种各样的桶，每组 5 个。

让各组将不同的桶从不同的维度进行分类，如功能、材质、形状、大小等。

3. 组建团队，合理分工

教师下发分工表，组织各小组根据人员自身情况，进行小组最优分工，使工作效率最大化，如可分为组长、材料员、计时员等。小组内协商分工，充分发挥自己的优势，为小组出谋划策。

4. 资料收集，形成方案

①指导学生查找有关桶的资料。各小组在教师指导下按照分工查找有关桶的资料，并进行记录。

②提出设计要求。

小组合作设计一个________的桶，满足以下要求：除了收纳、储物功能以外，需要具备至少两种以上的其他实用功能；可以为它设定特定的适用人群；外观设计兼顾美观与实用性。

教师给学生出示创新能力评价量规，各小组通过讨论明确具体标准。

各小组在设计时不受限制，充分想象，将想法写在手册上，并论证可行性。

③教师布置任务(图 5-14)。

产品名称：
功　　能：
适用人群：
组 合 体：

图 5-14　小组任务

④教师提出讨论要求：第一，各组长组织小组成员讨论。第二，小组成员倾听同伴讨论的方法。第三，小组内成员轮流发言，有序、有效讨论。

⑤各小组汇报。

各小组拟定汇报内容进行汇报，着重汇报产品名称、功能、适用人群和组合体。

⑥教师指导学生按照分工进行设计图绘制、广告词撰写、材料统计及成果物化。各小组按要求选出组内最优方案，绘制出设计图和产品说明，包括产品名称、功能、特色、适用人群等，画出设计图。此外，各小组还要合作撰写产品说明和广告词，并列出材料清单。

5. 动手制作，成果物化

在本环节，教师需要完成如下工作。

①给各小组发放常用材料。

②协助各小组领取所需材料。

③协助各小组物化作品。

各小组根据计算的耗材和数量领取材料，进行方案优化和制作。

6. 产品发布，展示交流

教师组织各小组进行作品展示，汇报时要说明产品名称、功能、特色、适用人群、操作方法。

各小组进行产品展示，对其他小组的作品按照创新能力评价量规进行客观、公正的评价。

图 5-15 为部分学生作品。

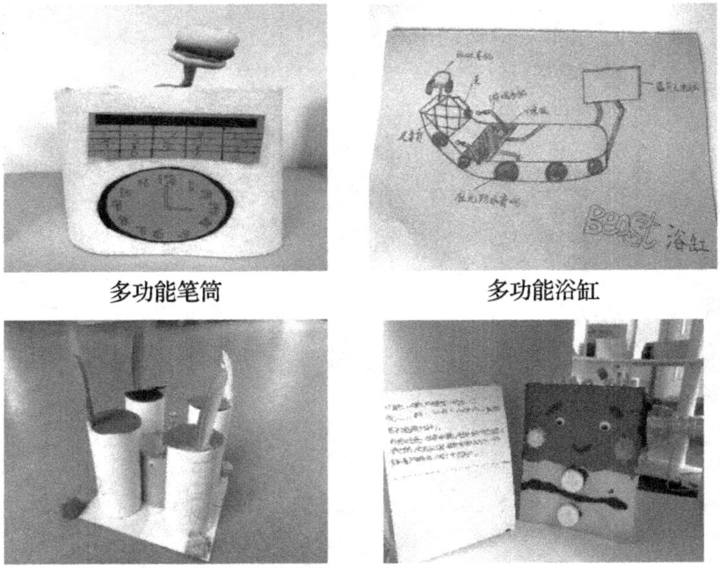

多功能笔筒　多功能浴缸

分类垃圾桶　养殖箱

图 5-15　学生作品

四、 校园环境设计（综合实践活动）

（一）主题与背景

裕中小学在 2018 年正式更名为“北京市三帆中学附属小学”，同年暑假期间进行了墙面和地板翻新：原来每层丰富的墙面装饰，仅留下星星点点；原来大厅中的宣传橱窗空了出来，亟待摆放新展品。如何突显校园文化？校长想听听学生的意见，于是便给本班发来了“求助信”，希望学生结合日常在校的学习和生活经验，对学校的墙面、展示窗等区域进行新的设计，突出校园文化。

学校植物的种类不少，但是学生认识得不多，借此次活动可以让学生在活动中增长见识。同时学校在体育方面有很多特色项目，如足球、太极禅、空竹、舞龙等，学生在此次活动中可增进对学校特色体育项目的了解。

这个班的学生在上学期进行过“学校照片栏的研究”和“设计校园标志的研究”，对这种社会服务和设计制作活动非常感兴趣。暑假墙面翻新后，有学生问原来电灯开关旁的提示语“节约用电”怎么没有了，可不可以设计？一层橱窗里原来的奖杯怎么没有了，可不可以放新校徽？一系列问题的提出让教师意识到，可以抓住学生的需求，结合校长的提议，进行以问题解决为过程的跨学科实践活动——校园环境设计。

（二）适用年级

五至六年级。

（三）教学目标与评价量规

1. 教学目标

①在教师的引导下，学生结合学校更名后的校园现状，围绕校长的“求助信”，明确校长对改善校园环境的需要，发现并提出自己感兴趣的问题。学生养成热爱校园生活的态度，具有积极参与学校生活的意愿。

②学生通过实地考察能将感兴趣的问题转化为研究小课题，即学校的发展历史、设计校园植物名片、校园主题墙面设计、设计校园标志四个研究主题，并制订相应的活动计划。

③学生通过动手操作，初步掌握手工设计与制作的基本技能；学会运用信息技术，设计并制作有一定创意的数字作品；运用常见、简单的信息技术解决实际问题，服务于学习和生活。

2. 评价量规

“校园环境设计”创新能力评价量规见表 5-10。

（四）教学过程

教学流程如图 5-16 所示。

1. 第一阶段：发现问题，确定主题

第一，创设情境，明确任务。

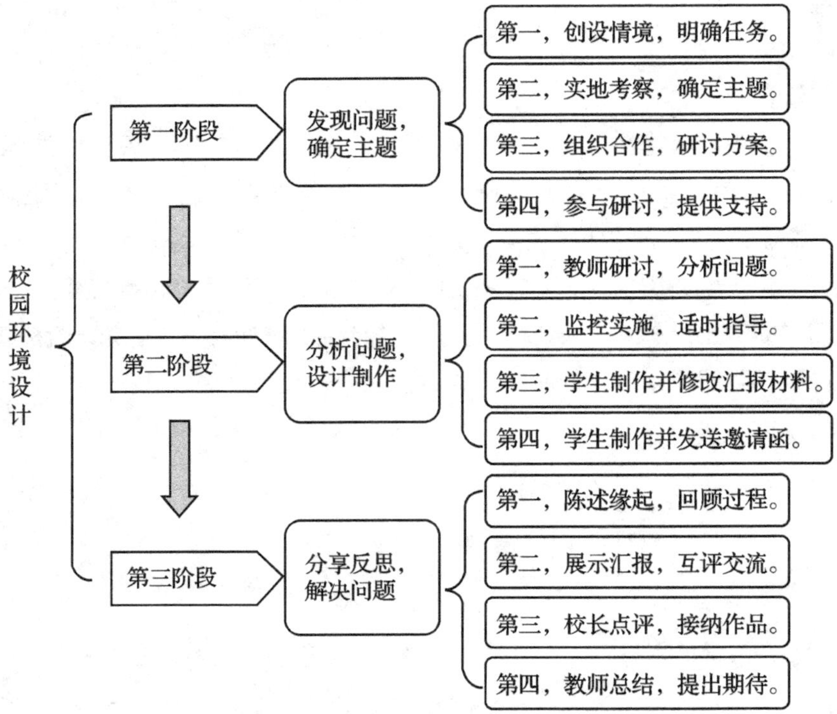

图 5-16　教学流程

经过翻新，原来每层丰富的墙面装饰都被拆卸了，原来大厅中的宣传橱窗也空了出来(图 5-17)，现在亟须布置新校园。校长希望学生们能够发挥主人翁精神和聪明才智，设计满意的校园环境。因此，希望大家能够集思广益，对学校的墙面、展示窗等地方进行重新设计。

第二，实地考察，确定主题。

教师根据学生需求，和学生一同考察校内空间，包括操场、围墙附近的种植区、每层的走廊等地，并参与学生的讨论，及时解答学生相关问题。例如：在一层一进门的地方可不可以放校训？可否在橱窗中放新校徽、新校服做展示？

之后师生回班级交流考察后的发现，从多个方面提出问题。教师引导学生提炼出此次活动的研究问题。

①展示校园文化：学校的发展历史。

图 5-17　大厅宣传橱窗

②了解校园植物：设计校园植物名片。

③每层的主题设计：校园特色文化、设计校园使用标志。

在实地考察中，学生发现了学校中可以增加校园文化符号的地点和内容。学生自主提出想要研究的问题，并自由组成研究小组。

学生在实地考察后提出了几个问题：一层的宣传橱窗空了很久，可否放些展示校园文化的东西？教学楼外有很多树，但是叫上名字来的没几种，可否给树做个介绍？在墙面粉刷前电灯开关附近都有节电标志，可否保留这样的设计？原来三层美术教室附近墙面上有著名画家的介绍，是不是每层都可以有特色的文化内容介绍？

第三，组织合作，研讨方案。

教师建议学生聚焦 1～2 个本组有兴趣且有能力完成的研究问题。

第四，参与研讨，提供支持。

①教师提供研究方案模板(图 5-18)，提示可行性及预期活动成果。学生聚焦本组研究主题撰写研究方案。

②研讨表现性标准。

教师呈现创新能力评价量规，与学生一同研讨并进一步理解要求和标准。

研究主题	① ②
研究人员	组名： 成员：
研究地点及相关设计图（可注明相关分工）	地点： 设计图：
预期成果	模型、设计图、作品、研究报告，其他：
商议相关评价标准	
预计指导教师及指导内容	
需要的支持	

图 5-18　研究方案模板

2. 第二阶段：分析问题，设计制作

第一，教师研讨，分析问题。

进行跨学科实践活动教师碰头会，教师将学生的研究内容与本学科的教学内容做对接，在本学科教学过程中做适时渗透与指导。例如，科学学科本学期有《调查校园植物》一课，教师就可利用本课为研究校园植物问题的学生做指导。语文学科本学期第六单元是诗歌单元，教师就可以为研究传统文化的学生做指导。

各组学生根据自己的研究选题初选指导教师，并与之初步接触，请指导教师给予意见与建议。

第二，监控实施，适时指导。

学生确定本组研究内容并参考相关指导教师的建议。

①选择在一层大厅展示学校发展历史的学生需要构思的内容：办校理念，校训、校歌、校徽，历任校长，发展阶段，体育节、科技节、美

术节、音乐节“四节”成果展示……

②选择在操场及教学楼外设计校园植物名片的学生需要思考名片大小、材质、摆放位置。学生设计的植物名片格式如图 5-19 所示。

名称：（中英文）
科属：
形态特征：
叶型
花型
果型
生长习性：

图 5-19　校园植物名片

③选择校园主题墙面设计的学生需要构思的内容如下。

操场内容：体育节、体育运动、运动名将。

一层科技内容：重大科技发现大事记、科学家、科技模型、学生上课照片、科技节掠影等。

二层传统文化内容：《弟子规》、唐诗、宋词、《论语》等文学作品，传统文化名人、学生诵读的照片等。

三层美术内容：著名画家及画作、学生作品、教师指导学生画画的照片等。

四层信息技术内容：计算机发展史、学生上信息课的照片等。

音乐内容：中外著名音乐家、著名乐器及乐曲、上音乐课的照片等。

④选择设计校园使用标志的学生需要构思的内容如下。

构思类型：安全类、爱护植物类、节约资源类、个人卫生类等。

教师在数形结合方面对学生进行墙面设计指导，并教授学生实地测量的方法等。

第三，学生制作并修改汇报材料。

第四，学生制作并发送邀请函。诚邀教师参加汇报展示活动。

3. 第三阶段：分享反思，解决问题

第一，陈述缘起，回顾过程。

①陈述研究缘起：校长的“求助信”。

②分析研究主题及前期分组研究情况：借助学科知识设计方案、测量数据、运用信息技术手段查找资料、运用美术知识绘制设计图并在完成后采访低年级学生或相关学科教师进行修改，最后形成比较完善的设计。

③欢迎指导教师莅临。学生自主设计并制作邀请函，诚邀指导教师莅临提出宝贵的意见和建议。

第二，展示汇报，互评交流。

首先，师生交流评价标准。

然后，学生分研究主题进行展示。

①在一层大厅，“阳光校园”和“校园美化”两个小组展示了他们设计的关于学校的发展历史的作品。“阳光校园”小组对橱窗进行了重新设计，“校园美化”小组在橱窗、墙面突出了校园文化特色。

两个小组展示后，学生进行了互评。教师对两个小组的设计进行了点评。

②“好好学习”“天天向上”两个小组展示了他们设计的校园植物名片。走出教学楼，校园内绿色植物种类十分丰富，“好好学习”“天天向上”小组分别讲述了他们的发现和设计。

观看完“好好学习”“天天向上”小组的展示，学生进行了互评。科学课教师对两个小组的设计进行了点评。

③“阳光校园”小组展示了校园特色主题墙面设计。主题墙面是学校的风景，如何让这片风景体现学校特色？“阳光校园”小组的学生花了很多心思，师生们聚集到操场上，观看他们组的设计创意。

学生互评后，体育教师进行了点评。

④“德才兼备”组展示了他们设计的校园标志。

学生互评后，英语教师进行了中英双语点评。

第三，校长点评，接纳作品。校长认可学生的设计思路，并就其中待完善、待改进的地方提出了改进意见和期望。

第四，教师总结，提出期待。

（五）评价与反思

1. 引导学生关注学校生活，热爱学校生活

对于在校生活了 5 年多的学生而言，校园生活已经“司空见惯”。他们一直享受着教师们提供的完善的服务，虽然有时会想“怎么上下楼多了些小脚印(学校后勤处设置的引导学生靠右行的标志)”，但从未想过，“如果我是学校设施或文化的设计师，我该如何做”这样具有主人翁意识的问题。此次活动就给学生提供了一个空间，让他们施展自己的才华，倾注自己的心血，爱上学校里的一草一木、一砖一瓦。

2. 在创造性的服务劳动中，增强为他人着想的服务意识

学生通过创造性的服务劳动，改善自己在校学习的环境，让这个环境更加舒适、便捷、温馨、有特色。为了达到这个目的，学生需要了解服务对象的需求，这个对象不单是自己，还有一至六年级的其他同学、校园中的教师们、后勤处的叔叔阿姨们，甚至还要考虑来校参观的人。因此，学生要考虑很多对象的需求，不断改进自己的设计，最后还要让校领导们认可自己的设计。在这个过程中，学生增强了为他人着想的服务意识。

3. 运用表现性评价，增强课堂实效性

本次活动运用表现性评价的理念，将“评—学—教”融会贯通，即活动开始时就明确评价的方向，从而确定活动目标，并且在过程中根据目标不断调整教学方法，让学生达到活动目标。活动初期，师生商议评价标准减少了学生“走弯路”的时间。学生不用猜测教师的意图，教师不再猜测学生的学习难点。在活动过程中，教师不断根据师生共同制定的标准有效指导学生活动，学生的提问也以明确的目标为前提，因此师生产生了有效互动与对话，从而增强了课堂实效性。

第六章

小学生关键能力评价与培养的反思案例

第一节 以评促教让学习目标更清晰

一、 引导学生围绕目标完成合作[①]

表现性评价考查学习者运用先前所获得的知识解决新异问题或完成具体任务的一系列尝试。在表现性评价中，常常运用真实的生活或模拟的评价练习来引发最初的反应，而这些反应可直接由高水平的评价者按照一定的标准进行观察、评判，其形式包括建构反应题、形成书面报告、作文、演说、操作、实验、收集资料、展示作品。评价者需要观察学生是否积极地参与到完成某项任务之中，这样的任务经常涉及学生在真实情境中可能做出的表现，需要基于评分规则进行判断。这锁定了表现性评价的三个核心要素：目标、表现性任务和评分规则。表现性评价需要居于课程核心的目标、在真实情境中的表现性任务、能判断学生表现的评分规则。

《中小学综合实践活动课程指导纲要》提到，综合实践活动以小组合作为主要课堂组织方式，并注意引导学生间明确分工，做到尽其责，合理高效。

以“机场小达人”主题实践活动中的活动二——“‘机场小达人’志愿服务”为例。教师面向多个班级开展同一活动，针对学生的表现性评价，调整教学策略，优化教学环节，完善教学过程，让学生在合作学习中，通过同伴学习，借助于共同目标、资源共享、集体奖励等手段建立起积极的相互依赖关系，从而达到共同成长的目的，初步建立合作意识，培养合作能力。

学生在了解机场服务的相关知识后，与小组成员共同开展头脑风暴，确定了本组的研究主题，并通过分析，从三种志愿服务的方式“提示牌”“机场指南”和“小志愿者服务”中选择了最喜欢的一种。随后各组学生开

① 本案例由陈曦老师撰写。

展活动。

教师在三年级(2)班开展活动时，学生热情极高，迫不及待地着手设计提示内容、从机场资料中截取信息、模拟志愿服务的场景。在学生分享中，教师发现，学生在活动中偏重“动起来”而弱化了活动目的，即“用自己的知识帮助他人，为他人提供便捷”。例如：有的组从资料中找到了和自己设计的提示语相似的内容，就直接拿来使用了。有的组发现可以模仿景区游玩指南制作机场指南，但又提出了“机场知识这么多，机场指南得多厚一本书呀!”的问题。还有的组出现了志愿者模拟机场工作人员服务的过程，而不是针对需要帮助的人解决问题。经过交流，学生才认识到机场是一个较为成熟的环境，服务设施较全，但到底有哪些人需要我们在机场提供进一步服务呢？我们应在活动前，先开展调查活动，熟悉现阶段机场出现的问题，然后根据机场已有的设施加以改进，方便大家出行。活动前，适当的思考与沟通能有效地帮助学生认识团队目标，学会尊重他人和理解他人，进而开展有效的合作学习。教师通过学生开展活动的表现，严谨地思考教学过程，有效促进学生对任务的理解。

在第二个班级开展同样的活动时，教师根据调整后的教学过程，先组织学生开展头脑风暴，思考“开展志愿服务活动前，需要做哪些准备工作?”，和学生共同梳理、补充、确定具体需要做的所有准备工作。随后，教师提出问题“哪些事情可以先做，哪些事情可以后做?”，引导学生制订初步活动计划，思考活动过程，以便于后期活动的顺利进行。在制订计划的过程中，就有小组顺势将具体的任务分配给小组成员，然而在后续的活动中，出现了一些意外情况，阻碍了活动的进行。例如：资料搜集阶段，有些学生并没有按时完成搜集任务，只能临时向他人借阅资料；有些学生因为时间问题，没有完成活动中承担的相关任务；还有的学生不擅长绘制，却因为担任了绘制任务而没有很好地完成。根据学生的以上表现，教师暂停活动，引导学生分析遇到问题的原因：在小组制订计划时，成员应该接受任何一个任务安排吗？是否需要考虑结合每个人的长项来分配任务？小组合作学习中，自己负责的任务无法完成，怎么办？经过全班的思考与分析，学生再一次开展小组交流，考虑时间、特长等因素，进行了更加细致的分工。在小组活动中，学生应积极参与组内活动，主动交流，根据自身情况，选择适合的任务参与，合理地承担任务。在实际活动过程中，学生很容易将某一活动环节遗漏，需要教师密切关注学生的状态，通过及时评价，优化活动环节。这样，当学生活动与任务目标偏离时，教师就能及时提醒学生调整自己适应团队并融入团队进行活动，树立集体意识和责任意识，完成自己承担的任务。可见，及时评价可以促进活动的开展，培养学生多方面的能力。

在第三个班级开展活动时，教师引导学生在设计前先明确任务，在小组中交流想法，培养做事前先交流、思考、分析问题的习惯，然后待确定最优方案后，制订计划。具体如下。

小组成员的任务如下。

①小组开展头脑风暴，思考志愿服务活动前所需的准备工作，绘制图示。

②补充、归纳志愿服务活动前的准备工作。

③小组交流、讨论，为所需的准备工作排序和分工。

需要考虑的问题如下。

①为了做好此次机场志愿服务活动，我们要做哪些准备工作？

比如：查资料了解信息，考虑材料的资金成本问题、数量问题、所放置的位置，绘制怎样的设计图，制作材料如何挑选，需要哪些语种，需要为特殊人群提供哪些特殊服务，无法到机场如何验证设计的提示牌是否可用，等等。

②在这些准备工作中，哪些事情要先做，哪些事情后做？如何分工？

在学生的计划中，很多任务是学生初次独自承担，如为小组搜集旅客在机场遇到的问题、绘制志愿者标志设计图等。因此，在小组交流分工时，教师提示学生介绍自己的情况，自我推荐擅长的任务，并建议每项任务所需的活动人数至少保证 2 人，避免出现活动意外中止的情况。教师还提出在活动后期，可以举办情景模拟活动，评选出三种志愿服务方式中最受欢迎的，以此激励学生认真对待，遵守规则，尽职尽责地完成任务。

志愿服务活动接近尾声时，教师发现第三个班级的活动效率比第二个班级又提高了。这次的活动设计是三次活动中，执行最顺利且学生思维最活跃、积极性持续最久的一次。

表现性评价要求学生完成任务、展示能力，但不是针对一个确定的答案进行评价。它不仅要评价学生行为表现的结果，而且要关注学生行为表现的过程。因此，对教师而言，目标是贯穿活动始终的重点，也是合作学习中的关键。教师在注重学生活动参与及合理分工的基础上，要注重活动过程中活动目标的贯穿，从而明确学生的活动任务，提高活动效率。

二、以“评”定“教”，提升学生问题解决能力①

（一）问题提出

评价是教学中重要的一环，如何将评价的内容融入教师的教学和学生的学习中？这对于一线小学教师来说，不仅要改变教育理念，还要付出实际行动。“评—学—教”三位一体的教学变革怎样助力教师上出让不同水平的学生都有获得感、有温度、有宽度、有深度的常态课?

教育评价正在发生改变，教学、学习和评价三位一体的关系得以建立，评价被看成镶嵌于“评—学—教”过程之中的一个环节。表现性评价镶嵌于课堂教学，从而促进教学。② 在这样的契机下，数学团队、北京教育学院刘琳娜老师的引领下，进行了基于表现性评价的小学数学教学改进的课例研究，从测试题目出发，探讨如何将一道好题转变成一节好课，实现教、学、评一致。以“路线问题”一课为例，我们开展了研究，侧重于培养学生的审辨思维与问题解决能力。

（二）确定研究主题，明确命题的依据

本节课的教学内容是“小蚂蚁爬纸盒的路线问题”，本题所涉及的知识点是五年级下学期认识正方体的特点以及展开图。测试题如下。

---

① 本案例由张红健老师撰写。

② 周文叶：《中小学表现性评价的理论与技术》，19 页，上海，华东师范大学出版社，2014。

有一个正方体纸盒，如图 6-1 所示。小蚂蚁在纸盒外表面从 A 点爬到 P 点。(假设小蚂蚁可以在纸盒外表面的每个面爬行。)

问题 1：下面两条路线中，第____条路线更短。(填“①”或“②”。)

第①条路线：从 A 点沿直线爬到 N 点，再由 N 点沿直线爬到 P 点，记作 A→N→P。

第②条路线：从 A 点沿直线爬到 B 点，再由 B 点沿直线爬到 C 点，最后由 C 点沿直线爬到 P 点，记作 A→B→C→P。

问题 2：将正方体纸盒展开，展开图如图 6-2 所示。小蚂蚁还是从 A 点爬到 P 点。请你帮它找出一条最短路线，并画在展开图中。

问题 3：请你在纸盒外表面上，把展开图中的最短路线画出来。

问题 4：你还能想出其他最短路线吗？把你想到的都表示出来。

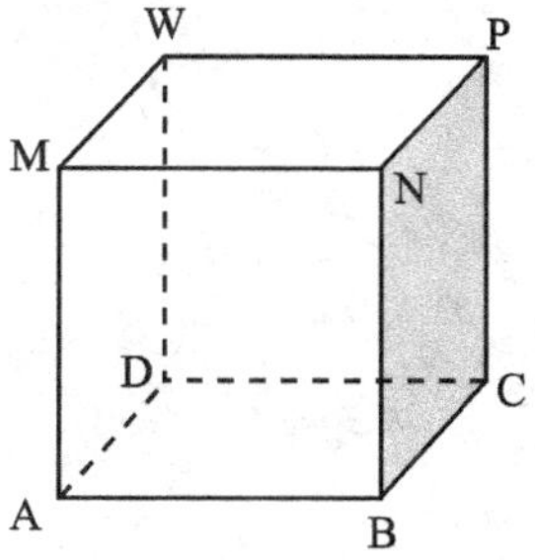

图 6-1 正方体纸盒

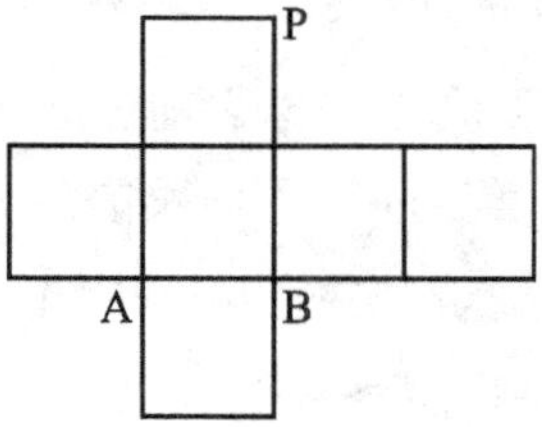

图 6-2 纸盒展开图

问题 1 考查学生能否判断沿着面和棱爬比只沿着棱爬要短，问题 2 考查学生能否在平面图中找到两点之间的最短路线。从学生的做题反馈情况来看，学生对问题 1 和问题 2 的作答情况比较好。问题 3，从平面图回到立体图，考查学生能否将平面图的路线与立体图的路线对应起来，对学生的空间想象力要求很高。问题 4 考查学生能否利用推理想象的办法，在立体图形中找到其他的最短路线。对于问题 3 和问题 4，学生作答情况并不好，说明学生在平面图与立体图的对应关系上存在欠缺，这是学习的难点。

（三）明确此题的价值与目标

学生的作答情况给了教师反思的方向：学生做不好高阶思维的题。

从这一现象出发追问课堂，教师是否往往就教材教教材，缺少思维的宽度和深度？

发展空间观念是图形与几何学习的重要内容。本节课希望能够通过具体的问题情境，引导学生在解决具体问题的过程中积累解决问题的经验和策略，发展推理能力、空间观念和问题解决能力。这个问题的顺利解决需要学生较强的空间想象力，这对学生来说是比较困难的。学生在解决问题的过程中难以直接通过想象、推理顺利解决问题。

（四）从按部就班的教学设计到表现性评价的活动设计

教师们开始时毫无头绪，按题目中的四个问题顺序设计教学活动，感觉就像是一节解决问题的练习课。在大家不断地讨论以及专家的指导下，教师们意识到要把这道好题设计成有逻辑关系的系列好活动，即设计有层次的表现性任务。

1. 分析学生难点，确定评价(学习)目标

在设计表现性任务之前，必须先确定评价的目标。因此，在教学活动之前，对学生进行了一次前测。设计了“小蜘蛛爬纸盒”这样一个极为相似的问题情境，并且突出原题中的问题 2 和问题 3。

前测题目(图略)：

问题 1：将正方体纸盒展开。你能帮小蜘蛛找一条从 A 点爬到 G 点的最短路线吗？请在图中画出来。

问题 2：把你找到的最短路线在纸盒上标出来。

问题 3：尝试着把你的想法或发现记录下来。

学生的作答情况见表 6-1。

表 6-1　学生的作答情况

项目	问题 1			问题 2	
作答结果	正确	未画图	路线错误	基本正确	错误
学生数/人	25	2	5	6	26
比例/%	78.1	6.3	15.6	18.8	81.2

问题 1 考查学生能否在平面图中找到两点之间的最短路线。从结果来看，大部分学生能够在同一平面内找到两点之间的最短路线，有 5 名

学生出现了错误，其中有 2 人画出多条路线，但是并没有指出哪条最短(图 6-3)，有 2 人选择了一个面的对角线和一条棱所组成的路线(图 6-4)，有 1 人直接选择了 3 条棱的路线。

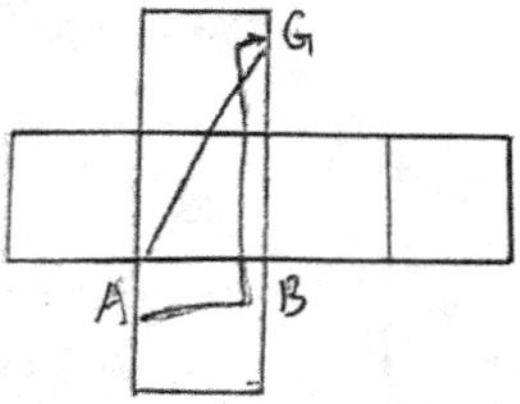

图 6-3 学生画的多条路线

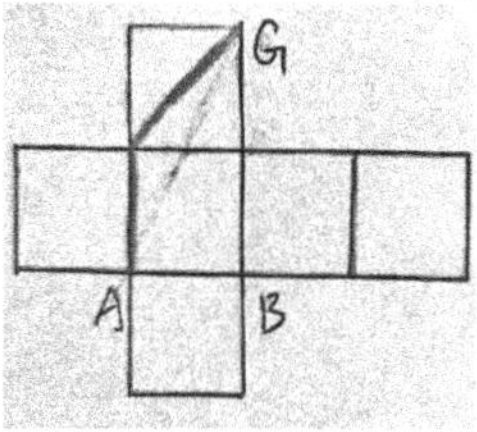

图 6-4 一个面的对角线加一条棱的路线

问题 2 考查学生平面图与立体图的转换。从结果来看，32 人中只有 6 人是基本正确的。这 6 人能够注意到平面图中的线段 AG 在立体图形中会涉及两个面，因此所画线段要“折断”。做错的学生中有 15 人在正方体立体图形中从 A 点直接画到 G 点，没有考虑到立体图的特征。究其原因：一方面，可能有个别学生没有注意题目要求是“小蜘蛛在纸盒外表面的每个面爬行”；另一方面，学生没有在平面图与立体图之间建立联系，受问题 1 中 A 点到 G 点的影响，在立体图中也从 A 点直接连到 G 点，因此在画图中出现错误(图 6-5)。

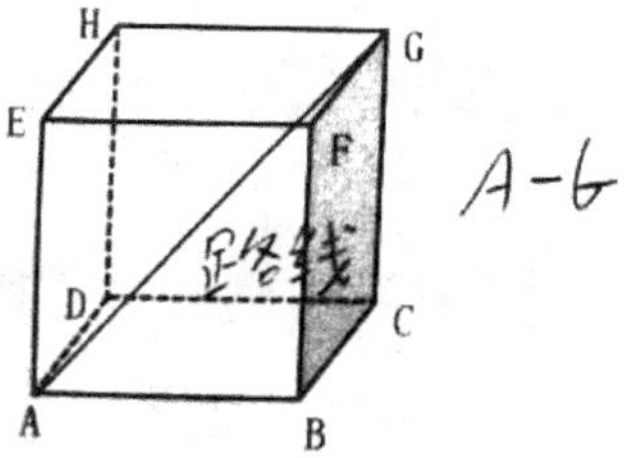

图 6-5 学生错误方法(1)

认为沿边走路线最短的有 3 人，有 7 人选择先走一个面的对角线，再沿着某条棱走。值得注意的是有 2 人在问题 1 的平面图中也出现了这样的路线，说明他们在平面图与立体图的关系对应上掌握得较好，但是不知道如何在两点间确定最短路线，在问题 1 中出错(图 6-6)。

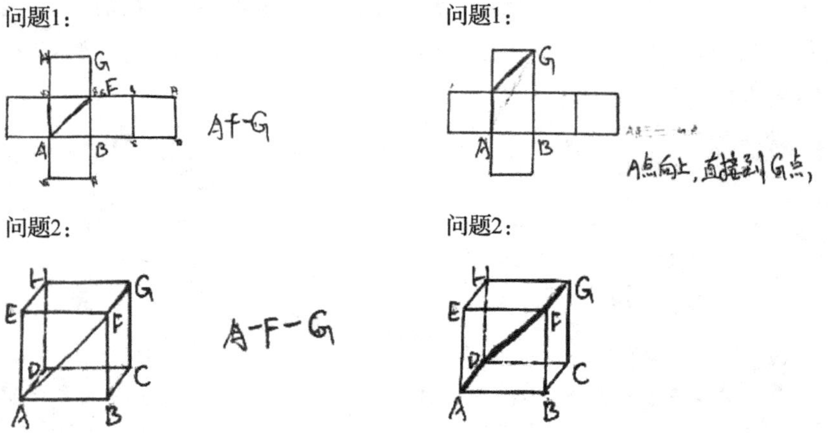

图 6-6　学生错误方法(2)

2. 立足难点，突破难点

结合前测内容分析，教师确认：将立体图中的最短路线问题转化为平面图中的最短路线问题是解决这个问题的重要策略。

第一，在平面展开图中找最短路线是解决问题的关键一步，也是解决下一个问题的基础。部分学生没有在展开的平面图中找到正确路线，一方面是对立体图与展开图的关系这一知识掌握得不好，另一方面是认为小蚂蚁就应该沿着棱爬，而不是可以在表面随意爬。第二，将平面图路线回归到立体图中，学生只凭想象是非常困难的，必须通过动手操作，积累数学经验。

本节课需要突破的难点如下。

知道小蚂蚁怎么爬？沿棱还是可以在各个面的任意处爬行？（思维：突破定式）

立体图中如何找到“最短”路线？（策略：立体图—平面图—立体图）

怎样找到其他最短路线？（空间观念、推理能力）

3. 确定教学目标及重难点

基于对学生学习难点的分析，确定了本节课的教学目标，同时也是本节课的评价目标。

①能读懂题意，突破思维定式，灵活运用所学知识在平面图中找到

并解释最短路线。

②学会将立体图形问题转化为平面图形问题，积累解决问题的经验和策略。

③在实际操作、解决问题的过程中建立平面图与立体图的对应关系，发展推理能力、空间观念、反思与问题解决能力。

④在小组合作中培养沟通交流的能力。

教学重点：能在平面图中找到最短路线，并能正确地在立体图中标出来。

教学难点：能在平面图和立体图之间建立联系，并能找到不同的最短路线。

4. 设计三个活动任务并制定评价量规

活动 1：探究小蚂蚁从 A 点到 P 点的爬行路线。

要求：用彩笔在①号大正方体上画出路线，时间为 1 分钟。

设计意图：通过活动 1，突破学生的思维定式，小蚂蚁既可以沿着棱爬，也可以沿着面爬。同时，自然引出要研究的最短路线问题。

目标：突破思维定式，明确爬行路线。

学生的表现水平：

水平 1：没有理解题意，只根据以往的经验沿着棱爬行(图 6-7)。

水平 2：没有完全理解题意，沿着棱和面爬行(图 6-8)。

水平 3：根据题意能够理解在面上爬行(最短路线)(图 6-9)。

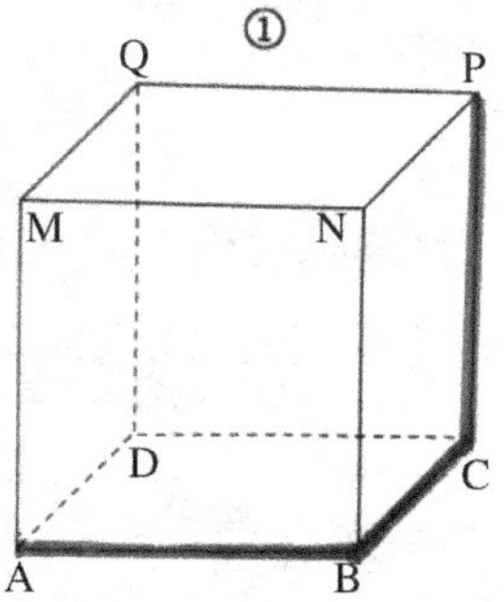

图 6-7　水平 1：沿着棱爬行

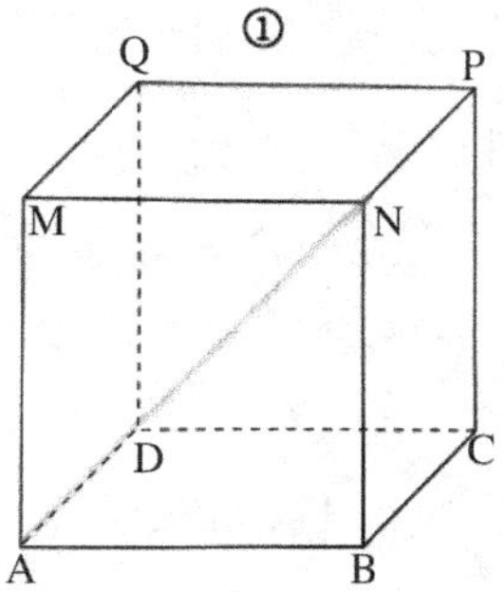

图 6-8　水平 2：沿着棱和面爬行

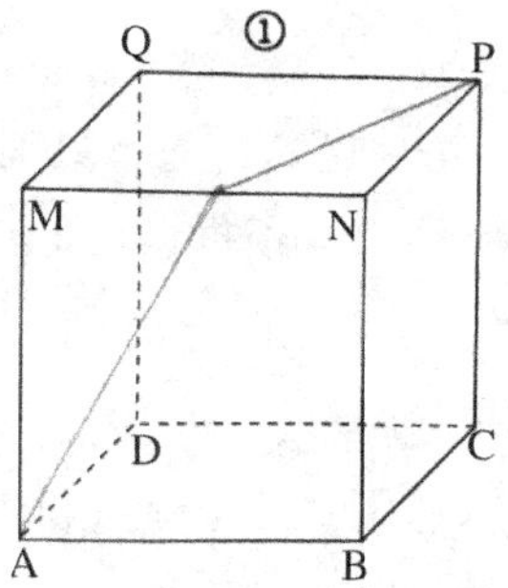

图 6-9　水平 3：在面上爬行

活动 2：探究小蚂蚁爬行的最短路线。

要求：先借助信封中的学具，找到小蚂蚁爬行的最短路线，在图中标出来并说明理由；然后在②号正方体图中画出找到的最短路线。

意图：引导学生找到解决问题的策略，建立平面图与立体图的联系。

目标：借助平面图与立体图之间的转化，培养空间观念。

学生的表现水平：

水平 0：低于水平 1。

水平 1：只能在展开图上找到最短路线。

水平 2：能够借助展开图找到最短路线，并在立体图上正确标出。

水平 3：能够直接在立体图上找到最短路线，并借助展开图说明。

本次活动中没有出现水平 1 的学生。学生的表现水平如图 6-10 至图 6-12 所示。

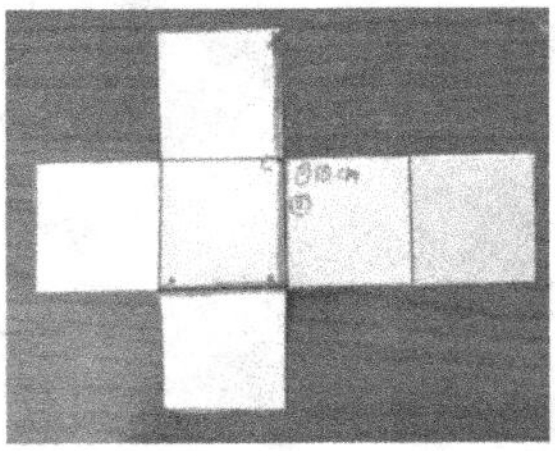

图 6-10　低于水平 1

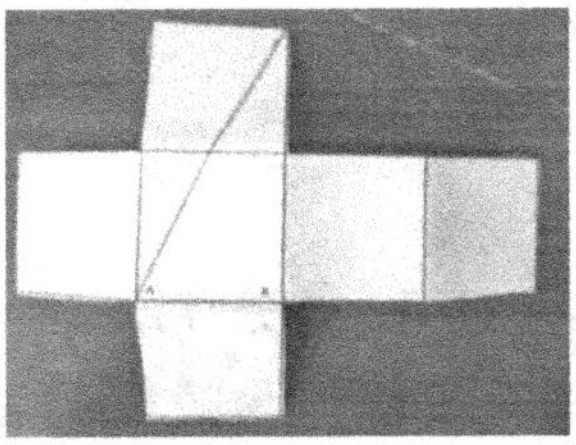

图 6-11　水平 2：借助展开图画出

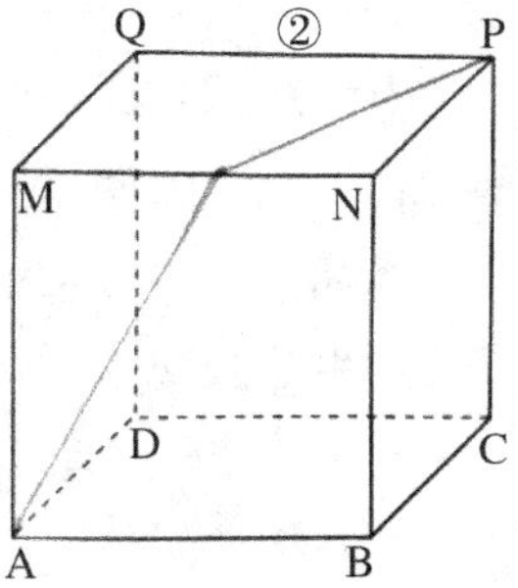

图 6-12　水平 3：直接画出

活动 3：探究一共有几条最短路线。

要求：根据自己的需求，选择合适的学具；将找到的最短路线用彩笔画在③号正方体图中；完成之后在组内交流讨论，确定本组的最后结果。

意图：为学生提供不同的学具，满足不同水平学生的需求，促进学生的高阶思维发展。

目标：借助数学活动，发展空间观念和推理能力。

学生的表现水平：

水平 1：借助格子图/展开图/正方体能找到并在立体图中画出 2 条最短路线。

水平 2：借助格子图/展开图/正方体能找到并在立体图中画出 3 条或 4 条最短路线，并说明理由。

水平 3：借助格子图/展开图/正方体能找到并在立体图上画出 5 条或 6 条最短路线。

水平 4：不借助任何学具能在立体图上直接画出 6 条最短路线。

本次活动没有出现水平 3 的学生。学生作品如图 6-13 至图 6-15 所示。

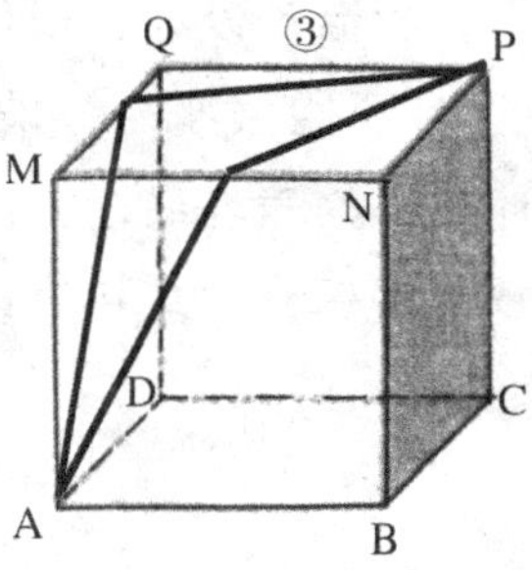

图 6-13　水平 1：借助平面图，找到 2 条

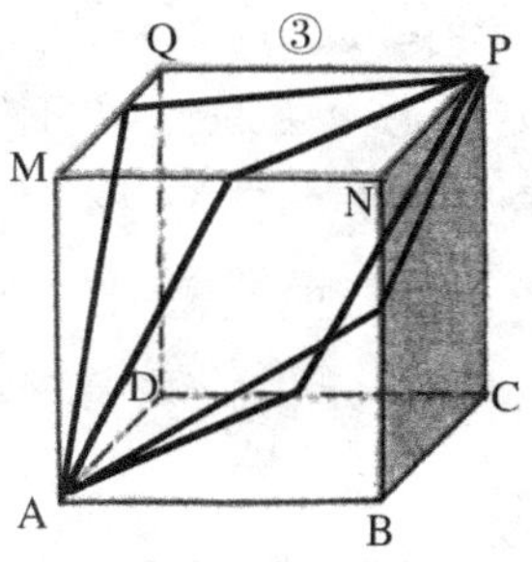

图 6-14　水平 2：借助正方体，找到 4 条

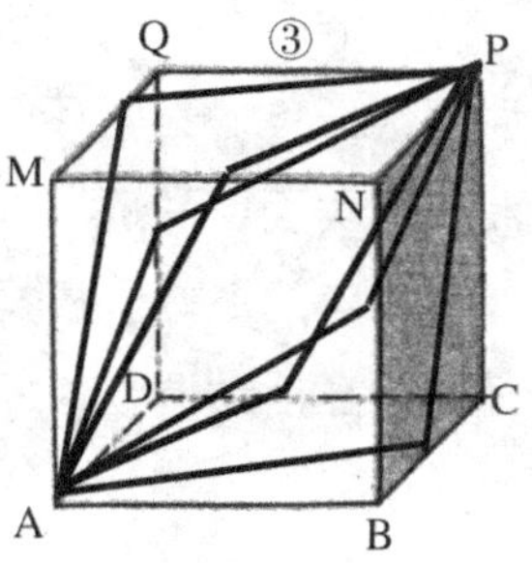

图 6-15　水平 4：通过推理，找到 6 条

三、 我们的反思

（一）以评定教，设计表现性任务

以评价目标为教学目标，并设计表现性任务，将评价纳入教学之中。学生带着任务开展探究活动，清楚地知道自己要干什么，有非常明确的学习目标。学生在活动过程中，综合运用所学知识解决问题。在这一过程中，教师能通过学生的行为表现了解学生的水平。

（二）在活动中为学生提供多种学具，照顾不同水平的学生

教师在设计学习活动的同时，也为学生提供了不同的学具，如正方

体立体图、展开图、正方体盒子、正方形磁力片、方格纸。探究不仅仅是“绩优生”的事，每个学生都可以根据自己的需求选择适合自己的学具，真正投入探究学习中。

（三）明确表现性评价与“基于标准”的教学的关系

“基于标准”的教学的初衷是确保教与学的质量，而基于表现性评价的教学则不同，它不能只关注“教什么”和“怎么教”，而是要系统性地思考“为什么教、教什么、怎么教和教到什么程度”这四个问题。

设计的表现性评价既是评价，也是一项有效的教学活动，嵌入课堂活动中，两者合为一体。对学生来说，既参与了学习活动，也在学习活动中完成了评价任务。

并非所有的教学活动都是评价任务。要将一个教学活动设计成表现性评价任务，我们不仅要考虑学生通过学习应该达到哪些预期的结果，而且应明确证明预期结果所需要的证据是什么，什么样的表现最适宜作为可收集的证据。根据这些关键的问题和评价设计的逻辑，才能将设计好的教学活动调整为评价任务，从而将两者较好地统整起来。

第二节　评教结合让活动任务更明确

一、评教结合下的教学改进案例①

依据教学评价在教学活动中出现的时段，我一直将其放在教学活动完成后进行，也就是每次设计完活动内容，才思考怎么评价学生的活动水平。这种教学与评价分离的设计，常常让我困惑：究竟要依据学生活动的结果还是过程来评价学生？评价学生“知道什么”，还是评价学生“能做什么”？怎么全面评价学生在活动过程和结果中展示出的能力？深入思考后不难发现，这些困惑都源于“目标—教学—评价”的相互分离，也就是说评价外在于教学。如何能够让“教—学—评”一体化？

① 本案例由白雪老师撰写。

表现性评价强调评价应当持续存在于教育、学习的过程之中，评价活动本身就是教与学的一个有机组成部分。评价目标就是教育、学习目标，评价任务就是与目标匹配的任务。所有教与学的活动都是为了目标的达成，评价任务及其实施就是为了检测目标达成情况。由此看来，表现性评价更能促进“目标—教学—评价”的一体化。基于以上认识，我对“纸飞机投准”活动进行了反思，对教学任务进行了如下改进和实践。

（一）分析学生活动过程

我选择自己任教的二年级(1)班学生作为测试对象，利用 40 分钟的课堂教学时间，进行任务实施。在学生完成任务后，我将他们的纸飞机作品和评价标准表收集起来，并根据学生活动中的合作情况进行分析。我发现成绩较低的小组有如下几个特点：①学生倾向于自愿结合，但未能找到心仪的小组成员，合作过程中一直带有负面情绪，影响合作效果。②组内竞赛时学生多关注自己的成绩，未能有效地给小组成员提出建设性的修改意见。③全班竞赛时过于关注成绩，忽略组内成员间的鼓励与支持，导致矛盾产生。

针对以上特点，我进行了如下思考。①若想短时间内找到心仪的符合要求的小组成员，对低年级小学生来说很难，因此教师需要给学生提供有趣的形式，让他们破除成见，用新的眼光看同学，从而让每个人都有发现同学优点的机会。②组内竞赛的目的有两个：一是让学生根据成绩，反思自己的折叠和投掷方法；二是给组内成员一个交流话题，让大家围绕折叠方法和投掷方法互相提出有效的修改意见。这对低年级小学生而言不容易，因此，教师需要有效组织、分阶段安排交流内容，让学生的此段活动有效。③全班竞赛时，学生年龄特点决定了学生遇到问题易互相指责，因此，教师可提前安排好学生的角色，引导学生关注自己投掷的问题，并用欣赏的眼光看小组成员。这样不仅可以避免不必要的争吵，而且可以发现同学身上的优点，从而促进学生合作意识的培养。

（二）修改活动任务

根据对学生的观察，发现他们关心的重点在竞赛活动上，因此我调整合作任务开展的时机，将每个竞赛活动都作为一个合作任务来布置。这就意味着学生在完成合作任务的时候也获得了合作技能提升的机会，并且我会在学生完成任务后，对学生进行积极的反馈，让学生明确他们合作竞赛时的优势和问题，分析差距，进行弥补，从而让合作技能的学习得到显著改善。

表 6-2 是调整后的任务设计，突出了合作的任务。

表 6-2　调整后的任务设计

活动环节	教师活动	学生活动
布置表现性任务		
一、创设情境，发现问题	①本课要进行全班纸飞机投准竞赛。教师帮助学生利用异质分组的方式先形成四人小组，即全班 36 人，按座位顺序 1 到 4 报数后，报 1 的人分在一组，以此类推形成 9 个小组。 ②师生一同了解竞赛规则。 ③组内竞赛时，互相记录成绩，自主分析优缺点。 ④小组交流总结好的折叠和投掷经验，研讨出影响因素。	①学生异质分组。 ②明确竞赛规则。 ③进行竞赛。 ④讨论出机型特点和人为投掷因素。
分析任务		
二、搭建支架，分析问题	①什么因素影响了纸飞机投准？ 组织学生按照从 1 号到 4 号的发言顺序进行交流。 教师根据小组汇报梳理并整理板书（图 2-4）。 ②如果小组全员参赛需要注意什么？怎样合作能取得好成绩？ 教师组织每组 1 号学生代表发言，其他成员补充发言。	①学生按照从 1 号到 4 号的顺序进行发言，基本角度为纸飞机机型和投掷方法。 ②学生按照从 1 号到 4 号的发言顺序进行交流。通过组内分享，学生发现每个参赛成员都应合理选择机型、投掷方法、所站投掷线，每个人都选了最佳方案，小组成绩才会高。

续表

活动环节	教师活动	学生活动
组间评价任务		
三、支持合作，实施策略	①你想对自己的纸飞机或者投掷方法进行改进吗？ 小组内根据学习材料改进飞机，练习投掷，提高技术，设计小组战术。继续运用表格改进纸飞机，组内互相记录成绩，用彩色笔勾选出要改进的因素。 ②全班竞赛。 建议学生作为参赛选手时应是“挑刺员”，利用“纸飞机投准”的研究任务单分析自己投掷时的优劣势；学生在作为观众时应承担“促进员”“点赞员”的角色，构建和谐、合作的小组。 ③赛后研讨。 怎样利用评分规则自评和互评成功之处？有哪些需要改进的地方？ ④通过这次活动你有什么收获？还有什么想研究的内容？	①学生关注自己的纸飞机改进和投掷方法的改进。 ②学生作为观众时要调整角色，营造小组内和谐的氛围。 ③学生先说优点，再说改进的具体建议。

调整后的活动任务增加了合作性质的活动，并为学生提供了更多有效的合作方法指导。学生的关注点大部分从成绩转向合作意识和方法，真正意识到“友谊第一，比赛第二”的含义。

（三）再次实施活动任务

我在修改活动任务后进行了评价目标的细微调整，并与学生一同研究评价标准，通过让学生参与评分规则的制定来让他们理解评分规则的意义和使用方法。

下面来看学生小黄的情况，他一开始因为折叠技术不好，就想利用绘画图案取胜，并挑战最近的投掷线。在组间研究的过程中，其他学生发现他的成绩过低，于是有人主动提出让他改进纸飞机。他说不会，其他学生于是找出折得好的小刚帮他折了一架纸飞机(图 6-16)。

用小刚折的纸飞机小黄可以在 3 分的投掷线投中了，于是增强了自信，向同学请教怎么能投掷得更远。于是大家一起练习投掷方法，最终小黄利用这架纸飞机投出了 4 分的好成绩。虽然小黄所在的组未夺冠，但他们都很有成就感，因为交流过程中，他们发现本组努力帮助小黄的举动，被教师赞扬，被同学称赞。通过全班交流，他们发现了不同组的纸飞机各有特色，而且能投中的纸飞机样式是有规律的。他们觉得如果时间再多些，他们会再尝试不同的纸飞机折叠方法，说不定成绩还会提高。

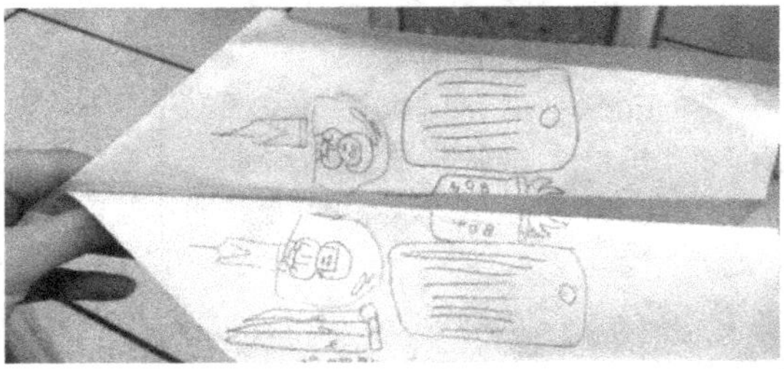

小黄折的纸飞机

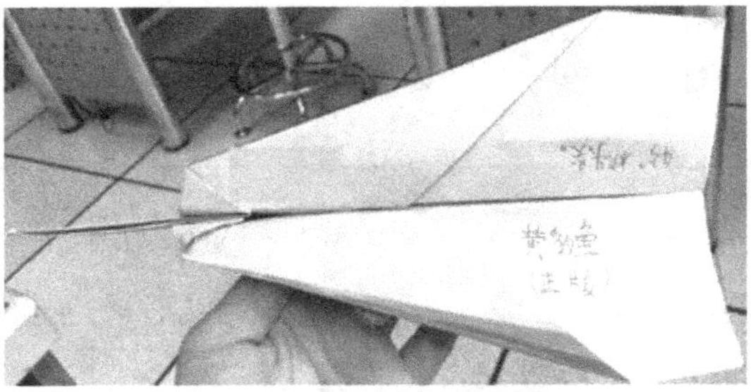

小刚折的纸飞机

图 6-16　两名学生折的纸飞机

课后我对小黄进行了访谈，了解活动后他的情况。他向我讲述：课下他主动去找小刚求教，不仅学会了这种纸飞机的折法，也改变了对小刚的看法。小刚学习方法好，但平日不主动与同学交往。小黄通过这件事认识到小刚平时只是专注学习，很少有时间跟大家交往。通过这次活动，他认识了“有本事”的小刚同学。同时他也意识到自己应该主动求教，不然学得太慢了。

通过课上观察和课后访谈，我可以看出小黄在此次合作竞赛活动中感受到了合作的快乐，交到了新朋友，还对学习方法有了新的认识。

美国21世纪学习联盟提出小学生4C评价中的合作能力指的是一系列学习与创新的技能。它是个体在认同团队或组织共同愿景的基础上，积极主动地承担分内职责，并本着互尊互利的原则，通过与团队不同成员的平等协商，灵活地做出妥协、解决争议，实现共同目标的技能。

依据表现性评价理念，调整活动任务后，我看到学生参与度大幅提高，因为彼此的成绩是息息相关的，所以每个人都积极参与研讨，并愿意相互“取经”，一同找更合适的纸飞机机型，一起研究如何投掷更准、更远。参赛选手投不进时，听到的是鼓励声和安慰声。全班互评时，听到了大家取长补短的评价。

我想这就是研究的意义吧！

二、 在“操作”中提高学生问题解决能力[①]

“长方体的认识”离不开“空间观念”和“活动经验”这两个关键词。空间观念的培养是一个长期的经验积累的过程，因此教学要求有别于具体的几何知识。但它又是在几何知识的学习中体现的，也就是用看得见的东西想看不见的东西。对小学生而言，将看不见的“想象”转化为看得见的“操作”是重要的学习路径。

“长方体的认识”一课属于“图形与几何”领域中“图形的认识”这部分内容。学生对此有丰富的学习经验。在一年级，学生直观认识了长方体、正方体、圆柱体和球体等简单的几何形体，为“长方体的认识”一课的学习提供了经验支撑；在三、四年级，学生又认识了一些平面图形，为“长方体的认识”提供了知识和方法的支撑。本节课是学生正式认识立体图形的开始，也是从平面几何到立体几何学习的一次飞跃。这节课，主要内容是探究长方体的特征，发展学生的空间观念，为后面学习长方体、正方体的表面积和体积计算做准备，也为进一步认识圆柱体、圆锥体等其他立体图形和相关计算打基础。本节课与前后知识的关系如图6-17所示。

① 本案例由李燕、刘琳娜老师撰写。

图 6-17　教学内容关系图

学生在学习这部分内容时的已有经验是什么？设计什么样的活动才能有效地帮助学生真正积累活动经验并发展空间观念，同时为后续其他立体图形的学习奠定基础？带着这些问题，我们对这一教学内容进行了思考，大胆地突破了以往“长方体的认识”的教学活动设计，围绕“问题解决”设计学习活动，进行了新的尝试。

（一）两次调研，全面了解学生已有经验

从学习内容上来说，学生在低年级的学习中已经对简单的几何体有了感性认识，中年级时还学习了长方形和正方形的特征以及两者之间的关系，这些都是认识长方体和正方体的知识基础。为了解学生对长方体和正方体的认识情况，我们对学生进行了两次调研。

1. 第一次调研

调研题目如图 6-18 所示。

下面的图形足够多，你能选取合适的图形拼一个长方体吗？

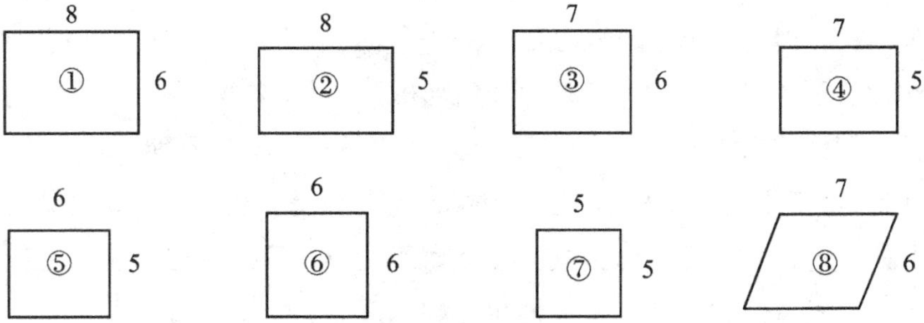

图 6-18　调研题目(第一次)

调研目的：掌握学生对长方体的了解情况。

调研结果见表 6-3。

表 6-3　调研结果(第一次)

学生情况	正确			错误			
	2+2+2①	4+2	6	2+2+2	4+2	6	其他
人数/人	6	17	2	3	7	1	5
比例/%	14.6	41.5	4.9	7.3	17.1	2.4	12.2

调研发现：绝大多数学生知道长方体有 6 个面；选择时都是一对一对选的；在正确的选择中，有一组相对面是正方形的长方体正确率较高。说明学生对长方体是有一定认识的。

在正确的情况中，“4+2”明显高出其他两种情况，说明学生对于有两个面是正方形的特殊长方体的认识更为清晰，这或许是因为学生在生活中见到的很多实物类似于这种形状，这种特殊的长方体对学生来说更为熟悉和简单。

学生在选择时倾向于简单和熟悉的，那么他们对于一般长方体的认识如何，是否存在困难呢？带着这个问题，我们对学生进行了第二次调研。

2. 第二次调研

调研题目如图 6-19 所示。

下面的图形足够多，你能选取合适的图形拼一个长方体吗？

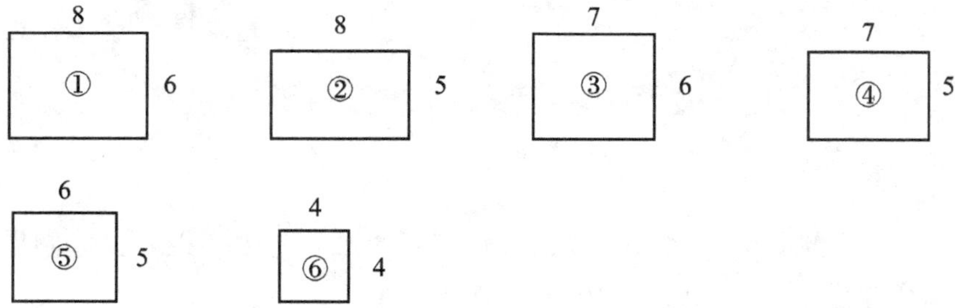

图 6-19　调研题目(第二次)

① 数字表示面的数量，加的形式表示长方体的构成方式。例如，“2+2+2”表示长方体由三组不相同的面组成，“4+2”表示长方体由 4 个相同的面和另外 2 个相同的面构成，也就是我们所说的有两个相对面是正方形的特殊长方体。

调研目的：调整了正方形的尺寸，了解学生在不能利用特殊长方体经验的情况下，会有什么样的情况。

调研结果见表 6-4。

表 6-4 调研结果(第二次)

学生情况	正确		错误			
	2+2+2	6	2+2+2	4+2	6	其他
人数/人	12	3	7	12	2	6
比例/%	28.6	7.1	16.6	28.6	4.8	14.3

调研发现数据有较大反差，正确率从 61%跌到了 35.7%。学生的困难究竟在哪里？进一步对学生进行访谈发现：有些学生面对问题束手无策，不知道该怎么选。我们鼓励学生大胆试一试。有的学生拿出两个相同的长方形，把它们拼在一起，还有的学生把 4 个长方形围成一圈(图 6-20)。

图 6-20 学生尝试拼长方体

其实无论是哪种情况，学生都是在利用已有的生活经验。他们思维的对象局限于直观形象，即借助能看到的具体形象思考其他能看到的具体形象，而缺少把看得到的和看不到的放在一起思考的意识。

学生的困难主要集中在两个方面。

①平面—立体。认识还停留在二维的层面上，难以从立体的角度认识长方体。

②面—棱。难以将面与棱建立联系，从棱的角度选择面。

说明学生可以通过操作和调整完成任务，但缺乏在头脑中构建长方体的经验和能力，空间想象力不足造成了学习的困难。我们解决这样的困难，就是要使学生借助操作活动形成空间想象力，从而发展空间观念。

（二）以“发展空间观念”和“问题解决能力”为核心确定教学目标

这节课是对立体图形的第一次认识，对长方体的认识将为后续认识圆柱体、圆锥体积累活动经验。活动经验的积累主要有两种方式：第一种是学生通过操作，在自我反思、调整的过程中，把经验积累下来；第二种是在交流的过程中，把别人的间接经验变成自己的直接经验。

从二维到三维的转换是发展空间观念的重要方面，这个转换也恰恰是学生的困难所在，需要在教学过程中着力突破。我们要让学生通过活动，把看不见的困难显现出来，引起关注。从教材的编排或已有教学实例来看，对“长方体的认识”大致有两种处理方式：一是选择先认识图形的特征，再进行具体操作。二是先进行操作，在操作的过程中逐步清晰对图形的认识。不管哪种处理方式，其目标都是为了发展空间观念。

发展学生的空间观念需要具体实物的支撑，从二维到三维的跨越需要操作活动的支撑。什么样的操作活动是有效的和有意义的？操作活动应该是学生自己的活动，是别人不能代替的；不是盲目的活动，应该是带着思考进行的。我们希望学生能够先操作，再提炼特征。由此确定教学目标如下。

①通过制作长方体的操作活动，认识长方体的特征。

②在尝试和调整的过程中，建立面与面之间的联系，培养空间观念。

③积累活动经验，体会思考的乐趣。

（三）从操作到想象，设计有层次的学习活动

基于前述分析与思考，本节课确定基本教学流程如图 6-21 所示。

主要活动环节设计如下。

1. 唤醒先前经验，在回顾中整体感知长方体

本环节我们让学生说一说生活中见到的长方体，并提出思考问题：怎样才能得到一个长方体？引发学生对长方体结构的思考。得到长方体的方式有三种。

切割：三维—三维。

纸片(围、摞)：二维—三维。

小棒：一维—三维。

让学生从众多方法当中先选择一种，然后思考如果用纸围，应怎么围。

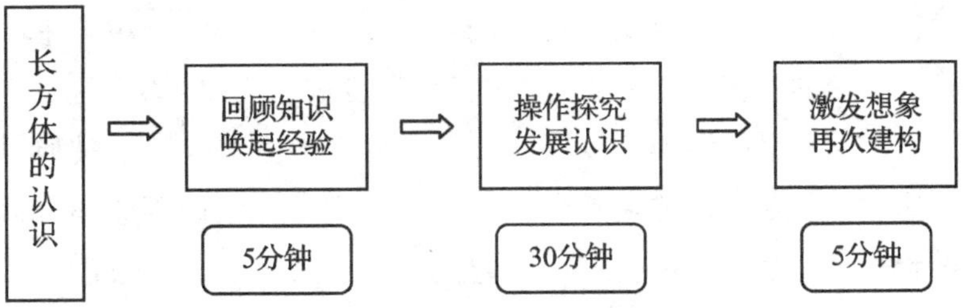

图 6-21　教学流程

设计意图：三种不同的方式都可以构造出长方体。用实物切割的方法相对容易，而从二维到三维的变化恰恰是这节课需要着力去突破的。同时，在操作的过程中，对长方形边长的考虑也恰恰是建立一维与三维之间联系的重要过程。

2. 聚焦“面”与“体”，在挑战性问题中发展空间观念

在本环节中，给学生提供如图 6-22 所示的活动材料，并布置有挑战性的问题情境。

每种图形各有 6 个，你能选取合适的图形拼成一个长方体吗？

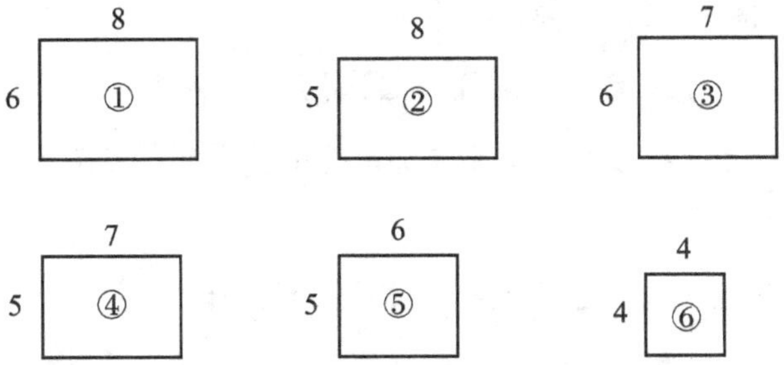

图 6-22　活动材料

活动要求：选择合适的材料和数量，制作一个长方体，并填写材料单(图 6-23)。

图形	数量
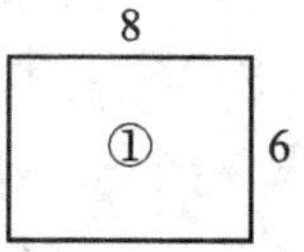	
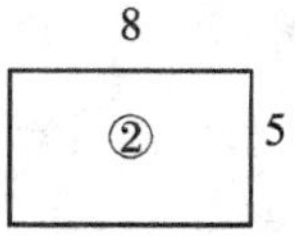	
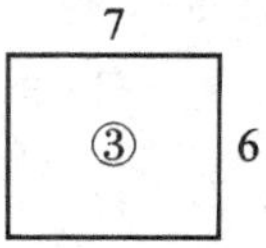	
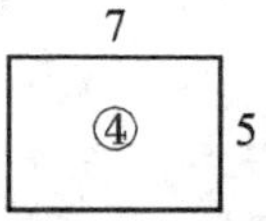	
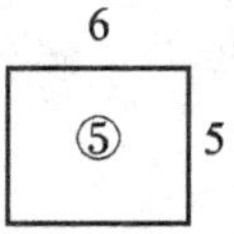	
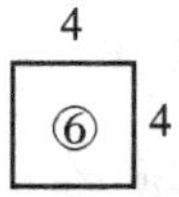	

图 6-23　材料单

选好后看着材料单，想象围成的长方体是什么样的？

根据填好的材料单，选择图形，尝试拼接。(辅助材料：自制支架)

设计意图：做之前的选和想，都是为了让学生能够带着思考去操作。

3. 交流反思，从不同角度思考“面”如何构成“体”

本环节主要是针对学生完成的材料单有层次地进行呈现，引导学生在交流中反思，从“面”的数量、“拼”的方式等角度思考构成长方体的“面”的特征。

第一层次：呈现只选择了4个面的记录单。这样能围成长方体吗？引导学生明确构成长方体需要6个面。

第二层次：呈现“2＋2＋2”结构。有学生选了6个面，而且是三组不相同的面，能拼成吗？让学生试一试，选取两个相同的长方形，将它们拼接在一起，引导学生思考这么拼行不行。如果这样拼，其余的几个面该如何拼？要想拼成一个长方体，该怎样拼？

设计意图：学生在具体操作时往往先把两个相同的长方形拼接在一起，接着拼接其他长方形，发现不能成功后再调整。这种现象反映出学生最初关注到的只是看得见的两个相邻面，绝大多数的成功出现在后续多次无意识的试误中。在这个活动中，教师有意识地将学生最初无意识的行为展示出来，引起学生的关注与思考，从而让学生的思维从关注看得到的相邻两个面到关注看不到的相对两个面。这时学生的认识就从平面走到了立体。

第三层次：呈现“4＋2”结构。引导学生再次感受相对面相等。其实它和前面“2＋2＋2”的情况是相同的，但是“4＋2”结构的长方体有什么特征呢？让学生在操作中进一步直观感受“有两个相对面是正方形的特殊长方体”的结构。

经过三个层次的讨论，学生明确了长方体应该有6个面，相同的两个面应该对着放，在搭配第二组面的时候，应该有一组边和第一组相同。

4. 再次操作，将“活动经验”上升为“数学思考”

引导学生重新审视自己所选择的材料：

①选材没问题的，重新调整位置。

②选材有问题的，重新选择材料。

再次操作中，学生的“活动经验”上升为“数学思考”。此时的操作，学生的思维已经有了新的发展：选材料时要考虑的因素有数量、形状、关系；6个面，两个一对，要对着摆放；选择“面”时不能随意选，要考虑到各个“面”之间的关系。

（四）关于“长方体的认识”教学的几点思考

1. 基于学生的认知起点设计学习活动

教是为学服务的，“长方体的认识”一课是学生第一次正式认识和研究立体图形。这一课的学习，将直接影响到后续长方体的表面积和体积计算的学习，乃至圆柱体、圆锥体的认识。因此，我们要在认识立体图形这一课帮助学生建立正确的观念，从“构成要素及其关系”的角度去认识长方体。

基于课前对学生的调研，我们发现学生的思维仍停留在二维层面上，还没有过渡到三维层面上。然而长方体面和棱的特征是附着在“体”上的，这就需要通过具体的操作活动，帮助学生建立二维图形与三维图形之间的联系。

2. 展示学生无意识的思维活动，引发思考，培养反思意识

学生对长方体是有一定认识的，这种认识多来源于他们的生活经验，在制作长方体的过程中，学生会不经意地将他们对长方体的认识和理解通过一些具体但又无意识的动作表现出来。学生在实际操作过程中，将这种隐性认识显性化，在不断尝试—调整—确认的过程中，对长方体的认识逐步清晰。无论失败还是成功，活动的过程都在帮助学生积累活动经验。

3. 在从“看得见”到“看不见”的过程中建立空间观念

怎样发展学生的空间观念？需要不断地积累活动经验。然而仅仅有活动是不够的，要让学生能够把属于他们自己的、不易察觉的“看不见”的思考显现出来，变成“看得见”的教学素材，让学生共同关注、共同跨越、共同成长。

4. 在“建立联系”中学会研究事物的方法，提升解决问题的能力

在本节课中，学生对长方体的认识经历了从二维到三维、从孤立到联系、从整体感知到局部认识再到宏观把握的过程。在这个过程中，学生经历了一个认识事物的过程，丰富了看待事物的视角，实现的是从“单一、片面”的平面思维到“多维、关联”的立体思维的有效跨越。

第三节　小学生关键能力培养策略

一、 运用逆向教学设计优化教学目标①

（一）表现性评价与教学的关系

经过参与“小学生4C能力评价与发展研究”，我深切感受到在众多的课堂评价中，表现性评价有其独特的优势。表现性评价在接近于现实的情境中实施，让学生面对真实的问题解决情境，综合运用已有的知识和经验来解决问题。

评价的过程相当于学习的过程。在这一学习过程中，学生能够全方位地展示自己的能力。如果教师能够收集学生在这一过程中的多方面的信息，肯定能够为教与学的改进提供依据。同时，表现性评价还涵盖了学生自身对学习的反思，因此能够起到改善学习的作用。这些方面决定了表现性评价在促进教与学方面的巨大潜力。具体体现在以下两个方面。

第一个方面，表现性评价即教学。它既可以是一种课堂活动，也可以是一种评价活动，即表现性评价可以镶嵌在教学中。美国学者比尔·约翰逊曾在《学生表现评定手册：场地设计和前景指南》中提出：“把表现性评价看作教学过程的组成部分，这一观点怎么强调都不过分。”②在经历了“学习—实践—再学习—再实践”的研究过程后，我越发感受到这句话的深刻意义。

第二个方面，表现性评价助教学。课堂中的表现性评价的主要功能之一就是有助于教师做出正确的决策。在这方面表现性评价具有明显的优势，因为它能够关注到学习的过程而不仅仅是学习的结果，教师可以随时收集学生在学习活动中的具体表现的信息：学生在多大程度上达到了学习目标，学生的学习困难在哪里，下一步的教学该从哪里出发……

---

① 本部分内容由董兆英老师撰写。

② [美]比尔·约翰逊：《学生表现评定手册：场地设计和前景指南》，李雁冰译，6～7页，上海，华东师范大学出版社，2001。

不难看出，其中最关键的一环就是教师根据课堂评价的情况来推论学生达到目标的程度。表现性评价根据学习结果所涉及的表现性任务和明确规定的评分规则，都使得教师的推论简单易行，并且可靠有效。可见，课堂中的表现性评价融合了诊断、推论、反馈和评价等多个教学过程，从而为教师的教学决策提供高质量的信息。

（二）逆向教学设计是课堂中实施表现性评价的必然

如果说以上学习内容是实现以评促教的理论基础，那么教学中大胆尝试运用逆向教学设计优化教学目标，并在课堂上实施与表现性评价统整的教学，则是实现以评促教的具体措施。

逆向教学设计是在决定教学生什么之前，先按照一定的目标开发评价设计，然后进行教学内容的选择和教学活动的安排，在教学活动中引导学生获得目标表现。因此，逆向教学设计在逻辑上是顺向的，只是与传统的内容驱动的教学模式(从教材到教学再到评价)的思路相反。逆向教学设计中教学活动设计和评价任务设计的顺序与原来相比是颠倒的，所以我们称之为“逆向”。相对而言，我们可以将逆向教学设计视为评价驱动的教学模式。

以五年级综合实践活动“绿化我们的新校园”为例，最初实施这个主题活动时，只是按照传统的教学设计——从确定主题到具体活动实施再到活动评价这个过程进行教学实践。在精心设计活动的基础上，虽然活动开展得十分顺利，但在最后进行活动评价时，我感受到体现学生发展、是否达成整体活动目标的证据比较匮乏，难免有遗漏，甚至在有的阶段证据的收集无从下手……最终只能通过翻阅对学生活动的记录、录像、照片等途径来收集证据，评判是否达成了活动目标。因此，反思教学、优化教学目标时也只能是蜻蜓点水。

这时我参与了“小学生 4C 能力评价与发展研究”，面对全新的教育理念和教学方法，最初确实有“摸着石头过河”的感觉。随后，在不断“充电”夯实理论的过程中，了解了逆向教学设计的含义和特征，于是，尝试着以“绿化我们的新校园”中第二阶段“实地考察新校园”为例开展了实践研究。在新一轮开展本次活动时，我在课堂上实施了表现性评价。

1. 评价设计先于教学活动设计

逆向教学设计要求我们在开始教学设计前，必须思考："我们要把学生带到哪里?"(目的地)，"根据目标我们应在哪里找到学生发展的证据?"(理想状态下学生的表现)，随后才是"根据我们需要的证据应设计出什么样的任务?"(教学任务或教学环节)……只有这样，我们设计的评价才能服务于学习目标，从而使教学指导有针对性。遵循逆向教学设计的步骤，在新一轮实践活动开始之初，我重新审视了主题活动"绿化我们的新校园"，根据这次五年级学生的具体特点，在教学活动设计之前重点对第二阶段"实地考察新校园"的活动目标进行了完善，并进行了评价设计。围绕小学生合作能力的四个指标"目标、参与、分工、协商"进行评价。

①是否积极参与讨论，主动承担任务。

②能否提前将困难提出，想到对应策略。

③能否与同组同学有理有据地沟通。

④能否以大局为重，适当妥协与合作。

2. 始终关注学生实现学习目标时的表现

如果说先于教学设计的评价设计为综合实践活动有目的、有针对性地开展奠定了基础，那么在活动的进程中，逆向教学设计要求教师始终关注学生实现学习目标时的表现：其中关注的是学生学会了什么，而不仅仅是教师教了什么或学生学了什么。"学会"就是目标的实现，这才是逆向教学设计的思考逻辑。

于是，根据逆向教学设计的原理，一个重要的问题一直萦绕在我的脑海中："采取什么样的学习指导策略能最有效地实现学习目标?"在思考这个问题的过程中，"教师和学生一旦明确了、清楚了课程内容目标(即预期的表现结果)，将可能明白教学中的轻重缓急顺序，并据此调整自己的努力方向。也就是说，对于由课程导致的学业表现，学生一开始就知道什么是其中的中心问题和表现性任务"，这段话带给我很大的启发：应该清晰地让学生明确学习的目标以及达成此目标的策略，这样才能使得教学有的放矢，切实落实目标。

例如：第二阶段的重要目标之一是："考察的过程中能积极参与，与他人沟通协作，提高合作学习能力。”为了达成以上目标，围绕评价设计，开展了这样一个活动：学生根据前期制订的“绿化我们的新校园”的活动计划，明确了活动任务：以组为单位，围绕“实地考察新校园哪些地方适宜绿化，并测量出适宜绿化的区域的面积。”这两个任务，来到新校园，在充分讨论的基础上，分工合作，实地考察新校园，并通过与相关教师交流，明确新校园里适宜绿化的区域，并通过实践测量出新校园中适宜绿化的区域的面积。

活动前，我引导学生将需要考虑的问题一一列出：校园里哪些地方需要绿化？哪些区域适合绿化？需要绿化的面积是多少？围绕以上问题，确定绿化区域时还需要注意哪些问题？比如：使用的工具和材料有哪些？采取哪些便捷而又科学的记录方法？四名同学在实际操作时如何分工，才能又快又好地将任务完成？学生们在充分讨论的基础上，明确了学习目标，对于应对策略也提前有了初步的准备。

活动中，我以前面评价设计中的标准为依据，获取学生活动过程中的具体表现，并采用多种方式(录像、拍照、计分等)记录下来。当发现有的小组中学生心理、行为出现偏差时，我鼓励组内同伴互相激励和帮助，培养学生协商共赢的合作意识，教给他们达成共同学习目标的合作方法。

活动的最后，组织各组学生回顾与总结整个测量活动中的得与失，反思是否达成了预期的学习目标。学生的感受、经验分享、自我反馈或他人反馈评价等不仅是我进行评价的证据，也是我优化教学目标具有说服力的依据。

运用逆向教学设计来推进整个活动的开展，让我尝到了“甜头”。但回过头来，再次审视教学目标时，我认为还有继续优化的空间，下面是研究后再次改进的学习目标。

问题解决：按计划分组到新校园进行考察，获取绿化校园的相关信息，提高共同合作来分析问题、解决问题的能力。

创意物化：协商分工，通过动手测量校园、采访教师等活动，记录并整理活动资料。

责任担当：考察的过程中能主动参与，目标一致地与他人沟通协作，提高合作学习能力。

（三）对于逆向教学设计进一步的思考

回想刚接触表现性评价时的“雾里看花”，到经过学习、实践后的点滴心得，我对课题“小学生 4C 能力评价与发展研究”有了进一步的认识。基于表现性评价的逆向教学设计使我确定的教学目标更加清晰、明朗，也促使我不断优化、完善教学目标。这种不同于以往的设计思路，需要教师在开发和利用课程资源时，像活动设计者一样来思考：什么活动使学生具备完成目标所要求的素质？有什么学习结果可作为证明学生已经理解所学东西的有效证据？我想根据既定的目标、确定活动任务、设计具体的评分规则，这三方面缺一不可，顺序也需要因任务而定、因学生而异。逆向教学设计所要努力避免的是教师时间和精力的浪费与低效，努力的方向是对教和学有效性的不断追求。所以，今后，我需要在学习中勇于实践，在实践中不断探索，积累运用逆向教学设计的宝贵经验，形成自己独特的教学风格。

二、 小学数学课堂审辨思维培养的误区与实施策略①

（一）小学数学课堂中审辨思维培养的误区

此前，我们常常由于“批判性思维”这一翻译的语义导向，把“审辨思维”的重心放置在“批判”二字上。我曾经多次在教师培训中询问在场的小学数学教师，大家所理解的“批判性思维”是什么，具有“批判性思维”的学生的行为表现有哪些。在教师们的回答中，被提及最多的词是“质疑”和“提问”，几乎无人提及“反思”，“质疑”“提问”固然不错，但不能涵盖审辨思维的全部。小学数学课堂中审辨思维的培养存在以下一些误区。

误区 1：“质疑批判”等于“挑毛病”。

在小学数学课堂中，独立思考、小组讨论、个人(小组)汇报、全班交流几乎是每节课都要用到的学习方式。在交流环节，教师常常以“这位

① 本部分内容由刘琳娜老师撰写。

同学的汇报有什么问题？你有什么建议？”这样的问题来引发学生之间思维上的碰撞。学生们想方设法地去发现汇报者的不足之处，然而由于“审辨”需要长时间地、审慎地追问并寻找证据，课堂上并没有足够的时间让学生思考，常常是刚刚结束汇报就要求学生质疑，从而使“质疑批判”停留在表面，被简单地等同于“挑毛病”。例如，课堂上常常看到学生指出“上下两行书写时没有对齐”“等号画得不直”“字写得不够好看”等“问题”。这些“问题”并不能引起学生对数学学习内容本身的深度思考，甚至常常让人感到“暗含挑衅”。这样的方式不仅不能培养审辨思维，而且容易引导学生陷入“会思考等于会挑毛病”的误区，从而乐此不疲地给别人“找不足”。

误区 2：“破而不立”。

“综合生成”是进行审辨思维的重要环节，其行为表现可以有：①综合不同角度的分析论证得出结论；②形成问题解决方案；③设计与开发新产品。[①]“破而不立”并不是审辨思维的宗旨。在一次六年级数学“比赛场次设计”课上，教师设计了一个实践活动，要求学生根据参赛人数、场地数量、比赛时间等实际情况分组设计比赛方案。有的组设计淘汰赛；有的组设计单循环赛；有的组的设计是先进行小组单循环赛，再进行淘汰赛；等等。汇报时学生们纷纷指出其他组方案中存在的问题。例如，淘汰赛既费时又不公平，单循环赛公平但耗费时间，小组循环赛涉及如何分组才公平的问题。各组僵持不下，一节课就在相持与争论中结束了。我与授课教师研讨时指出要引导学生思考“公平是绝对的还是相对的？”“众多方案中哪一种最公平？”“对比自己组的方案，其他组的方案有哪些可供借鉴之处？”“如果让你对其他组的方案提出改进建议，你是否有好办法？”这些核心问题。第二节课上，授课教师把这些问题抛给学生。果然，学生的思考方向不再局限于“挑毛病”，而是在讨论中通过对比找到“相对最公平、最合理”的方案，并共同改进，形成新的方案。

---

① 马利红、魏锐、刘坚等：《审辨思维：21 世纪核心素养 5C 模型之二》，载《华东师范大学学报(教育科学版)》，2020(2)。

误区 3：批判对象只针对他人。

小学数学课堂上，培养审辨思维的方式多为“给别人提建议”，使得学生“批判”的对象经常单纯指向他人。2018 年，我国召开全国教育大会，新时代、新形势对教育和学习提出了新的更高要求。培养什么人，是教育的首要问题。日常生活中我们经常会遇到“特别会对别人进行批判而从不反思自己”的让人生厌的人，我们的数学课堂不能培养这样的人。5C 模型中“critical thinking”翻译为“审辩思维”而不是“批判性思维”，有助于我们澄清审辨思维的内涵，明晰审辨思维的“自我指向性”，在数学课堂上走出培养的误区，让学生养成善于倾听、勇于反思的良好思维品质。

（二）小学数学课堂中审辨思维的培养策略

1. 设计产生认知冲突的任务情境

审辨思维的培养需要好情境，让学生产生认知冲突的情境是好情境。好情境需要教师的设计，也需要及时抓住学生的生成。我们来看下面的课堂片段。

在讲授一年级“百以内数的认识”时，教师设计了三个学习活动。其中第三个活动是“借助计数器数数——认识数位并抽象理解‘十进位制’”。活动中学生表现见表 6-5。

表 6-5　学生表现

类型	学生表现
第一种类型 ——在哪一位添 1 有误	①直接在十位上添 1 个十，退回 99，进 1 个百。 ②先在百位上添 1 个百，然后退回 99。 ③先在十位上添 1，退 10 个十；再在个位上添 1，退 10 个一；最后拨 1 个百。
第二种类型 ——只进行一次满十进一	④在计数器个位上添 1 个一，继而正确地拨出一次满十进一后，只呈现到 10 个十。
第三种类型 ——连续两次满十进一	⑤先在个位上拨 1 个珠子，退回个位上的所有珠子，在十位上拨 1 个珠子，退回十位上的所有珠子，最后在百位上拨 1 个珠子。

从结果来看，①②③⑤四种方法最终计数器上呈现的都是“百位上有

一个珠子”，但学生拨珠子的行为却各不相同。学生的不同表现形成了“冲突”，也反映了学生在理解“满十进一”这一概念上的困惑。教师并没有直接指出错误，而是提出了系列思考问题：①和⑤有什么不同？②和⑤又有什么不同？你赞同哪一种拨法呢？教师把这些疑问抛给学生。学生交流后，找到了问题的本质：从 99 到 100 增加的是 1 个一，所以需要先在个位上加，个位满 10 个一向十位进 1 个十，十位满 10 个十再向百位进 1 个百。⑤的拨法能够体现这一过程。

本环节中教师从学生的“冲突”出发，引导学生着眼于拨珠子的“过程”而不是结果，围绕本课的核心概念“满十进一”提出思考问题，引发学生的讨论，最终达成共识。尽管是年龄较小的一年级学生，也有效地锻炼了审辨思维能力。

2. 依托数学推理活动培养审辨思维

由于两者都需要运用信息、数据、经验等进行“因为这样，所以那样”的推论，很多相关研究把审辨思维与推理或理性论证等联系在一起。推理是数学三大基本思想之一，小学数学教材中有很多涉及推理的内容。例如：三角形内角和是 180°、商不变规律等都运用了归纳推理；鼓励学生验证结论或说明道理时，学生实际上进行了演绎推理。① 教师在数学推理活动中可以引导学生思考“根据什么得出的结论？”“描述的过程合理吗？”“使用的方法恰当吗？”，在这些问题的讨论中对得到的结论进行深度的逻辑性反思。在一节“三角形三边关系”的数学课上，教师设计了一个活动任务：“以 3 厘米和 4 厘米的两条线段为两边画一个三角形，想一想第三条边的长度最长是多少？最短是多少？请说明你的想法。”学生探究之后进行了汇报。

生 1：“不能比 7 厘米更长了，再长的话就成平角了。如果精确到毫米，最短只能是 1.1 厘米了。”

生 2：“我们发现最长边不能到 7 厘米，3 厘米和 4 厘米加起来正好是 7 厘米，就成了两条线，不能拼成三角形了。”

---

① 张丹：《推理能力的内涵及教学建议》，载《小学教学（数学版）》，2018(5)。

生 3：“我们组有个疑问，虽然 3 厘米和 4 厘米加起来是 7 厘米，已经到极限了，会成为一个平角，但我们用尺子画却能画出来，是为什么呀？”（其他几个组也表示有这个困惑。）

生 2：“你们画的时候可能有误差。（其他学生不认可，认为 7 厘米是可以画出来的。）（进一步用小棍边摆边解释）当把 3 厘米和 4 厘米小棍摆成平角时，第三条边怎么放，只能平着再来一条吧，那样就不能拼成三角形了。”

继续讨论下去，学生逐渐明确了“三角形任意两边之和要大于第三边，任意两边之差要小于第三边”的法则。课堂上，学生不仅仅是记住了这一法则，更重要的是在讨论辨析中明确了背后的道理。这样的活动有效地培养了学生的审辨思维。

（三）构建审辨思维培养五步法

基于 5C 模型中审辨思维的四要素——质疑批判、分析论证、综合生成和反思评估，我们尝试构建数学课堂中审辨思维的培养路径：“读懂别人—价值判断—发现问题—给出建议—自我反思”，简称“审辨思维培养五步法”。

第一步：读懂别人。

读懂别人的想法是进行审辨思维的第一步，当从自我中心的角度进行思考的时候，我们就不能理解他人的思想、感受和情感。我们常常在实践中犯了“我以为的就是你以为的”错误。对小学生来说，把自己对数学的理解清晰地呈现出来不是一件容易的事情。课堂上教师需要多给学生创造真实的对话平台，如让学生学会使用“你说的是这个意思吗？”“我理解得对吗？”“你有什么补充？”等语言来确认对方的观点。审辨思维需要进行思维的换位思考，即站在他人的角度思考问题，从而真正理解他人的观点。

第二步：价值判断。

我们有时会秉持“正误判断”的评价取向而不是指向自我反思的“价值判断”取向。进行价值判断既不能毫无依据地肯定，也不能一味否定，而是需要在读懂别人意图的基础上找到其对自己思考路径的价值，包括方向上的、方法上的抑或是失败的教训，有“证据”地进行评判。

第三步：发现问题。

鼓励学生在发现问题的基础上进行“质疑”，提出自己“真正感到好奇的问题”。例如，“我想知道……”，而不是“难道不是……”等“暗含挑衅”的质问。这样的沟通与对话能够产生积极的影响，使得对话的双方不再简单地以非黑即白的方式思考问题，也让对话的双方有了围绕共同话题进行讨论和多角度、审慎思考的基础，为形成新的解决方案建立起“联合关系”。

第四步：给出建议。

思考者审慎追问、小心求证之后需要做出“决策”。这个“决策”是在对不同观点进行仔细分析后提出的合理改进建议，是培养学生审辨思维的重要一步。需要注意的是，提建议时需要考虑到“对方的立场”，而不只是站在自己的立场上进行决策。

第五步：自我反思。

培养审辨思维的最后一步是自我反思。要鼓励学生在评价他人的同时按照同样的标准评价自己，并不断追问“别人的观点对我有启发吗？”“这一过程中我知道了哪些以往不知道的？”“我获得了哪些新的想法？”“今天学习的内容还可以用在什么地方？”“我的观点还有哪些有待改进之处？”。批判思想本质上具有自我批判的属性，不论我们以为对自己的认识有多准确，都难免是在用自己的思维框架来认识自己的思维。① 从同伴对自己观点的反馈和他们所提出的不同视角中学习，有助于学生摆脱自我意识的困境，走向更高的审辨思维水平。

审辨思维本质上是一种反省思维，不断追问、审慎思考。在数学课堂上对学生审辨思维的培养也是在教会学生做人、做事，逐步形成科学严谨的求知精神。

三、 激发批判性思维，增强问题意识②

批判性思维和问题意识是教师耳熟能详的两个词，也常在教学设计

① [美]斯蒂芬·D. 布鲁克菲尔德：《批判性思维教与学：帮助学生质疑假设的方法和工具》，钮跃增译，52页，北京，中国人民大学出版社，2017。

② 本部分内容由刘晓婷、邓晶老师撰写。

目标描述中提及，但使用时却会窄化甚至误解它们的内涵，如把批判性思维等同于否定和怀疑。批判性思维是有目的、反思性的判断，表现为对证据、背景、方法、标准及概念的合理考察，以便决定相信什么或者做什么。批判性思维是在尊重他人的基础上追求真理，在开放倾听心态下谦虚谨慎、客观公正地分析、推理、判断。问题意识能够激发学生的好奇心和求知欲，促进他们进行学习和探索。① 数学学习中的问题意识是学生经过细致观察、独立思考，发现问题、产生困惑后，生发一种强烈地主动探索问题、拥有强烈愿望解决问题的心理状态②，以及解决问题后的主动反思。③ 小学生数学学习过程中批判性思维表现为：开放思考，主动质疑；勇于求真，深入考察；谦虚谨慎，慎重判断。它既体现思维品质，又表现为高阶思维能力。问题意识表现在：发现提出数学问题、主动探究解决问题、积极反思深入理解问题。

批判性思维和问题意识都强调理性的探究以及实证的研究。问题意识是批判性思维的起点和动力，而批判性思维又反作用于问题意识。学生养成谦虚谨慎、求真开放的品质以及依据标准、应用证据进行质疑、分析、推理、判断和评价的思维习惯，使得问题意识得到增强。那么，在小学数学教学中，如何激发学生的批判性思维，进而增强学生的问题意识呢？

（一）创设“好”情境：让学生开放思考，主动质疑

学生在数学学习过程中能够发现并提出好的数学问题，就需要养成开放思考的品质，即广泛听取他人的想法，做到不轻易下结论，多角度思考。学生提出的好问题，不仅指值得研究、能够研究的数学问题，也包括合理的质疑，以及合情的猜想。为此，教师需要在课堂教学中创设“好”情境。

---

① 于天香：《核心素养导向下高中思想政治课学生问题意识的培养研究》，硕士学位论文，山东师范大学，2019。

② 王晗：《高中生批判性思维及数学问题意识的相关性研究》，硕士学位论文，山东师范大学，2015。

③ 俞国良、侯瑞鹤：《问题意识、人格特征与教育创新中的创造力培养》，载《复旦教育论坛》，2003(4)。

案例 1：“复式条形统计图”。

W 教师在执教“复式条形统计图”时，选择了社会上广泛关注的空气质量问题。为了使学生经历完整的数据统计过程，进一步学习描述数据的方法，能够根据条形统计图提出问题，体会数据中蕴含着信息，培养数据分析观念，教师给出了颇具争论的话题：“为什么一到冬天空气质量就变差?”

师：“要想研究这个问题，需要什么信息?”

生 1：“需要知道冬季的空气质量数据。”

生 2：“光看冬季的数据，我觉得不能看出是否‘一到冬天空气质量就变差’，还需要秋季的数据作对比。”

……

通过研究当年(2017 年)冬季三个月的空气质量，以及对比秋冬两季的数据，学生发现：秋季空气质量优的天数比冬季少，轻度污染比冬季多，中度及重度污染一样。得到结论：冬天空气质量没有变差，反倒变好了。学生对此产生了疑问。

生 3：“那我们是不是就可以肯定地得出结论说人们的说法不正确?”

生 4：“不是，一年的数据带有偶然性，我觉得还要看看其他年的。”

之后增加前两年的数据，学生发现多数情况下冬季确实空气质量会变差。但为何 2017 年会出现特殊的数据? 引发了学生进一步的猜想。

生 5：“2017 年秋天空气质量太差了，显得冬天好。”

生 6：“2017 年冬天空气质量本来就比往年好。”

为了验证猜想，学生回归数据，寻找证据，再次引发新的思考、疑问和研究需求。

生 7：“2017 年冬季的空气质量确实大幅改善，背后的原因是什么?”

……

生 8：“是什么导致了以往冬季空气质量变差呢?”

生 9：“可能是冬季取暖。”

生 10：“那我们怎么能知道是不是取暖导致的呢?”

生 11：“我们可以统计一下有暖气的和没有暖气的地区的空气质量

数据。”

……

该案例中，学生用真实的数据去分析真实的问题，把数学知识和现实世界建立紧密的联系，充分感受数据分析在日常生活中所起的作用。案例中“空气质量”这个情境即是一个非常好的情境。它源于真实世界，与学生日常生活紧密相关，更重要的是蕴含着统计的要素、思想和方法。学生在这样的情境下能够调动自己的生活经验，不断提出新的疑问，推进思考层层深入。

（二）布置“活”任务：促学生勇于求真，深入考察

学生在数学问题解决过程中的主动探究需要具备勇于求真的品质，在面对问题或疑难时能够去追求背后的真正原因(原理)，能够去洞察背后所隐含的规律。这就要求教师在数学教学中布置灵活的、能够调动高阶思维能力参与的数学任务。

案例 2：“剪纸中的奥秘”教学片段(一)。

人教版小学《数学》二年级下册第三单元《图形的运动(一)》，设计了剪出手拉手的 4 个纸人的活动任务。D 教师在教学时让学生从剪“2 个手拉手的纸人”(图 6-24)着手探索。

图 6-24　拉手纸人

经过 5 分钟的实践操作，教师收集并呈现学生的“失败”作品(图 6-25)。

(a) 作品1　　(b) 作品2　　(c) 作品3　　(d) 作品4

图 6-25　学生的“失败”作品

面对作品，学生提出了如下问题：作品 1 中的 2 个纸人为什么不对称？作品 3 中怎么有半个纸人？为什么作品 4 的 2 个纸人的手断开了？作品 2 是怎么剪的？……教师把分析作品设计成本节课的主要任务。

师："下面我们一起来仔细观察这些作品，想一想为什么会出现这样的作品？哪里出了问题？你有什么好的建议？"

学生明确任务后，仔细观察 4 幅作品，经过独立思考和小组讨论，开始全班交流。

生 1："作品 1 剪出了手拉手的纸人，应该是在纸上直接画了手拉手的纸人的轮廓后，再剪出来的。我建议先观察老师的作品，2 个纸人是对称的，要对折后再画、再剪。"

生 2："我有补充，对折也不是随便对折，还需要观察怎么对折。大家跟我看作品 2，这位同学观察到需要对折，却只把纸折了一次，画了一个完整的纸人。这样剪出来虽然两边的纸人是对称的，但每一个纸人自身左右是不对称的。还需要对折一次，画半个纸人就可以了。"

……

生 3："对折两次再画和剪，还是不一定能成功，还要考虑在哪边画。作品 3 应该是画在了有开口的那边，要在没有开口的那边画半个纸人，这样就不会出现这种情况了。"

……

上述教学片段中，教师选择了学生典型的"失败"作品，并把思考"失败"作品背后的原因作为任务布置给学生。该任务中的作品来自学生，并且顾及学生出现问题的各种情况，任务具有一定的开放度，能够唤起并维持学生的好奇心，进而驱动学生质疑思考、求真探索。好奇心是儿童思维的天赋资源，当儿童感觉到事实背后还有更多的东西时，就产生了理智的求知欲，进而升华为理智的行为。① 该任务把学生最初渴望对作品有更多认识的心理状态推到寻求原因、理解剪纸背后原理这一目标上，让学生进入主动探究的状态，进而使学生通过辨别、分析、阐释等高阶

① ［美］约翰·杜威：《我们怎样思维·经验与教育》，姜文闵译，39～41 页，北京，人民教育出版社，2005。

思维技能去更好地解决问题。

（三）使用“妙”语言：助学生谦虚谨慎，慎重判断

学生在数学问题解决过程中的反思也是问题意识的重要表现之一。学生积极回顾解决问题的过程，基于证据思考，调整自己的思路，同时也能够站在他人的角度审视其观点，给出合理的判断。这些都需要学生具备谦虚谨慎的品质，即能够尊重他人，突破自我的封闭，倾听各方意见，然后努力超越自我和他人。教师在课堂教学中可以通过智慧、巧妙的课堂语言进行引导。下面仍以“剪纸中的奥秘”为例做阐释。

案例 3：“剪纸中的奥秘”教学片段(二)。

在本课中，当教师呈现图 6-25 所示的作品时，成功完成作品的学生最直接的反应是哈哈大笑，这是二年级学生看到奇怪事物的本能反应。但没能顺利完成任务，剪出了“失败”作品的学生，会产生沮丧、焦躁、不安等情绪。教师在教学中有意识地引导学生关注作品、尊重他人、外察内省。学生看到四幅作品并提出问题后，教师可使用如下过渡语。

师：“虽然很多同学第一次尝试以剪出‘失败’的作品告终，但是没关系，不要气馁，‘失败是成功之母’，认真思考，我们就能从这些作品中收获成功的经验。刚刚笑的同学，你们可能觉得这些作品太奇怪了，但如果你能读懂这些作品背后的想法，你会有新的收获。”

在学生分析作品时，教师不仅积极引导剪出“失败”作品的学生在倾听的基础上，明确自己“失败”的原因，也鼓励其他学生站在别人的角度上观察和思考，审慎判断，做出合理解释。

师：“我们请一名剪出作品 3 的同学说一说，当时是怎么思考的？”

生 1：“作品 3 是我剪的，我就是那么剪的。通过前面同学的分析，我知道问题出在哪儿了。”

师：“你认真听同学的发言，找到了没剪好的原因，再实践一次就能成功了。”

……

师："刚刚的分析告诉我们，折两次后还要从不开口的那一侧画纸人。以上这些都做到是不是就成功了？"

生 2："我就是按照刚才说的那样做的，为什么我剪的纸人没有手拉手呢？"

师："她都做到了，为什么两个纸人不拉手呢？"

生 3："纸人没有拉手是因为你画图时，没有把纸人的手画到纸的边缘，所以剪完以后没有手拉手，请看这两个作品。"(出示图 4-14)

……

在完成四幅作品的分析后，教师接着引导学生回顾学习过程，及时梳理学习体验。

师："回顾这个学习过程，有什么新的思考？"

生 4："我发现'失败'的作品不能算失败，通过分析这些作品我们就知道怎么做才能成功了。"

师："在学习、成长的过程中，发生错误、遇到失败，其实并不可怕，只要你肯细致地考察错在哪里，失败在哪里，就能够获得好的经验，帮助你做得更好。"

生 5："我发现认真听同学们的发言太重要了，一开始我并没有想清楚，听了大家的发言，我一下子就明白了。"

师："同学之间可以互相学习、互相启发。让自己的小耳朵竖起来，多听听别人怎么说的，让自己的眼睛亮起来，看看其他人怎么做的，倾听各方，观察各处，就能不断超越自我！"

……

学生在数学问题解决过程中进行有意识的反思能够帮其深入理解问题，只有理解才是真正的学习。[1] 但这种回过头来的考察、思考，甚至换个角度的审慎思考需要开放、专注、负责的态度。案例中的教师通过观察学生的表情状态、情绪反应，使用积极智慧的语言引导学生在交流、表达时谦虚谨慎，分析问题时真诚理智。教师通过语言营造了安全、平

---

① [美]约翰·杜威：《我们怎样思维·经验与教育》，姜文闵译，41 页，北京，人民教育出版社，2005。

等的课堂氛围，使学生能够站在他人的角度审视别人的作品，也能够通过和他人作品、他人观点的对比来鉴别、判断，进而洞察剪出成功作品的关键。

批判性思维和问题意识是我国课程改革的核心，在实践中对教师提出了非常大的挑战，需要教师具备深入认知的勇气，具备谦逊的品质和独立思考的能力。教师想让学生成为什么样的人，他自己就应该先成为什么样的人。

后　记

本书是北京教育学院一级学科创新平台“小学生学习评价与发展研究”子平台 3——“小学生 4C 能力评价与发展研究”的成果。学科创新平台的申报是为了破解基础教育改革中的瓶颈和难点问题，“关键能力”“评价”都是当前颇有争议又备受瞩目的热点问题。

在学科创新平台项目申报之初，我负责的子平台 3 就组建了一支由 5 个团队组成的研究队伍，分别为北京市西城区教育研修学院黄旭升老师带领的综合实践团队、北京雷锋小学文静老师带领的数学团队、北京市东城区教育科学研究院许崇麒老师带领的数学团队、北京市海淀区教师进修学校滕宝忠老师带领的综合实践团队、北京教育科学研究院附属顺义实验小学单红兵校长带领的数学团队。此外，还有一些其他学校的一线老师也一起参与了研究并撰写了相关成果报告。

在研究的过程中，我们遇到了诸多困难和问题。例如，关键能力并没有一个被共同认可的内涵界定与评价标准，该如何构建关键能力的评价指标？又该如何确定学段或年级标准？我们的研究在困惑中起航，在艰难中前行。团队老师们多次聚在一起汇报、交流、研讨，却始终难以达成共识。终于，在研究开始一年多以后的 2019 年岁末，在无数次的碰撞中我们暂时确定了各个关键能力的评价指标。原本希望在 2020 年能够到学校、到课堂中去细致观察、收集数据，预设好的研究却被突如其来的新冠疫情阻断了，我们只能回归理论学习，从以往的研究课例中收集学生表现，再将一些有价值的学习活动转化为表现性任务，并依据各关键能力的评价指标构建评价量规。2020 年下半年疫情得到控制时，各团队的老师们又开始进行相关课例研究，设计、实施、收集学生关键能力培养的教学课例。

感谢北京教育学院为我们搭建了一个研究与合作的平台，能够将有志于进行小学生关键能力评价与培养研究的各基地校凝聚在一起，共同思考感兴趣的话题。感谢刘加霞教授，她作为这一项目的总负责人，对我们起到专业的引领作用，也感谢子平台 1——“小学生数学关键能力评价与发展研究”负责人刘晓婷副教授，子平台 2——“小学生语文关键能力评价与发展研究”负责人王蔚副教授以及伍芳辉副教授、陈晓波副教授、崔英梅博士和李一茗博士以及各位同人在研究中给予我们的帮助与支持。感谢澳大利亚悉尼大学评价中心吉姆(Jim)教授及他的合作伙伴桑建平老师给予我们的鼓励和专业上的建议。还要感谢参与本研究的所有基地校、教师和学生们，没有大家的支持与合作，就不会有今天的研究成果。

回顾研究的历程，既有艰难也有欣喜，幸运的是，我们一直在坚持。至此只能说研究暂时告一段落，我们深深地知道，对于关键能力评价和培养的研究还远远不够成熟，表现性任务的设计与量规的编制并不一定十分规范和科学，但是希望我们的努力是向着科学地实现学生关键能力增值评价前进了一小步。

刘琳娜

2024 年 1 月